A violação de direitos de crianças e adolescentes

CIP – Brasil. Catalogação na Publicação
Sindicato Nacional dos Editores de Livros, RJ

V792

A violação de direitos de crianças e adolescentes : perspectivas de enfrentamento / organização Christiane Sanches, Dalka Chaves de Almeida Ferrari, Rosemary Peres Miyahara – São Paulo: Summus, 2014.
il.

Inclui bibliografia.
ISBN 978-85-323-0959-4

1. Direitos das crianças – Brasil. 2. Direitos dos adolescentes – Brasil. 3. Crianças e violência. 4. Adolescentes e violência. 5. Violência – Aspectos psicológicos. I. Ferrari, Dalka Chaves de Almeida. II. Miyahara, Rosemary Peres. III. Sanches, Christiane.

14-15848 CDD-362.70981
CDU: 364.4-053.3.2

www.summus.com.br

A violação de direitos de crianças e adolescentes

PERSPECTIVAS DE ENFRENTAMENTO

DALKA CHAVES DE ALMEIDA FERRARI
ROSEMARY PERES MIYAHARA
CHRISTIANE SANCHES
(ORGS.)

summus
editorial

A VIOLAÇÃO DE DIREITOS DE CRIANÇAS E ADOLESCENTES
Perspectivas de enfrentamento

Editora executiva: **Soraia Bini Cury**
Assistente editorial: **Michelle Neris**
Capa: **Alberto Mateus**
Projeto gráfico e diagramação: **Crayon Editorial**
Impressão: **Sumago Gráfica Editorial**

Summus Editorial
Departamento editorial
Rua Itapicuru, 613 – 7º andar
05006-000 – São Paulo – SP
Fone: (11) 3872-3322
Fax: (11) 3872-7476
http://www.summus.com.br
e-mail: summus@summus.com.br

Atendimento ao consumidor
Summus Editorial
Fone: (11) 3865-9890

Vendas por atacado
Fone: (11) 3873-8638
Fax: (11) 3872-7476
e-mail: vendas@summus.com.br

Impresso no Brasil

Sumário

Apresentação
O cuidado com os pequenos corpos expostos[1]
Paulo César Endo[2]

Ao longo de dois anos, a equipe do Centro de Referência às Vítimas de Violência (CNRVV) do Sedes Sapientiae reuniu-se quinzenalmente para a preparação deste livro. Foi um intenso e comprometido trabalho de pesquisa, discussão e debates em torno da escrita, da transmissão e da proposição de questões inéditas, além de tentativas de obter algumas respostas para um problema difícil e complexo que encontra, dentro e fora do ambiente acadêmico, pouca produção e escassa pesquisa.

Não é exuberante, suficiente nem regular a produção de reflexões e trabalhos de pesquisa originais capazes de iluminar o caminho na senda escura na qual trabalham os técnicos que se empenham em combater, diminuir ou evitar a violência sexual contra crianças e adolescentes. Isso não é estranho porque os que aí trabalham trafegam em terreno paradoxal e obscuro no qual se digladiam o narcisismo e a ternura, o desejo e a violência, a sedução e a barbárie, o pecado e o perdão.

1. Esta é uma versão modificada e ampliada de reflexões parciais publicadas na *Revista Polêmica*, v. 8, 2009, p. 59-68. Este artigo e as pesquisas que o subsidiam contaram com o apoio do CNPq.

2. Psicanalista e professor doutor do Instituto de Psicologia da Universidade de São Paulo (USP) e da pós-graduação em Humanidades, Direitos e Outras Legitimidades da Faculdade de Filosofia, Letras e Ciências Humanas da USP. É membro da Cátedra USP/Unesco de Educação para a Paz, Direitos Humanos, Democracia e Tolerância, além de pesquisador do Laboratório de Psicanálise, Arte e Política e do Grupo de Trabalho Psicanálise, Política e Cultura da Associação Nacional de Pesquisa e Pós-Graduação em Psicologia (Anpepp).

Como trabalhadores de uma área sensível, são testemunhas de vidas estraçalhadas por simulacros de amor, cuidado ambíguo e parentalidade ora regredida, ora perversa. Têm de conviver com a imprecisão e o limiar definidos pelos procedimentos penais, caminhando no fio da navalha entre ações e atitudes suspensas na dúvida e na incerteza.

Experiências fundadas na alienação do corpo alheio e desejante; no limiar entre o erotismo e o excesso; na nulidade da castração constituindo o corpo como lócus em que tudo é permitido, mas nada pode ser revelado; e na permanente revisitação ao próprio erotismo no horizonte de sua impropriedade apresentam-se aos profissionais do CNRVV, há 20 anos, como seu cotidiano – e, hoje, uma área de trabalho e conhecimento importante que o Centro de Referência contribui para consolidar no Brasil.

Ao mesmo tempo delicado e obtuso, esse tema carece de contribuições do pensamento atento, agudo e do aprofundamento de uma clínica original, heterodoxa e conceitualmente consequente. Carece também da competência para conciliar, *pari passu*, as sutilezas necessárias para a realização de um trabalho como esse e as políticas públicas, em geral pesadonas, repletas de diretrizes apressadas e massivas que, não raro, resistem a fazer elevados investimentos em áreas de alto risco e vulnerabilidade.

Há décadas, as sucessivas equipes do Centro enfrentam tais questões, que necessitam de permanente elaboração, atualização e aprofundamento. Sabedores disso, os membros do CNRVV decidem celebrar seus 20 anos produzindo conhecimento com base em imensa experiência, revisitando problemas antigos e apresentando seus novos desafios e problemas sob a forma de um livro que se insere em mais uma contribuição importantíssima nessa área.

Como zeladores da necessidade entre a urgência da política pública eficaz e a paciência do trabalho consignado aos complexos processos psíquicos envolvidos nesse problema, os membros do CNRVV decidiram retornar à produção do conhecimento, ao desejo e ao dever de transmitir e à sua vocação inadiável como promotora de um pensamento crítico sobre seu próprio trabalho. Essa celebração durou, portanto, dois anos, ocupou muitas noites de trabalho e abarcou da apresentação dos primeiros anteprojetos de artigos à finalização do formato na forma de livro com os editores. Isso possibilitou que a maioria dos textos apresentados aqui fosse escrita pelos membros atuais e por outros que já passaram pelo CNRVV. Cada um desses textos foi debatido, corrigido e melhorado com o auxílio de colegas de trabalho, militância e pesquisa e, um a um, foi atravessado pelo espírito crítico e pela vasta experiência de cada participante do grupo.

Diante dessa zona tensa e enigmática, onde experiências inaudíveis são vividas e silenciadas, o CNRVV constituiu, capacitou, transmitiu e disseminou uma maneira própria de compreender sua própria tarefa. Modificou-se também, e hoje aspira, com a publicação deste seu segundo livro, a continuar e preservar um lugar importante na produção de conhecimento sobre o tema no Brasil.

O leitor verá, por meio dos artigos que lerá a seguir, que os autores não evitaram questões polêmicas presentes nas políticas de combate à violência contra a criança e o adolescente, preservando, ao mesmo tempo, o pensamento clínico delicado que permite reconhecer, durante o trabalho, os destinos do traumático e as repetições escuras de dores sem nome.

Alguns dos autores foram especialmente convidados, não apenas por sua competência e contribuição para o tema, mas também por manter-se como parceiros fundamentais do CNRVV há muitos anos. Sua atuação foi decisiva para transformar esta coletânea numa contribuição também importante no debate interdisciplinar sobre o tema.

Ao mesmo tempo, o CNRVV apresenta, com esta publicação, sua intenção de consolidar-se como um centro de pesquisas, ocupando no futuro próximo um lugar inadiável num tema que exige pesquisa continuada. Oxalá seja breve o seu início!

Após estes últimos dois anos, como coordenador desse trabalho de concepção, aprofundamento e pesquisa que ora apresento, aplaudo nesta oportunidade os 20 anos do CNRVV e, com carinho, somo-me a um enorme número de pessoas que foram interrogadas, atendidas, encaminhadas e formadas pelo Centro. Seus pequenos pacientes e suas famílias, alunos, supervisionandos e técnicos de muitas áreas que hoje, acredito, não hesitariam em bater palmas para um vigoroso e uníssono "Parabéns a você!"

Apresento a seguir, dando início a essa celebração na forma de livro, minha modesta contribuição a esta importante coletânea.

CORPOS ABJETOS E A INSÍGNIA DO MAL

Jack, o Estripador, cometeu seus crimes em 1888. Em meio à Revolução Industrial, à agitação social da Londres vitoriana e ao crescente movimento dos trabalhadores espoliados nos bairros proletários, surgiam os primeiros movimentos em prol das mulheres. Nesse período, a mulher alcança uma de suas vitórias significativas: a idade mínima para o casamento sobe de 13 para 16 anos em 1885.

Whitechapel, um bairro pobre e mal-afamado na periferia, simbolizava toda a miséria social da Londres dos pobres e miseráveis. Ali, num bairro proletário, com trabalhadores semiescravos e sem nenhum sinal de prosperidade, foram encontradas quatro das cinco vítimas do assassino batizado de Jack, o Estripador, nome "artístico" do homicida que atingiria notoriedade como espetáculo séculos adiante. Todas as vítimas eram prostitutas pobres, símbolo da degradação moral e social da próspera capital do Reino Unido.

As vítimas, jamais justiçadas, foram oferenda para a criação de uma figura fantástica e fascinante – meio homem, meio monstro – que atiçou a imaginação de milhões de homens e mulheres em todo o mundo. O personagem inspirou livros, romances, filmes, séries de TV, roteiros turísticos[3] e comentários de todos os tipos.

Todos se lembram de Jack, que jamais foi identificado, mas ninguém se lembra do nome de nenhuma das mulheres assassinadas, todas elas identificadas na ocasião em que foram cometidos os crimes. Jack, o Estripador, tornou-se um herói desconhecido, uma espécie de justiceiro moral, um vingador da ordem que colocou nos trilhos o mundo caótico da pobreza e da virilidade.

De modo espetacular, um grave problema é recoberto, recalcado por obra do medo e da violência: o desejo de aviltar o corpo da mulher, sua espoliação como fetiche, ao mesmo tempo que se povoa a produção imaginária coletiva com as possíveis e infinitas cruelizações que o estripador teria, habilmente, cometido. Tratava-se certamente de alguém com habilidades técnicas destacadas. À época cogitava-se se seria um médico, um dentista, açougueiro etc.

Interessante e constrangedor é que, até hoje, esse mistério se insinua como exemplo bem-sucedido de horror, enigma e prática sexual desinibida. Tudo isso apoiado na inexorável violência do homem *versus* a absoluta passividade da mulher. Assim, certezas são ratificadas e afirma-se a necessidade da redoma moral na qual deveria ficar encoberto o corpo da mulher. Redoma que, uma vez suspensa, autoriza todos os desmandos que reivindicam para si um papel educativo protagonizado pela violência masculina sobre "os desvios de comportamento" da mulher.

A burca ou *purdah* – que significa literalmente "cortina" – torna completamente invisível não só o corpo da mulher, mas sua própria singularização e expressão no espaço público. No Paquistão e no Afeganistão contemporâneos, são registrados milhares de

---

3. Diversas agências de turismo realizam passeios temáticos sobre Jack, o Estripador, pelas ruas de Londres. Veja, por exemplo, www.jack-the-ripper-walk.co.uk.

casos de ataques por ácido contra o rosto de mulheres que ousaram exibir os cabelos, ir à escola ou se divorciar.[4]

A questão central explícita é que a mulher representa para o homem risco sexual iminente. Perigo sexual que perturba, amedronta e ameaça – e, como tal, deve ser controlado. Cobre-se, coíbe-se e prende-se a mulher porque ela e seu corpo se tornam perigosos; ela deve ser escondida e desnudada segundo os imperativos masculinos; e é sobre ela que a face áspera da moral deve recair. Nessa equação, o homem não seria senão a vítima inconsciente de artimanha, bruxaria ou feitiço aspergido pela mulher. As mulheres plenamente visíveis, livres e autônomas castram o homem e desvirilizam-no.

Em algumas culturas religiosas e nos fundamentalismos em geral, a mulher e seu corpo assumem, explícita ou implicitamente, um aspecto demoníaco. Como demônios, tornam-se fascinantes e assustadoras, não sendo assim protegidas pelas leis dos homens. O corpo indômito da mulher revela o irracional no homem. Bebida e mulheres tornam-se então uma espécie de recompensa, de descanso para a racionalidade masculina sempre atenta, vigilante e moderna.

Ao matar seis prostitutas miseráveis no bairro mais miserável de Londres, Jack, o Estripador, transformou-se num ícone da masculinidade vitoriosa e violenta. Ao estripar suas vítimas, eviscerá-las, ele praticou um tipo peculiar de exorcismo. Entende-se, portanto, por que uma das vítimas do assassino teve o útero arrancado.

De outro lado, um paradoxo se recompõe: o homem é originalmente puro e, como tal, deve ser protegido do demoníaco da mulher, frequentemente violentando-a antes que ela o faça. A violência masculina é continuamente restaurada, então, como purificadora do mal na mulher.

---

4. Remeto o leitor à reportagem do *New York Times* disponível em: <http://www.nytimes.com/2009/01/14/world/asia/14kandahar.html>.

Segue aqui uma rápida digressão psicanalítica. Num importante trabalho, a psicanalista Monique Schneider chamou a atenção para o lugar do afeto nos primeiros trabalhos pré-psicanalíticos de Freud até os estudos sobre a histeria, publicados em 1895. Freud trabalhava arduamente, nesse período, com a sintomatologia observada nos quadros histéricos pela via do método catártico e da hipnose. Tratava-se, para ele, de extrair o afeto perturbador, escoá-lo, pois a gênese do sintoma neurótico e histérico era o efeito de um afeto aprisionado e sem nome. Seria por meio da justa representação que se realizaria, pelo método catártico, a sangria psíquica necessária ao bom andamento do tratamento. Foi, por certo, a crise desse modelo, a crise do modelo da hipnose e da ab-reação, que possibilitou que a psicanálise adviesse.

Digo isso apenas para destacar que antes da psicanálise, antes de Freud, a histeria (doença uterina) ainda era uma doença de mulheres: suscetíveis, ardilosas e exageradamente sensíveis eram as mulheres histéricas – em outras palavras, demoníacas.

No escuro de sua própria perturbação, esse conjunto que compõe o efeito Jack, o Estripador, inclui os assassinatos em série, o perfil das mulheres mortas, a impunidade do crime e a notoriedade e espetacularização de um homicida cuja identidade permaneceu oculta e, por obra da ocultação e da expiação fantasmática, foi celebrizado e eternizado apenas pelo valor libidinal investido em seus atos. Ele representa o paradigma que declara infame e ofensiva toda e qualquer insubordinação feminina. Ao assassino coube fazer do corpo das mulheres um troféu que realiza o chauvinismo mais degradante: só a violência pode vencer os corpos que não foram domesticados, corpos demonizados.

Entra em cena a fórmula universal que deixa evidente que, da perspectiva da manutenção do poder masculino, o corpo demoníaco e insubmisso deve ser controlado a fim de proteger a frágil e preciosa virilidade masculina. Notem que nesse caso são os homens que reivindicam para si a legitimidade do uso da violência para salvaguardar uma suposta e primária fragilidade.

Talvez por isso a violência de gênero busque sua legitimação pela via do cinismo.

Se quisermos agora generalizar um pouco, no que tange ao corpo dos pobres, do miserável, do encarcerado (cabeça para baixo e mãos para trás), do hospitalizado, do asilado e da mulher, o corpo parece viver numa zona de indistinção e degradação, de onde só sairá pagando o preço da submissão, da exposição heterônoma e da cruelização. Submissão à heteronomia e à cruelização por uma posição de comando viril muito específica que ordena valores e rejeita quaisquer diferenças.

Não à toa diversas e importantes análises sobre a matança dos jovens entre 17 e 24 anos no Brasil repousam, em grande parte, sobre a luta íntima pelo poder viril. Que machos prevalecerão: os jovens bem armados no alto dos morros, os policiais corruptos e torturadores, os *pit boys* da zona Sul carioca, os *skinheads*, as "valentes" torcidas organizadas de futebol ou os grupos de extermínio? Todos componentes de gangues que não toleram as diferenças e soçobram na endogenia de suas próprias práticas, acima de qualquer razão e compromisso público. Todos expressões de uma virilidade autofágica, regida pela pulsão destrutiva que as ordena em torno da menor e última célula grupal que põe fim ao convívio e na qual predomina o choque entre corpos violentos e corpos violentados.

São hordas tirânicas que privatizam tudo que tocam rasgando, golpeando, perfurando, esquartejando, estripando, possuindo pela via da destruição e afirmando a máxima: "Se destruo é porque é meu".

Gostaria então de voltar ao nosso argumento usando um exemplo. Em 2006, o Instituto de Acesso à Justiça (IAJ) de Porto Alegre realizou uma experiência fundamental e pioneira: a implantação de um observatório de direitos humanos na única penitenciária feminina do Rio Grande do Sul, a Madre Pelletier. Em 2007 foi publicado o relatório das atividades do observatório repleto de informações importantes. Alguns dos aspectos destacados no documento são o impasse e o sofrimento gerados nas mulheres presas pela ausência do convívio, da presença ou da visita dos filhos. Os motivos reais ou imaginários, concretos ou fantasmáticos, exigiriam uma pesquisa e reflexão em separado – que necessitaria, entre outras coisas, da disposição à escuta dessas mulheres. Entretanto, tanto social quanto pessoal e subjetivamente, esse sofrimento e essa reivindicação das mulheres privadas de liberdade deslocam-nos para um problema de gênero e diferenciação numa situação em que todas as diferenças tendem a ser abolidas ou não reconhecidas: o sistema prisional brasileiro.

De maneira geral, as detentas exigem proximidade e convívio com seus filhos durante o cumprimento da pena. Preocupam-se com as situações e os cuidados básicos que envolvem um cuidador fora da penitenciária ou um abrigo para os filhos, e querem acompanhar a vida deles enquanto estão privadas de liberdade. A recusa ou a impossibilidade disso pode resultar em atitudes de revolta e protesto, comumente interpretadas, no contexto prisional, como atos de indisciplina.

A realidade social prévia à prisão indica algumas diferenças fundamentais entre homens e mulheres encarcerados que não são abolidas durante o cumprimento da pena:

- O alto índice de monoparentalidade das mães, que as coloca como únicas mantenedoras da casa, da família e dos filhos.
- O elevado envolvimento com o tráfico devido à participação do companheiro na atividade e à necessidade de procurar meios de subsistência familiar.
- A frequente ausência de assistência do pai na manutenção e no cuidado com os filhos.

Essas circunstâncias sociais concretas perduram e agravam-se durante a prisão. A monoparentalidade na condição limitante da encarcerada pode constituir uma situação desesperadora de degradação pessoal, seja como presa, como mãe ou como mulher; a participação no tráfico, que de algum modo a unia ao companheiro fora da prisão, não perdura agora; e a assistência paterna na maioria das vezes inexiste – ao contrário do caso dos penitenciados masculinos, em que as mulheres são presença constante.

Tal situação é agravada com a visão comum dos funcionários de que "só agora as presas se importam com os filhos", discurso que opera numa lógica de punição redobrada e ilegal que pretende privar as mulheres do direito de exercer sua maternidade seja em que condições forem, razão pela qual, revoltadas, são categorizadas como mentirosas, ardilosas e histéricas – novamente a demonização –, o que provavelmente tem impacto no "alto índice do uso de medicação psiquiátrica verificado" (Wolff, 2007, p. 169).

Aquilo que habitualmente denominamos servilidade ou submissão dos corpos passa a evidenciar aqui o seu sentido mais sutil e menos ostensivo, porém de consequências gravíssimas. Na prisão, soma-se à privação da liberdade, ao distanciamento e à fratura dos laços sociais, aos efeitos deletérios implícitos no próprio convívio em situação prisional e à representação de prisioneira e criminosa que recairá sobre os ombros da presa, também e sobretudo, a impossibilidade de manter-se diferida, identificada e assegurada como mulher. Como se um imperativo fosse repetido na prisão: "Aqui dentro você é homem!" Essa seria então a suprema erradicação da mulher, do feminino: que este deixe de existir não porque as mulheres seriam fisicamente erradicadas, mas porque elas se tornariam homens.

A violência do assassino apelidado de Jack é cruel, por isso atrai tanta atenção e excitação. Se tivesse assassinado aquelas mulheres atirando à queima-roupa, possivelmente não teria adquirido tanta celebridade. É a certeza de que elas sofreram – quase ritualmente –, de que foram estripadas que excita.

É também uma violência sexual – como vimos, acompanhada da prática de evisceração das vítimas – porque enraizada na moral masculina e vitoriana que indica com exatidão aqueles sobre os quais a violência pode incidir sem que nenhuma punição recaia sobre os que cometeram o crime: as prostitutas miseráveis. Uma lição aos pobres, mas, sobretudo, às mulheres pobres. Sexualmente livres e transitando sexualmente no espaço público sem permissão, movendo-se fora do confinamento dos bordéis, onde os homens podem se refestelar sem se sentir ofendidos. A violência aqui aparece também nas batalhas travadas para controlar e domesticar a presença da mulher na *polis* e reaparece na violência do estupro, por exemplo.

Tantas vezes a violência do homem no lar é absolvida como loucura momentânea e, então, perdoada, sem jamais ser esquecida. "Não sei onde eu estava com a cabeça" é a frase que o agressor repete para indicar a inconsciência do ato, que por seu estatuto inconsciente deveria ser perdoado e suportado.

Desse modo, a violência que ele comete poderia ser praticada e perdoada desde que assumido seu caráter não intencional, insano e inconsciente. Ou seja, só pode ser qualificado de violento aquilo que se inscreve no jogo das ações e reações conscientes. Mas quem define o que é consciente ou inconsciente? O que foi intencional ou sem querer? E por que a inconsciência do próprio ato, ao próprio querer, apaga o dano sofrido àquela que foi atingida pelos impulsos masculinos, descontrolados e violentos?

Talvez aqui estejamos nos umbrais da razão secreta que autoriza os desmandos de gênero e o paradigmático Jack homicida exemplifica tão bem. A mulher deve permanecer no lócus privado, íntimo, pulsional e secreto como refúgio e receptáculo das loucuras masculinas. Deve suportá-las a fim de endereçar seu sacrifício ao "bem" da vida pública e política à qual o homem retornará e na qual, necessariamente, seus impulsos, irracionalidades e violências terão de ser controlados.

Mulheres, filhos e empregados devem suportar as mazelas masculinas em nome da vida citadina vital para a família, em que o homem é o principal e único protagonista. A mulher é a primeira-dama: lugar implícito do sacrifício da exposição e do protagonismo político pífio, somado à suposta existência de segundas, terceiras e quartas damas.

Previamente, o corpo feminino torna-se alvo provável e possível das violências porque enlouquece os homens e fá-los perder a cabeça. Como esclarece Peter Demant (2004) sobre o mundo muçulmano, a mulher é coberta, controlada, para a manutenção da boa razão masculina.

Trata-se também de acordos de foro íntimo, mas é evidente que um homem que se autoriza a isso com o corpo de outrem também não reconhece uma corporeidade própria, fantasmática. Tendo a excitação assegurada por intermédio das concussões mecânicas, seu corpo torna-se uma carcaça animal que ele empurra sobre o corpo dos outros. E aqui uma semelhança notável com o torturador. Porém, nesse caso, já estamos no território de outras violências contra a mulher e dos avatares da aceitação e da rejeição feminina na absolutização de seu corpo.

Gostaria, com base nesse contexto geral de determinação da mulher como um corpo desejável, desde que pela ótica masculina, como um corpo superexposto às fantasias do homem, como um corpo acolhedor, desde que obediente e dócil, dar dois exemplos que podem nos fornecer a exata medida das atrocidades cometidas contra a mulher, a menina. Precisaremos sempre nos lembrar disso e nos opor com força e contundência à franca determinação do violentador, que se escora num discurso prévio de determinação da força e da hegemonia masculina e da submissão da mulher, da menina, ao domínio físico.

Em novembro de 2007, uma menina de 15 anos foi presa e encarcerada no município de Abaetetuba, no Pará, por tentativa de furto de um celular. Nada incomum numa realidade em que a ameaça aos bens privados supera em muito a preocupação com o bem-estar comum e o direito aos presos, sucessivamente violados em diversas carceragens do país. Porém, esse episódio foi marcado pela exposição pública de uma prática radical e repetida: o desrespeito e o aviltamento do corpo da mulher, o desrespeito às idiossincrasias e às diferenças que lhe são próprias e fundamentais. Não se trata mais, infelizmente, de um discurso masculino e chauvinista, mas de um discurso e de uma prática sustentados pela negação das próprias mulheres de suas diferenças e necessidades pessoais.

A adolescente L. foi encarcerada pela delegada Flávia Pereira com 30 homens adultos e por eles foi estuprada, queimada com cigarro e espancada. Ali permaneceu dois dias. Em seguida, foi conduzida à presença da juíza Clarice de Andrade. Na ocasião, L. alegou que era menor de idade (não uma mulher). A juíza, então, determinou que ela fosse devolvida à mesma cela. A situação revoltou alguns dos presos, que disseram aos carcereiros que, além de ser uma menina, ela não podia ficar na cela com homens. Os policiais, então, cortaram o cabelo longo, liso e negro de L. à faca e rente à cabeça, para assemelhá-la a um rapaz.

Impressionantemente, a delegada, a juíza e a governadora do estado do Pará foram incapazes de proteger L. do chauvinismo degradante, da indiferenciação sexual e da superexposição atroz. De que maneira negligenciaram o fato de estar em causa ali o risco a que L. estava submetida não por ser menor, não por ser pobre, mas por ser mulher? Que recalque silenciou todas essas mulheres em evidente posição de poder para evitar o pior e proteger a posição, a condição e o discurso femininos, este último o único capaz de denunciar a violência masculina contra a mulher?

Depois disso, soubemos que o caso de L. não era isolado, mas comum em outros municípios do Pará, onde mulheres são encarceradas em celas predominantemente masculinas. Em apoio a essa prática sobreveio a ação intimidatória dos policiais para que a menina sumisse do município sob ameaça de morte. Os pais de L. foram coagidos a mentir a idade da filha também ameaçados pelos policiais, tentativa atroz de salvar a própria pele a golpes de martelo.

O segundo exemplo teve seu desfecho no mês de março de 2008. Uma menina de 9 anos de idade engravida de gêmeos. Descobre-se que a gravidez é consequência dos abusos cometidos pelo padrasto desde que a criança tinha 6 anos. Para minorar os danos sofridos, a menina segue a legislação brasileira que autoriza o aborto em caso de estupro.

Tudo poderia ficar assim, com os estragos já feitos e com encaminhamentos discretos e competentes para cuidar da menina. Porém, isso atiça a imaginação masculina, e o bispo de Recife e Olinda, dom José Cardoso Sobrinho, egrégio representante da Igreja Católica, instituição patriarcal desde sua gênese, condena publicamente o aborto realizado e acusa os médicos – e os que os apoiam – de praticar o assassinato, de atentar contra a vida e demais ladainhas conhecidas.

O escândalo está feito. A polêmica assume o pleito e o corpo da menina novamente constitui o palco em que se encenam disputas viris e o meio para se exercer o poder institucional, não raro à custa da dor alheia.

Como se não bastasse, ao emitir a opinião da igreja, o bispo desrespeita o Estado laico, bradando que a lei de Deus está acima da lei dos homens, e excomunga os médicos que auxiliaram no aborto seguro da criança.

São dois exemplos que indicam a complexidade e o perigo a que está exposto o corpo da menina e da mulher em nossa sociedade. Não faltam argumentos para que a mulher se convença de seu assujeitamento moral e ético em nome de uma ética masculina – tal como a delegada e a juíza que atuaram exemplarmente no caso da adolescente do Pará. Àquelas que não forem convencidas resta o recurso fácil de submeter seu corpo, que é o maior ícone do poder e da hegemonia dos valores, discursos e práticas masculinos.

Curiosamente, a arquidiocese de Olinda e Recife foi defendida por uma advogada, Rilene Dueire, que sugeriu que a menina grávida e sua irmã de 14 anos cuidassem dos filhos por nascer.

Enfim, como observei antes, o triunfo do chauvinismo não é a erradicação física da mulher da face da Terra, mas a metamorfose voluntária - enfim consumada - das mulheres em homens.

REFERÊNCIAS

DEMANT, P. *O mundo muçulmano*. São Paulo: Contexto, 2004.

SCHNEIDER, M. *Afeto e linguagem nos primeiros escritos de Freud*. São Paulo: Escuta, 1993.

WALKOWITZ, J. "Jack the Ripper and the myth of male violence". *Feminist Studies*, v. 18, n. 3, 1982, p. 543-74.

WOLFF, M. P. (org.). *Mulheres e prisão: a experiência do observatório de direitos humanos da penitenciária feminina Madre Pelletier*. Porto Alegre: Dom Quixote, 2007.

1 História do Centro de Referência às Vítimas de Violência do Instituto Sedes Sapientiae

Dalka Chaves de Almeida Ferrari
Ana Cristina Amaral Marcondes de Moura

BREVE HISTÓRICO E ATUAÇÃO

O INSTITUTO SEDES SAPIENTIAE (ISS) foi criado em 1975, na cidade de São Paulo, pela Madre Cristina Sodré Doria (1916-97) com o objetivo de transformar o contexto social da época, construindo uma sociedade baseada nos princípios da solidariedade e da justiça social em defesa dos direitos humanos e da liberdade de expressão.

O ISS originou-se da Faculdade de Filosofia, Ciências e Letras Sedes Sapientiae da Pontifícia Universidade Católica de São Paulo. Esta, inaugurada em 1940, fundiu-se em 1975 com a Faculdade de Filosofia, Ciências e Letras São Bento, passando a atuar principalmente nas áreas de saúde mental, educação e filosofia. Entre os destaques na história do ISS está a participação de seus membros na elaboração do Estatuto da Criança e Adolescente (ECA) e no projeto "Rede Criança, Não à Violência" (1988).

O Instituto sempre acompanhou a política, as mudanças e os movimentos de enfrentamento contra as violações de direito das crianças e dos adolescentes que aconteciam no Brasil, tais como Comissões Parlamentares de Inquérito (CPIs) sobre a exploração sexual de crianças e adolescentes e diversos congressos sobre a temática.

Em 1994, tiveram início as atividades do Núcleo de Referência às Vítimas de Violência (NRVV) na clínica psicológica do Instituto Sedes Sapientiae. Estruturado em seis áreas de atuação –

atendimento psicossocial, prevenção, parcerias, pesquisa, formação e administração –, seu objetivo principal era auxiliar na formulação e na implantação de políticas públicas e programas que combatessem a violência física, psicológica e sexual contra crianças e adolescentes. Seis anos depois, foi criado oficialmente o Centro de Referência às Vítimas de Violência (CNRVV).

Assim, de forma integrada, o CNRVV realiza o acolhimento e o atendimento psicossocial das vítimas, incluindo suporte a familiares, responsáveis e agentes agressores. Baseados na ideia de que é necessário intervir de modo eficaz nas situações de violência, estabelecemos como pilares fundamentais para nossas ações uma visão crítica da sociedade e o compromisso social com a população atendida. Vejamos a seguir alguns programas de enfrentamento à violência contra crianças e adolescentes dos quais a instituição participou:

- **1996 a 2003:** por meio de convênio com a Secretaria Estadual de Assistência e Desenvolvimento Social (Seads), realiza atendimentos e programas de prevenção da violência doméstica contra crianças e adolescentes. Em 1996, inaugura um polo de prevenção no bairro do Jaguaré, em São Paulo, criando depois mais 12 polos na cidade.
- **1996:** integra a área de formação do Instituto Sedes Sapientiae, criando curso de aperfeiçoamento "O fenômeno da violência doméstica e suas possibilidades de intervenção".
- **1996:** inicia fóruns de debates abertos à comunidade para discussão dessa temática e publica sua primeira revista.
- **2000:** a convite da diretoria do Instituto Sedes Sapientiae, integra a instância de centros, denominando-se oficialmente Centro de Referência às Vítimas de Violência (CNRVV).
- **2000:** participa, com outras organizações, do Plano Nacional de Combate à Violência contra Crianças e Adolescentes, em Natal.
- **2002:** ganha o Prêmio Criança da Fundação Abrinq.

- **2003:** com a municipalização das ações da criança e adolescente, passa a ser conveniado pela Secretaria Municipal de Assistência e Desenvolvimento Social (SMADS).
- **2004:** cria 22 polos de prevenção à violência doméstica em parceria com a Rede Nossas Crianças, da Fundação Abrinq.
- **2005:** amplia parcerias no projeto de polos de prevenção com a World Childhood Foundation (WCF, hoje Childhood Brasil), secretarias municipais e conselhos tutelares, focando a prevenção à violência, ao abuso e à exploração sexual de crianças e adolescentes.
- **2006:** integra a Comissão Municipal de Enfrentamento à Violência, Abuso e Exploração Sexual de Crianças/Adolescentes (Cmesca).
- **2006-2008:** amplia parceria com a Secretaria Municipal de Assistência e Desenvolvimento Social (Smads), capacitando várias organizações sociais conveniadas que desejavam ser polos de prevenção.
- **2010:** a convite do Programa de Ações Integradas e Referenciais de Enfrentamento à Violência Sexual Infantojuvenil no Território Brasileiro (Pair), desenvolvido em parceria com a Secretaria Nacional de Direitos Humanos e a Universidade Federal de Mato Grosso do Sul, o CNRVV integrou a equipe de capacitação que implantou o Pair nas cidades de Porto Alegre (RS), Curitiba (PR) e São Paulo (SP).
- **2011:** participa dos seminários teóricos de implantação do Pair em São Paulo, realizados no Instituto de Psicologia da Universidade de São Paulo (Ipusp).
- **2012:** presta consultoria à Smads por meio do Programa das Nações Unidas para o Desenvolvimento (Pnud), realizando curso de violência doméstica e sexual contra crianças e adolescentes para a rede socioassistencial da cidade de São Paulo.
- **2013:** é conveniado com a Childhood Brasil para realizar o Programa de Prevenção e Enfrentamento da Violência e Exploração Sexual em Megaeventos (Proteção da Infância e Adolescência em Rede – Projeto Piar em Ninho Virtual).

ÁREA DE ATENDIMENTO PSICOSSOCIAL

Por meio do convênio com a Smads, o CNRVV tem duas unidades do Serviço de Proteção às Vítimas de Violência (SPVV), ambas na zona Oeste do município de São Paulo, sendo a primeira na Rua Ministro Godói, 1484, em Perdizes, e a segunda na Rua Rio Azul, 350, Butantã. Cada uma delas oferece 80 vagas para o atendimento de crianças, adolescentes, familiares e agressores que residem em sua área de abrangência.

O atendimento psicossocial envolve um conjunto de atividades e ações psicossocioeducativas de apoio e especializadas, desenvolvidas individualmente e em pequenos grupos, de caráter disciplinar e interdisciplinar, de cunho terapêutico de acordo com o plano de trabalho desenvolvido pela equipe.

O objetivo é efetivar e garantir a atenção, especializada e em rede, a crianças, adolescentes e familiares em situação de violência. É realizado, prioritariamente, em grupos; contudo, também há a modalidade de oficina socioeducativa e com atendimento individual. Esta é utilizada em entrevistas iniciais, como forma de avaliação preliminar e preparação para a entrada nos grupos ou quando, após a avaliação, ficar constatado que o trabalho em grupo não é indicado.

As ações psicossociais permitem construir coletivamente a garantia de direitos fundamentais, o fortalecimento da autoestima e o restabelecimento da convivência familiar e comunitária, em condições dignas. Entre tais ações estão:

- Atendimento/encaminhamento das denúncias de violência, abuso e exploração sexual contra crianças e adolescentes residentes na zona Oeste do município de São Paulo.
- Tratamento psicossocial e oficinas visando ao fortalecimento da estrutura interna de cada indivíduo e de suas famílias, para que evitem novas vitimizações e rompam o ciclo da violência.

- Prevenção das ocorrências de violência, abuso e exploração sexual por meio de trabalho realizado pelos polos de prevenção, favorecendo a sensibilização e mobilização de atores sociais que funcionarão como multiplicadores de prevenção em suas comunidades.

Assim, o trabalho das equipes do CNRVV com as famílias e indivíduos cujos direitos foram violados objetiva:

- Proteger os indivíduos e as famílias em situação de violência.
- Fortalecer os vínculos afetivos intrafamiliares.
- Potencializar a capacidade autoprotetora das famílias.
- Articular redes sociais de apoio às famílias.
- Favorecer a inclusão de indivíduos e famílias no sistema de garantia de direitos e na rede de serviços, conforme a necessidade.
- Propiciar a responsabilização dos autores de violência.

Os eixos de atuação do CNRVV abrangem todas as vertentes previstas no Plano Nacional de Enfrentamento da Violência Sexual Infantojuvenil: prevenção, articulação, mobilização, atendimento, defesa, responsabilização e protagonismo. Dessa forma, o CNRVV:

- Trabalha na perspectiva de rede, articulando serviços de proteção à comunidade e acionando instituições parceiras governamentais e não governamentais.
- Incentiva denúncias, colhe dados para alimentar banco de dados e divulga os serviços de proteção à criança e ao adolescente no município.
- Possibilita o acesso e a permanência de crianças e adolescentes na escola e em atividades socioeducativas de desenvolvimento integral.
- Encaminha jovens e famílias a programas de qualificação e geração de emprego e renda.

- Garante à criança e ao adolescente o direito à convivência familiar e comunitária.
- Viabiliza a qualificação continuada dos profissionais envolvidos no atendimento social às crianças e aos jovens vitimados sexualmente.
- Realiza exame diagnóstico da situação, identificando fatores que determinam sua extinção em curto, médio e longo prazos.
- Encaminha, por intermédio de parceiros, os vitimizados e suas famílias para apoio jurídico.

ÁREA DE PREVENÇÃO

No início, as atividades do Centro eram voltadas para o atendimento de pessoas que vivenciavam situações de violência doméstica, sem esquecer, porém, que esse tipo de violência tem múltiplas causas, quase sempre decorrentes da cultura que discrimina a criança. Como exemplo, em 1996, o Centro implantou um polo piloto de prevenção no bairro do Jaguaré, em São Paulo, com ações que favorecem o surgimento de uma visão crítica sobre o tema, conscientizando sobre direitos e sobre a possibilidade de trabalho em rede com a formação de parcerias para a atenção à infância e à juventude. Ao longo dos anos, vários outros polos foram implantados em diferentes bairros da periferia de São Paulo.

Acreditando no potencial transformador do projeto, o CNRVV procurou, ainda em 1995, a Secretaria da Criança, Família e Bem-Estar Social do Estado de São Paulo (SCFBES), antiga Secretaria do Menor, para firmar convênio com a intenção era envolver o governo na execução de novas políticas em defesa da criança e do adolescente. Dessa parceria resultou, além da consolidação do polo do Jaguaré, a formação de novos polos de prevenção entre 1996 e 2002 na Bela Vista, em Sapé, em Paraisópolis, no Rio Pequeno e no Jaraguá.

Também foi criado o Projeto SOS Bombeiros no Resgate da Cidadania, que mantinha em unidades de diversos bairros paulistanos, pela parceria com o Instituto Mensageiros, turmas de crianças e adolescentes para atividades socioeducativas nos períodos matutino e vespertino. Além disso, foram implementadas ações de prevenção nos postos de bombeiros da Sé, de Santo Amaro, de Guarapiranga, de Itaquera, do Almanara e do Jabaquara. O mesmo trabalho, com algumas alterações, veio a ser desenvolvido também nas coordenadorias de saúde da Lapa, de Pirituba e de Perus, numa parceria com a Secretaria Municipal de Saúde de São Paulo.

Nos anos seguintes, o processo de implantação de polos foi ampliado com a parceria com a Fundação Abrinq; iniciaram-se a capacitação das equipes em violência doméstica/sexual e a realização de fóruns de debates sobre o enfrentamento da violência sexual contra crianças e adolescentes. Estes constituíram importante espaço de multiplicação de informação da temática. Hoje o trabalho de supervisão da rede de polos tem procurado evidenciar a diferença entre fatores de risco e de proteção, considerando que todas as organizações presentes integram as Redes de Apoio Social e Cultural regionais que compõem o macrossistema socioassistencial cultural do município de São Paulo.

O CNRVV continuou buscando parcerias para efetivar novas propostas de prevenção da violência contra crianças e adolescentes. Nesse sentido, em 2013, concorreu ao edital organizado pela Childhood Foundation e OAK Foundation, que visava apoiar projetos que focalizassem o jovem como protagonista no enfrentamento da violência, do abuso e da exploração sexual por meio da realização de megaeventos esportivos (tais como a Copa do Mundo). Representando São Paulo, o Centro de Referência integrou a equipe dos nove municípios brasileiros selecionados para concretizar essa proposta, concorrendo com o Projeto "Piar em ninho virtual: Proteção da Infância e Adolescência em Rede – Realizações Juvenis na Copa do Mundo de 2014".

O projeto realizou oficinas de prevenção abordando temas que visaram sensibilizar e mobilizar os jovens para ser multiplicadores virtuais no enfrentamento da violência e exploração sexual de crianças e adolescentes. Assim, dialogamos com o público jovem por meio de ferramentas virtuais, como o Facebook, ou de material produzido por eles. Dessa iniciativa surgiu a cartilha *Piar em ninho virtual - Ação no presente e reação no futuro - Realização da juventude em megaeventos*, elaborada por jovens da região sul da cidade de São Paulo. Supervisionada pela equipe do CNRVV, ela teve o apoio da Childhood Foundation e da Câmara Municipal de São Paulo.

ÁREA DE FORMAÇÃO

Nessa área, o CNRVV:

- Instrumentaliza profissionais para o enfrentamento ético e crítico do fenômeno da violência doméstica, na perspectiva do exercício dos direitos de cidadania de crianças e adolescentes.
- Possibilita a compreensão e reflexão do fenômeno da violência doméstica, com base em teorias antropológicas, históricas, sociais e psicológicas.
- Discute possibilidades de intervenção que tenham como eixos a transdisciplinaridade e a construção de uma rede interinstitucional de ajuda às famílias abusivas.
- Fomenta posturas e práticas profissionais que incidam sobre os riscos de vitimização de crianças e adolescentes.
- Capacita equipes institucionais visando à implantação da rede interinstitucional de enfrentamento da violência.

PUBLICAÇÕES E PRODUÇÕES CIENTÍFICAS

Refletindo sobre nossa história, destacam-se produções/participações científicas que ora investigam o fenômeno da violência, do abuso e da exploração sexual de crianças/adolescentes, ora aparecem como modelo a ser seguido.

Em 2002, profissionais do CNRVV publicaram, pela Editora Ágora, o livro *O fim do silêncio na violência familiar - Teoria e prática*. A obra trata das experiências no enfrentamento da violência doméstica contra crianças e adolescentes, incluindo a atenção às famílias e o atendimento aos agressores. A publicação foi incluída na bibliografia do concurso de psicólogo para as Varas da Infância e Juventude do Estado de São Paulo, realizado em 2005 e 2012.

Em 2004, em parceria com a Fundação Abrinq, o CNRVV lança a publicação *O fim da omissão - Implantação de polos de prevenção à violência doméstica*. Nesse mesmo ano, a instituição é apontada pelo Centro Latino-Americano de Estudos sobre Violência e Saúde Jorge Careli e pela Fundação Oswaldo Cruz como uma das dez experiências mais exitosas em atendimento a situações de violência doméstica contra crianças e adolescentes. A mesma situação repetiu-se em 2006.

Em 2008, em parceria com a Secretaria Municipal de Assistência e Desenvolvimento Social, o Centro lança a publicação *Reconstrução de vidas: como prevenir e enfrentar a violência doméstica, o abuso e a exploração sexual de crianças e adolescentes*.

Em 2011, o CNRVV colaborou com a implantação, em São Paulo, do Programa de Ações Integradas e Referenciais de Enfrentamento à Violência Sexual Infantojuvenil no Território Brasileiro (Pair).

REFERÊNCIAS

CNRVV. *O fim da omissão - Implantação de polos de prevenção à violência doméstica*. São Paulo: Abrinq, 2004. Disponível em: <http://sedes.org.br/site/node/438>. Acesso em: 15 jul. 2014.

______. *Reconstrução de vidas: como prevenir e enfrentar a violência doméstica, o abuso e a exploração sexual de crianças e adolescentes*. São Paulo: Smads, 2008. Disponível em: <http://sedes.org.br/site/node/431>. Acesso em: 15 jul. 2014.

______. *Piar em ninho virtual - Ação no presente e reação no futuro - Realização da juventude em megaeventos*. São Paulo: Câmara Municipal de São Paulo, 2014. Disponível em: <http://www.sedes.org.br/Centros/cartilha_PIAR.pdf>. Acesso em: 15 jul. 2014.

Ferrari, D. C. A.; Vecina, T. C. C. (orgs.). *O fim do silêncio na violência familiar - Teoria e prática*. 3. ed. São Paulo: Ágora, 2002.

2 As políticas públicas e a situação da violência contra a criança e o adolescente

Dalka Chaves de Almeida Ferrari

AO LONGO DA HISTÓRIA, o olhar da sociedade sobre a criança e o adolescente foi se transformando. No Brasil, na década de 1980, um número cada vez maior de especialistas e defensores criou um movimento para reconhecer as necessidades de crianças e adolescentes como direitos inalienáveis e garanti-los sob a forma de lei, elaborando e instituindo a doutrina da proteção integral. Em 2009, para comemorar os 30 anos da Declaração dos Direitos da Criança, de 1989, a Organização das Nações Unidas realizou a Convenção sobre os Direitos da Criança, um marco na legislação internacional sobre os direitos humanos (Ferrari e Vecina, 2002).

O Brasil é signatário dessa convenção e a Constituição de 1988, de forma antecipada, em seu artigo 227, incorpora um conjunto de direitos derivado de normativas internacionais:

> É dever da família, da sociedade e do Estado assegurar à criança, ao adolescente e ao jovem, com absoluta prioridade, o direito à vida, à saúde, à alimentação, à educação, ao esporte, ao lazer, à profissionalização, à cultura, à dignidade, ao respeito, à liberdade e à convivência familiar e comunitária, além de colocá-los a salvo de toda forma de negligência, discriminação, exploração, violência, crueldade e opressão. (Constituição Federal, 1988)

Essa concepção de criança/adolescente como cidadão e sujeito de direitos foi definitivamente homologada como lei na sociedade brasileira em 13 de julho de 1990, com a promulgação do

Estatuto da Criança e do Adolescente (ECA). O ECA foi aprovado por meio da Lei nº 8.069, que dispõe sobre a proteção integral e define o que crianças, adolescentes, pais, responsáveis, comunidade, instituições e o Estado podem e devem fazer para que ela seja efetivada. Também define as consequências das ações e omissões contra a criança e o adolescente e daquelas cujo autor é o próprio adolescente (Ferrari e Vecina, 2002).

A primeira parte do ECA, que vai do artigo 1º ao 85, segundo Gadelha (2012), traz uma síntese de toda a sua essencialidade e riqueza ao apontar as políticas de garantias de direitos como deveres da sociedade, do Estado e da família. Esses dispositivos propõem e detalham os deveres de instituições e atores sociais em relação ao tratamento a ser dispensado às crianças e aos adolescentes no país. Por exemplo, os recursos públicos deverão ser prioritariamente destinados à proteção da infância e da juventude. Porém, é importante destacar que os deveres estão vinculados a uma tríplice responsabilidade - da sociedade, do Estado e da família -, derivando o conjunto de direitos de normativas internacionais.

Ainda segundo Gadelha (2012), para que crianças e adolescentes possam ter efetivo acesso aos direitos fundamentais, o ECA coloca à disposição um sistema bem estruturado de avaliação comparativa entre o que determina a lei e o que demonstra a realidade. É essa dimensão jurídica que dá legitimidade e sustentação à doutrina de proteção integral. Há sanções, normas e impedimentos que todos os cidadãos devem conhecer e observar. Portanto, o não cumprimento de um dever jurídico traz como consequência uma sanção. Começa-se, assim, a compreender a força do exercício da autoridade.

No ECA, a palavra "autoridade" só é citada em relação ao juiz, ao promotor e ao conselheiro tutelar. O estatuto reconhece que a criança e o adolescente são vulneráveis e merecem a proteção integral do Estado, da família e da sociedade. Ao eleger essas três figuras, ele impõe a cada uma delas responsabilidades: à família, a obrigação de criar e educar; à sociedade, a obrigação de zelar por todas essas crianças e adolescentes; e ao Estado, a competência de executar e promover políticas públicas capazes de garantir o atendimento dos direitos assegurados por lei.

O Sistema de Garantia de Direitos (SGD) tem a finalidade específica de promover a exigibilidade do direito na hipótese em que o Estado, a sociedade e a família deixarem de cumprir seus deveres. Ele trabalha em três frentes:

- **PROMOÇÃO DOS DIREITOS OU ATENDIMENTO:** serviços e programas de políticas públicas, especialmente da política de atendimento dos direitos das crianças e dos adolescentes; e serviços e programas de execução de medidas de proteção de direitos humanos e de medidas socioeducativas e assemelhadas, englobando assistência social, saúde, educação, serviços de atendimento socioeducativo, serviço de acolhimento institucional e disque denúncia.
- **DEFESA DOS DIREITOS DAS CRIANÇAS E DOS ADOLESCENTES:** garantia de acesso à Justiça, composta pelas seguintes instituições: Conselhos Tutelares, Forças de Segurança (Polícia), Defensoria Pública, Justiça (Vara da Infância e Juventude, Vara Criminal, Tribunal do Júri, Comissões Judiciais de Adoção, Tribunal de Justiça), Ministério Público (Promotorias de Justiça, Centros de Apoio Operacional, Procuradorias de Justiça, Procuradorias-Gerais de Justiça, Corregedorias-Gerais da Justiça), Ouvidorias (para informações, críticas, sugestões, reclamações, denúncias do cidadão sobre algum órgão público ou privado) e centros de defesa (constituídos por entidades de proteção e defesa de direitos das crianças e dos adolescentes; pela intervenção jurídico-social, por meio de articulação, mobilização e participação no controle social, garantem a proteção integral, focando suas ações, principalmente, nas violações de direitos cometidos pela atuação ou omissão do poder público).

- **CONTROLE DAS AÇÕES PÚBLICAS DE PROMOÇÃO E DEFESA DOS DIREITOS DA CRIANÇA E DO ADOLESCENTE:** promoção de discussões coletivas entre órgãos governamentais e entidades sociais, como os Conselhos dos Direitos da Criança e do Adolescente – o Conselho Municipal dos Direitos da Criança e do Adolescente (CMDCA) e o Conselho Estadual dos Direitos da Criança e do Adolescente (Cedeca) – e os Conselhos Setoriais (de formulação e controle de políticas públicas), o Conselho Municipal de Assistência Social (Comas), o Conselho Municipal de Saúde (CMS), o Conselho Municipal de Educação (CME) e o Conselho Municipal de Juventude (CMJ). Pertencem também a essa instância de controle os Tribunais de Contas do estado e dos municípios.

Toda a política pública para o setor é elaborada pelos Conselhos dos Direitos da Criança e do Adolescente e executada pelos Conselhos Tutelares (CT) da Infância e Juventude. Os CTs promovem o atendimento de crianças, adolescentes e famílias em situação de violência, aplicam as medidas protetivas pertinentes e fazem os encaminhamentos necessários. Assim como os conselhos de outros setores das políticas sociais, esses também seguem a ótica da municipalização, contam com a participação da sociedade civil e devem servir como instrumento de controle sobre as ações do Estado. Nessa área pode-se notar um avanço, pois, dos 5.565 municípios brasileiros, atualmente 92% têm Conselhos dos Direitos implantados e 98% implantaram Conselhos Tutelares. A diferença básica introduzida por essa nova lei é que a criança e o adolescente deixaram de ser objeto de direitos para se tornar cidadãos e, como tais, sujeitos de direitos.

O ECA almeja alcançar essa *proteção integral* por meio de direitos que garantam pleno desenvolvimento às crianças e aos adolescentes – doutrina defendida pela ONU com base na Declaração Universal dos Direitos da Criança, que afirma

> [...] o valor da criança como ser humano; a necessidade de respeito especial à sua condição de pessoa em desenvolvimento; de valorizar a infância e juventude como portadoras da continuidade do povo e da espécie e de reconhecer sua vulnerabilidade. (Ferrari e Vecina, 2002, p. 54)

O Estatuto, no seu conjunto, tem propostas e regras bem definidas. Crianças e adolescentes podem alcançar uma cidadania plena se toda a sociedade, o Estado e a família estiverem envolvidos e forem protetivos.

Outra formulação importante na política pública para o enfrentamento das situações de violação dos direitos de crianças e adolescentes foi a implantação, pelo Ministério da Justiça, do Plano Nacional de Enfrentamento à Violência Sexual contra Crianças e Adolescentes (Pnevsca), aprovado em 2000 na cidade de Natal. Essa aprovação envolveu várias organizações da sociedade civil que trabalhavam com esse tema, bem como de diferentes serviços e segmentos do governo. O Plano apresentou diretrizes no enfrentamento da violência contra crianças e adolescentes por meio de seis eixos: análise da situação; mobilização e articulação; atendimento; prevenção; defesa e responsabilização; e protagonismo juvenil.

Simultaneamente, implantou-se outro órgão, o Comitê Nacional de Enfrentamento à Violência Sexual contra Crianças e Adolescentes, instância nacional representativa da sociedade e do governo que monitora a implementação do Pnevsca. A coordenação do comitê funciona de forma colegiada e é composta por representantes da sociedade civil, da juventude, dos poderes públicos e da cooperação internacional. Desde sua instituição, o Comitê Nacional tem cumprido o papel de animar, monitorar e coordenar ações de mobilização e reivindicação para implementar o referido Plano. Para esse fim, as atividades públicas realizadas nacionalmente a cada 18 de maio têm se mostrado essenciais. Essa data é oficialmente reconhecida, por força da Lei Federal nº 9.970/2000, como o Dia Nacional de Combate ao Abuso e à

Exploração Sexual de Crianças e Adolescentes, sendo a principal razão para sua escolha a brutal violência sexual que vitimou fatalmente Araceli Crespo no dia 18 de maio de 1973, em Vitória, Espírito Santo.

Após a adoção do Plano Nacional, novas ações passaram a ser implementadas e outras, já existentes, foram fortalecidas e estendidas. Esse processo busca envolver todas as esferas do Estado nos seis diferentes eixos estratégicos, mesmo que com níveis ainda bem distintos entre os poderes de Estado, os diferentes entes da Federação e os agentes relacionados a cada eixo. O Plano tornou-se referência e ofereceu uma síntese metodológica para estruturação de políticas, programas e serviços no enfrentamento à violência sexual contra crianças e adolescentes. Consolidou a perspectiva da articulação como eixo estratégico estruturador desse enfrentamento, tendo como enfoque os direitos humanos sexuais da criança e do adolescente. O Pnevsca desdobrou-se em planos estaduais e municipais com os mesmos objetivos e foi revisado em 2012, com alterações que conferem maior articulação e agilidade.

AMPLIAÇÕES DESSA POLÍTICA

Segundo o Programa de Ações Integradas e Referenciais de Enfrentamento da Violência Sexual Infantojuvenil no Território Brasileiro (Pair), adotou-se uma metodologia que "tem como base de intervenção o município e está pautada nos eixos do Pnevsca, da Secretaria de Direitos Humanos da Presidência da República". O suporte técnico nacional para a implementação dessa metodologia é realizado pela Escola de Conselhos, da Universidade Federal de Mato Grosso do Sul. Uma das suas principais metas é a mobilização de redes, com o objetivo de integrar o conjunto de programas e ações dos governos, organismos e agências internacionais, universidades e sociedade civil para que sejam desenvolvidas e aplicadas metodologias de intervenção local capazes de desencadear respostas efetivas para a superação da violação dos direitos das crianças e dos adolescentes.

O governo criou, dessa forma, duas instâncias para garantir a efetividade do Pnevsca: o Comitê Nacional, que monitora e coordena ações anuais de mobilização e articulação do referido Plano em nível nacional; e o Pair, responsável pelo suporte técnico nacional na implementação de metodologias locais.

Com a Comissão Parlamentar Mista de Inquérito (CPMI), as casas legislativas instituíram ações específicas contra a violência sexual, tendo maior destaque a CPMI que investigou a exploração sexual, durante os anos de 2003 e 2004, no Congresso Nacional.

Em 2003, criou-se a Comissão Intersetorial de Enfrentamento à Violência, ao Abuso e à Exploração Sexual de Crianças e Adolescentes, hoje composta por 33 membros: 20 ministérios e secretarias especiais e 13 representantes da sociedade civil, do setor privado, de organizações da cooperação internacional, do Comitê Nacional de Enfrentamento da Violência Sexual (Conanda), do Congresso Nacional (Frente Parlamentar pela Defesa da Criança e do Adolescente), do Superior Tribunal de Justiça, do Ministério Público Federal e do Ministério Público do Trabalho, na expectativa de se constituir uma verdadeira rede nacional de enfrentamento.

Além disso, foi criado em 2003, no âmbito do governo federal, o Disque 100 para recebimento de denúncias de violência sexual contra crianças e adolescentes, programa que garantiu alta legitimidade à população. De 2003 a 2010 assistiu-se a um crescimento superior a 625% no programa, o que significa que o número de denúncias recebidas passou a ser sete vezes maior. A média de denúncias recebidas a cada dia passou de 12, em 2003, para 129 em 2011, sendo 31% delas de violência sexual. A importância da temática é especialmente retratada por esse serviço, que representa, hoje, a política de direitos humanos com maior capilaridade, presente em 90% dos municípios do Brasil.

Outro evento que contribuiu para ampliar a visibilidade desse fenômeno foi a realização, no Brasil, do III Congresso Mundial de Enfrentamento da Exploração Sexual de Crianças e Adolescentes, em 2008, no Rio de Janeiro, com a participação de 170 países e mais de 3.500 inscritos, incluindo cerca de 300 adolescentes dos cinco continentes. As discussões decorrentes desse congresso apontam para avanços e desafios das políticas públicas no combate às situações de violência, exploração, negligência e discriminação, no contexto das violações dos direitos da criança e do adolescente.

PANORAMA LOCAL

Como pôde ser visto no Capítulo 1 deste livro, a cidade de São Paulo vem realizando ações de enfrentamento contra as violações de direitos das crianças e dos adolescentes desde 1988. Pode-se dizer que, ao longo de todos esses anos, o que mais contribuiu para uma maior articulação e visibilidade às ações desse enfrentamento foi a criação, pelo prefeito, da Comissão Municipal de Enfrentamento da Violência e Exploração Sexual de Crianças e Adolescentes (Cmesca), em 2006.

A delegação, composta por representantes de instituições públicas e privadas ligadas a essa temática, reúne-se mensalmente e, sob a coordenação da Secretaria Municipal de Assistência e Desenvolvimento Social (Smads), tem como ações:

- Revisão e atualização do Plano Municipal de Enfrentamento da Violência, Abuso e Exploração Sexual contra Crianças e Adolescentes (Pmevaesca).
- Participação da Comissão Parlamentar de Inquérito (CPI) da Pedofilia e Violência Sexual contra Crianças e Adolescentes no Município, realizada pela Câmara Municipal de São Paulo, em 2009, na qual se levantaram os problemas da rede e foram

sugeridas propostas para superação, em um relatório com 18 proposições, segundo Bezerra Jr. (2009).

- Ações integradas e interinstitucionais da Cmesca: mobilizações, apoio a campanhas; eventos de 18 de maio, Fórmula 1, carnaval.

Cabe ressaltar que, em 2008, o Pmevaesca foi aprovado e assinado, porém só foi publicado no Diário Oficial do Município em 2009, por uma intervenção da Câmara Municipal, via CPI da Pedofilia (Smads, 2009).

Em 2010, a equipe do Pair, coordenada pelo professor dr. Antônio José Ângelo Mott, foi a São Paulo implantar esse programa, iniciando negociações com secretarias de governo. A Cmesca foi a interlocutora das ações do Pair na capital e, a partir daí, iniciou-se uma pesquisa coordenada pelo professor dr. José Leon Crochik, do Laboratório do Preconceito da Universidade de São Paulo (USP). Essa pesquisa deu início ao Diagnóstico Rápido Participativo (DRP) da violência sexual contra crianças e adolescentes na cidade de São Paulo (Crochik e Fernandes, 2011).

A partir dessa data, dois seminários voltados para a capacitação da rede de enfrentamento da cidade de São Paulo foram organizados. O primeiro, em 2011, realizado pelo Pair, foi o "Seminário teórico: teoria crítica da sociedade e enfrentamento da violência sexual infantojuvenil", visando à construção do Plano Operativo Local (POL) e à capacitação da rede. No segundo, em 2012, a Smads promoveu uma grande capacitação para rede socioassistencial da capital, com o apoio do Programa das Nações Unidas para o Desenvolvimento (Pnud).

Em 2013, a rede local e a Cmesca se prepararam para a realização dos megaeventos esportivos, por meio de seminários, palestras e elaboração de projetos.

Atualmente, relacionando as organizações que trabalham com o tema e o desafio da autossustentação para a implementação dos eixos do Plano Municipal, bem como subsidiando e estimulando a formulação de políticas públicas, temos em São Paulo várias ONGs, conveniadas com a Smads e responsáveis pelos Serviços de Proteção Social às Crianças e Adolescentes Vítimas de Violência (SPVVs), nas diferentes regiões da cidade. Na zona Oeste, o CNRVV desenvolve ações em duas unidades:

- **UNIDADE LAPA:** Subprefeitura Regional Lapa/Pinheiros/Sé. Abrangência – Água Branca, Barra Funda, Pompeia, Anhanguera, Jaraguá, Pirituba, Jaguaré, Pinheiros, Perdizes, Vila Leopoldina, Alto de Pinheiros, Itaim Bibi, Jardim Paulista, Brooklin, Bela Vista, Bom Retiro, Cambuci, Consolação, Liberdade, República, Santa Cecília e Sé.
- **UNIDADE BUTANTÃ:** Subprefeitura Regional Butantã. Abrangência – Butantã, Morumbi, Raposo Tavares, Rio Pequeno e Vila Sônia.

CONSIDERAÇÕES FINAIS

Consta-se, assim, que a política pública no Brasil para o enfrentamento da violência, do abuso e da exploração sexual contra crianças e adolescentes foi implantada. Desde 1988 temos marcos legais, como a Constituição Federal, a implantação do Estatuto da Criança e do Adolescente, a elaboração e implantação do Pnevaesca em 2000, a criação de instância nacional representativa da sociedade e do governo, tal como o Comitê Nacional de Enfrentamento à Violência Sexual contra Crianças e Adolescentes, e a elaboração e implantação do Pair.

Mas se pode perguntar: essa política implantada vem se efetivando?

Se procurarmos entender a situação atual à luz do Pnevaesca, tomando como referência a pesquisa, os seminários e o diagnóstico rápido participativo realizados pelo Pair no município de São Paulo de 2010 a 2012, podemos levantar os problemas e as ações propostas para enfrentá-los, como aponta o DRP realizado em São Paulo. Esse diagnóstico pode ser considerado uma amostra do que ocorre no Brasil todo.

> Este DRP apontou, entre outros elementos, o aumento da violência sexual contra crianças e adolescentes e a enorme capilaridade da Rede de Proteção na cidade. As necessidades apontadas no DRP podem contribuir para a construção de políticas públicas, assim como é necessário que os agentes envolvidos estejam voltados para a execução do Plano Operativo Local, nos próximos anos. (Pair, 2013)

Considera-se, todavia, que essa tarefa exigiu a participação das três esferas de governo – a federal, estadual e municipal – dependendo sua efetividade do entrosamento, da parceria, da articulação e da integração dessas três instâncias de poder. Assim, de forma geral, apesar do esforço de vários profissionais representantes da sociedade civil e dos representantes do governo, sabe-se que o enfrentamento dos problemas de violência, abuso e exploração sexual de crianças e adolescentes, no Brasil, ainda exige a implementação de um amplo leque de ações.

Violações de direitos estão presentes nas situações de violência contra crianças e adolescentes no âmbito familiar. O abuso sexual de crianças e adolescentes ocorre por meio da exploração sexual comercial, da pornografia e do tráfico; a expansão da exploração sexual acontece em redes globalizadas e na indústria do sexo, principalmente pelo turismo sexual. A morbidade e a mortalidade de crianças e adolescentes são as consequências mais drásticas da exploração sexual comercial.

Diante desse cenário que avilta o desenvolvimento saudável de nossos jovens, o atual governo, por meio de Programas Nacionais de Enfrentamento da Violência Sexual contra Crianças e Adolescentes desenvolvidos tanto pela Secretaria Nacional de Promoção dos Direitos da Criança e do Adolescente quanto pela Secretaria de Direitos Humanos, pela Presidência da República e pelo Ministério de Desenvolvimento Social e Combate à Fome, vem implementando políticas públicas para garantir a proteção integral da criança e do adolescente, sendo necessário ampliar mais suas ações protetivas para cumprir o estabelecido nas legislações existentes, dando continuidade ao Pnevaesca, criado em 2000.

Cabe aqui chamar a atenção para o atual momento vivenciado pelo Brasil – um contexto de preparação para megaeventos nos próximos anos e de realização de grandes obras de desenvolvimento, que guarda estreita relação com a necessidade de pautar a garantia dos direitos humanos de crianças e adolescentes. Em 2013, a agenda prioritária do Pair, bem como da Cmesca, teve como foco a intervenção para a Copa do Mundo. Em 2014, atendendo à demanda da política nacional, essas ações de enfrentamento da violência, do abuso e da exploração sexual contra crianças e adolescentes, em São Paulo, passaram a ser executadas em parceria com a Secretaria Municipal de Direitos Humanos/Coordenadoria da Infância e Juventude, visando à criação de um Comitê de Proteção nos Megaeventos, num esforço com a sociedade civil. Assim, esperamos ter, com a realização dos megaeventos – como a Copa do Mundo e as Olimpíadas –, a oportunidade de exercer, em todo o país, nossas práticas integradas e intersetoriais.

Em São Paulo, o Comitê de Proteção já foi formado e seguirá a política nacional sugerida para megaeventos, devendo elaborar um plano de ação para cada subgrupo. Sociedade civil e governo estão reunidos, divididos em quatro subgrupos, segundo os diferentes tipos de violação de direitos contra crianças e adolescentes que mais se evidenciaram na Copa das Confederações:

- Consumo de álcool e outras drogas e ato infracional.
- Abuso sexual, negligência e outras violências.
- Exploração sexual e trabalho infantil.
- Desaparecimento de crianças e adolescentes e violência letal.

Assim, seja no cotidiano dos serviços seja no atendimento protetivo às crianças e aos adolescentes nos megaeventos, alcançaremos nossos objetivos se cumprimos os objetivos das práticas integradas e intersetoriais e do trabalho em rede:

- **PRÁTICAS INTEGRADAS E INTERSETORIAIS:** caracterizadas pela complementaridade, colaboração e articulação/integração, permitem que a intervenção nas situações de violência contra crianças e adolescentes seja uma tarefa transdisciplinar, interinstitucional - isto é, direcionada para finalidades que pertençam a todas as disciplinas e instituições, exigindo um trabalho em rede, com ações de recepção e discussão do caso, registros abertos, visitas e contatos interinstitucionais, fóruns de debate e ações de prevenção.
- **TRABALHO EM REDE:** propicia a formação de parcerias, cooperação e articulação de sujeitos institucionais, ações no âmbito público e privado, mobilização de recursos, intercâmbio de dados e experiências que levam à formulação de projetos e políticas. Tem por objetivos: a interrupção da violência, com o mínimo de exposição da família; a promoção e o desenvolvimento de uma rede de serviços que atue de forma articulada entre instituições, serviços governamentais, organizações e grupos da sociedade civil, buscando a ampliação e melhoria da qualidade do atendimento nas situações de violência sexual de crianças e adolescentes; a identificação e o encaminhamento adequado de casos já existentes na comunidade e o desenvolvimento de estratégias efetivas de prevenção, ou seja, mobilização/sensibilização no enfrentamento das situações de violência contra crianças e adolescentes. Segundo o Pair (2013), o fluxo ou circuito de uma rede de proteção pode ter vários caminhos, tomando cada um de seus atores como porta de entrada: público em geral, público infantojuvenil, Disque 100, Conselho Tutelar, Cras, Creas, polícias, Ministério Público e Justiça. A rede vai depender, para sua efetividade,

das políticas sociais básicas – da educação, da saúde, da assistência social, do esporte, do lazer, da cultura, do trabalho, da renda, da habitação, do transporte, da defesa, da justiça, da segurança, da profissionalização, da família e da comunidade. Existem ainda outros fluxos, como o da Associação Brasileira de Magistrados e Promotores (ABMP).

Destacam-se, entre outras, ações de sensibilização e esclarecimento voltadas para a sociedade em geral, bem como a importância de uma formação continuada e de programas que cuidem do cuidador, destinados aos profissionais que se dedicam a esse trabalho – garantindo, assim, que as intervenções sejam eficientes e eficazes, esperando também contar com a conscientização da sociedade de que a proteção de crianças e adolescentes é dever de todos.

Concluindo, a cidadania de crianças e adolescentes como sujeitos de direito pressupõe a atuação de um conjunto articulado de políticas, programas e serviços que formam uma **rede de proteção integral aos direitos e atenção a suas necessidades básicas e especiais.**

> Assim, ao longo de todos esses anos, examinam-se os esforços envidados por governos e sociedade para *construir intervenções no âmbito das políticas públicas, centradas no princípio da defesa dos direitos humanos*, da universalidade, das gestões participativas e descentralizadas, por meio de *práticas integradas e intersetoriais*. A aposta é entender tais aspectos como essenciais para avançar na direção da democracia participativa, como estratégia à consolidação da proteção dos direitos das crianças e adolescentes em situação de violências, explorações, negligências e discriminações. Os avanços aqui elencados caminham na perspectiva de tornar estas políticas mais integradas e verdadeiramente intersetoriais, sendo necessário observá-las com um olhar integralizador e *transdisciplinar*. (Carvalho Lopes, 2008, grifo nosso)

REFERÊNCIAS

Azevedo, M. A.; Azevedo, V. N. (orgs.). *Violência doméstica: fronteiras do conhecimento*. São Paulo: Cortez, 1993.

Bezerra Jr., C. A. *Relatório CPI da pedofilia e da violência sexual*. São Paulo: CMSP, 2009.

Brasil. Constituição (1988). Constituição República Federativa do Brasil. Artigo 227. Brasília: Imprensa Oficial, 1988.

______. Programa de Ações Integradas e Referenciais de Enfrentamento da Violência Sexual Infantojuvenil no Território Brasileiro/SP. *4º Registro da experiência de implantação do Pair em São Paulo - Cartilha Pair*. Campo Grande: Editora UFMS, 2013.

Carvalho Lopes, M. H. *et al.* "Políticas intersetoriais integradas". In: Tema 3 no III Congresso Mundial de Enfrentamento da Exploração Sexual de Crianças e Adolescentes. Rio de Janeiro: Unicef, 2008.

Crochik, J. L.; Fernandes, A. M. (orgs.). *Violência sexual contra crianças e adolescentes na cidade de São Paulo: enfrentamento e crítica*. Campo Grande: Editora UFMS, 2011.

Ferrari, D. C. A.; Vecina, T. C. C. (orgs.) *O fim do silêncio na violência familiar - Teoria e prática*. 3. ed. São Paulo: Ágora, 2002.

Gadelha, G. *et al.* "O sistema de garantias de direitos de crianças e adolescentes". In: *Material de capacitação* on-line *do Pair*. Brasília: Secretaria de Direitos Humanos, 2012.

São Paulo. Pacto São Paulo; Secretaria Estadual de Assistência e Desenvolvimento Social. *Plano estadual, do enfrentamento da violência sexual contra crianças e adolescentes*. São Paulo: Seads, 2002.

São Paulo. Secretaria Municipal de Assistência e Desenvolvimento Social. *Plano municipal de enfrentamento da violência, abuso e exploração sexual contra crianças e adolescentes (Pmevaesca)*. São Paulo: Smads, 2009.

3 A abordagem clínica na intervenção psicossocial às famílias em situações de violência sexual contra crianças e adolescentes

Rosemary Peres Miyahara

A violência, em suas diferentes manifestações, afeta imperativamente crianças e adolescentes. No Brasil, diversos autores apontam processos de vulnerabilidade que atingem grande parte de nossa população e, mesmo não sendo um fator único e determinante, propiciam a deterioração das relações familiares (Costa, 1979; Caldeira, 2000; Andrade, 2001; Ferrari e Vecina, 2002; Landini, 2005; Méllo, 2006; Melo, 2008; Rizzini, 2011; Souza, 2008). Problemas como desemprego, baixa renda, dependência de drogas, transtornos psiquiátricos e exclusão social estão por trás de muitos casos de violência, abuso e exploração sexual na infância e na juventude.

Para além das fronteiras de classe social, essa problemática relaciona-se com as concepções e os valores sobre infância, a história pregressa e os modelos parentais geracionais – características pessoais dos diferentes sujeitos que compõem a família. Também se relaciona principalmente com o desrespeito às diferenças, que, transformadas em desigualdades, incidem em relações de poder assimétricas que levam à opressão, dominação ou exploração.

O abuso sexual, cercado de tabus, preconceitos e temores, é uma das violências sofridas por crianças e adolescentes no seio de suas famílias que mais suscitam debates e desafios no que se refere às estratégias de enfrentamento. Tem, no chamado pacto ou complô do silêncio, o instrumento mais refinado de perpetuação da psicodinâmica abusiva. Em várias situações, as pessoas da família, além de vizinhos, amigos e até mesmo profissionais da educação, saúde e assistência social, calam-se diante dos fatos, desconsiderando os sinais, muitas vezes explícitos, apresentados por aquele que sofre a violência. Paradoxalmente, o "denuncismo", um movimento de intervenção que preconiza a denúncia "a qualquer momento e destituída de qualquer análise" (Méllo, 2006, p. 125), evidencia posturas maniqueístas geradoras de injustiças e revitimizações.

Ao longo de quase 20 anos como profissional atuante na rede de proteção integral à infância e juventude estabelecida pelo Estatuto da Criança e do Adolescente (Lei nº 8.069, julho de 1990), com foco na questão da família em situação de violência, percebemos que o tema do abuso sexual aparece com grande incidência. Isso ocorre tanto na demanda por atendimento terapêutico como na inquietação gerada pela perplexidade e pelo desconhecimento dos profissionais que têm de lidar com a situação, na medida em que ela eclode nos mais diversos contextos de trabalho (escola, instituições de acolhimento, unidades básicas de saúde, projetos de assistência social etc.).

Muitas são as problematizações trazidas pelos profissionais que trabalham com o abuso sexual intrafamiliar nos contextos de formação e supervisão, demandando da coordenação da área de ensino do Centro de Referência às Vítimas de Violência (CNRVV) uma constante ampliação dos subsídios direcionados aos processos de capacitação desses trabalhadores dentro de uma abordagem crítica e ética da questão. Na dissertação *Trabalhando com violência sexual contra crianças e adolescentes: a perspectiva do psicodrama na formação dos profissionais da rede de proteção* (PUC-SP, 2011), enfoco a importância de um espaço de formação que considere que o impacto de escutar cenas abusivas geralmente mobiliza sentidos e valores dos profissionais e a consequente repercussão em sua forma de interagir com a situação.

Nesse momento, voltamos nossa atenção para uma questão que talvez seja uma das que mais traduzem as inquietações dos profissionais que tenho acompanhado em contextos de formação continuada. Trata-se das incertezas sobre os contornos e a eficácia da intervenção psicossocial como instrumental para promoção da "superação da violação de direitos além da reparação da violência sofrida [...] [apontando para] a mudança de condições subjetivas que geram, mantêm ou facilitam a dinâmica e as ameaças abusivas" (Crepop, 2009, p. 49-50). Inclui-se aqui o que ainda se apresenta como grande desafio na área, a saber, o atendimento àquele que, na trama abusiva, ocupa o lugar de agressor sexual.

Esses profissionais trazem constantes questionamentos sobre como oferecer uma possibilidade de ressignificação dessas experiências, dado que elas aparecem inscritas no psiquismo da vítima, do vitimário e dos familiares. Dessa forma, nosso interesse pelo aprofundamento do tema vem da necessidade de aprimorarmos as abordagens psicológicas (de cunho clínico, social e educativo) no enfrentamento dessa problemática.

Muitos têm sido os esforços para circunscrever e orientar a referida prática. Entre eles, podemos destacar as diretrizes do Conselho Federal de Psicologia (CFP), sistematizadas na publicação "Serviço de proteção social a crianças e adolescentes vítimas de violência, abuso e exploração sexual e suas famílias: referências para a atuação do psicólogo", e os aportes do Programa de Ações Integradas e Referenciais de Enfrentamento à Violência Sexual Infantojuvenil (Pair), estratégia do governo federal, por meio da Secretaria de Direitos Humanos, para ampliar as ações de integração e o fortalecimento de redes locais no processo de implementação de políticas públicas que tenham como foco a proteção integral de crianças e adolescentes nas diferentes regiões de nosso país.

O CFP (2009, p. 50) configura o atendimento psicossocial como um

> conjunto de atividades e ações psicossocioeducativas, de apoio e especializadas, desenvolvidas individualmente e em pequenos grupos (prioritariamente), de caráter disciplinar e interdisciplinar, de cunho terapêutico – não confundir com psicoterapêutico – com níveis de verticalização e planejamento (início, meio e fim), de acordo com o plano de atendimento desenvolvido pela equipe.

Enfatiza então o olhar para uma psicologia clínica mais abrangente, que não se restrinja ao modelo psicoterapêutico e referende a Resolução nº 02/2001 do próprio Conselho a esse respeito e a concepção de clínica ampliada (Bezerra Jr., 2001), que ressalta que "fazer clínica não é apenas lidar com a interioridade psicológica do sujeito, mas lidar com a rede de subjetividade que o envolve" (CFP, 2009, p. 31).

O Pair, ao encampar uma grande capacitação *on-line* para atores da rede de proteção à infância e juventude que trabalham com a temática da violência sexual, defende em seu aporte didático que a intervenção psicossocial se torne fundamental, oferecendo acolhimento e escuta aos que sofreram "graves violações", fortalecendo os sujeitos para um "processo de elaboração da situação traumática" que "cria condições para que o sujeito *ressignifique os traumas sofridos*, deslocando-se do sentido ambíguo de culpa e vitimização, para a criação de autonomia e fortalecimento da resiliência" (Oliveira *et al.*, 2012, p. 3, grifo nosso).

O presente artigo pretende contribuir para o debate reflexivo das diretrizes acima mencionadas, com base em recortes teóricos preliminares de autores como Ferenczi (1933), Freud (1905, 1913), Laplanche (1986), Furniss (1993), Gavin (2005) e Bezerra Jr. (2001), que discutem os desdobramentos psíquicos do abuso sexual infantil, principalmente aquele que acontece no contexto intrafamiliar, apontando formas de intervenção. Tem ainda a intenção de incorporar os aportes da psicologia social clínica como abordagem que possa orientar um pensar terapêutico diferenciado da questão.

ALGUMAS INFLEXÕES PSICANALÍTICAS SOBRE A TEMÁTICA DO ABUSO SEXUAL

Na obra *Três ensaios para uma teoria sexual* (1905, p. 1.225), Freud já nos traz elementos para refletir sobre sexualidade e relações parentais, alertando-nos sobre a resistência que temos em aceitar que o terno sentimento da criança por aqueles que cuidam dela deveria se identificar com o amor sexual, na medida em que "a relação da criança com estas pessoas é para ela uma inesgotável fonte de excitação sexual e de satisfação das zonas erógenas". O autor enfatiza ainda que, sobretudo a mãe, ao atender a criança beijando-a, acariciando-a e tocando-a, também estabelece uma relação objetal e sexual, ressaltando que "um excesso de ternura materna talvez seja prejudicial à criança, por acelerar sua maturidade sexual, acostumar-lhe mal e fazer-lhe incapaz, em épocas posteriores de sua vida, de renunciar temporariamente ao amor ou contentar-se com uma pequena parte do mesmo" (*ibidem*). Com esses apontamentos, pode-se indagar se a interação incestuosa não se daria em um terreno inócuo, mas seria permeada pelas fantasias sexuais daquele que é referido como vitimizado, principalmente quanto aos lugares de seus genitores ou cuidadores.

Laplanche (1988), ao analisar a sexualidade materna em *Teoria da sedução generalizada*, constrói o ideário de que a origem do trauma de sexualidade no sujeito se constitui pela intromissão da sexualidade da mãe na criança por meio do excessivo manuseio. Contudo, aponta que esses componentes de sexualidade muitas vezes são processos totalmente inconscientes. Mesmo dentro da situação incestuosa entre pai ou padrasto e criança, a mãe participa da construção dessa experiência, e isso acaba tendo uma significativa relevância para o(a) filho(a). Nos atendimentos terapêuticos no CNRVV, é possível constatar que o ressentimento pela conivência ou omissão da figura materna com a situação abusiva é o sentimento primeiro e mais forte que eclode na fragilidade emocional da criança ou do adolescente. É retratada com frequência a dor da dupla vitimização que se dá nesse contexto de atuação do agressor e de desproteção por parte da figura do suposto "não agressor".

É importante reforçar que, ao mesmo tempo que devemos falar da natureza do impulso incestuoso como inerente ao ser humano, temos de enfatizar a necessidade de sua interdição como estruturante para uma vida emocional saudável.

Segundo Freud (1913), o tabu contra o incesto marca significativamente o processo de aculturação do ser humano. Ao determinar lugares geracionais diferentes, ele permite inicialmente a narcisação da criança por seus pais, tão essencial para a sobrevivência e a estruturação emocionais. Mais tarde, são também os pais os facilitadores do investimento da criança em desejos eróticos em relação a eles, promovendo assim o processo de diferenciação e subjetivação de seus filhos.

Há de se esclarecer que o que a menina pede é que o pai receba seu amor, sinta-se seduzido por ela, mas uma sedução como apelo erótico, não sexual; espera-se que o pai não viole a lei do incesto, que consiga se autointerditar, compreendendo e validando que na fantasia de sedução infantil o sexual é a busca do encontro amoroso, da aceitação, uma vez que a sexualidade ainda não é corporal. O adulto não pode, como ressalta Ferenczi, confundir as linguagens, oferecendo uma resposta erótica a uma busca afetiva. Não violar o tabu do incesto é o que a cultura espera da parentalidade saudável.

Dialogando sobre as possibilidades de comunicação no contexto de intervenção psicológica de vivências traumáticas, em "Abuso sexual de crianças: a necessidade de lembrar e a necessidade de esquecer", Anne Alvarez (1994) enriquece-nos com um artigo que discute uma das premissas básicas do atendimento a essa problemática: a revelação, ou seja, o momento em que a criança ou o adolescente vai comunicar (por relatos, desenhos, brincadeiras), por meio de seu provável referencial mnêmico, as cenas abusivas. O que a autora destaca é a importância de considerar as possibilidades expressivas da criança. Infelizmente, não são raras as circunstâncias em que, ao chegar aos serviços de atendimento, ela é "bombardeada" por atividades ou proposições que mobilizem a lembrança, o relato, enfim, a revelação das cenas de abuso. Alvarez (1994) é enfática quanto ao aspecto contraproducente que tais posturas profissionais podem trazer no que se refere ao propósito de ajudar a criança a reconhecer e superar as consequências psicológicas de tais experiências, alertando-nos para o fato de que nossas ideias sobre proteção, cuidado e justiça podem estar muito distantes do universo psíquico infantil: "Ela pode, por exemplo, estar tão embotada emocionalmente e cognitivamente que nada mais tem qualquer significado. Ou pode ter sido corrompida e ter se tornado fascinada pelo abuso ou ter se tornado, ela própria, alguém que abusa". (Alvarez, 1994, p. 162)

Com base na constatação de que a maioria das crianças chega aos serviços de atendimento com história de vitimização crônica, Alvarez sugere que "o 'lembrar' talvez envolva um milhão de minúsculas integrações, cada uma delas ocorrendo em condições que também permitam que os outros aspectos do abuso, outras integrações sejam esquecidos" (*ibidem*, p. 163). A autora também enfatiza o espaço terapêutico como assegurador e promotor dessa digestão paulatina da experiência abusiva; um "lugar novo, aparentemente inocente e não traumático pode ser um lugar mais seguro que capacita a criança a pensar sobre seu trauma em porções digeríveis e manejáveis" (*ibidem*, p. 164). Consideramos essas reflexões extremamente preciosas e consoantes com a proposição deste artigo, pois a ampliação de um olhar para o *setting* terapêutico nos permite abarcar as instigantes, mas ao mesmo tempo inquietantes, demandas que essa problemática traz.

Sobre a intervenção com dimensões sociais, encontramos os trabalhos que enfocam a clínica ampliada, de referencial teórico psicanalítico, como proposta que não se esgota nas falas dos sujeitos atendidos, mas requer um olhar para as especificidades do contexto institucional do atendimento e seus entrelaçamentos com as questões presentes no social mais amplo. Bezerra Jr. (2001, p. 141) ressalta que fazer clínica não significa somente enfocar "a interioridade psicológica do sujeito, mas lidar com a rede de subjetividade que o envolve, o que implica não apenas essa interioridade, mas todas as formas de estímulo que, no campo da alteridade, apresentam-se para o sujeito". Para ele, pensar a clínica é pensar em criar instrumentos e modalidades de intervenção com objetos, palavras e silêncios que estimulem e provoquem a capacidade de organização psíquica e social do sujeito de modo mais espontâneo e criativo.

TILMAN FURNISS E A ABORDAGEM MULTIDISCIPLINAR

Tilmann Furniss (1993) oferece-nos um verdadeiro compêndio sobre o tema, no qual discute questões relacionadas ao entendimento dessa problemática e à abordagem multidisciplinar como chave para intervenção. Já na sessão introdutória, alerta-nos sobre a complexidade do trabalho com a família abusiva, apontando quatro fatores que, se não bem avaliados pelo profissional, vulnerabilizam o atendimento: a importância da integração entre os diferentes atores da rede de intervenção; a necessidade de conhecimento e consideração dos aspectos legais, de proteção e terapêuticos, envolvidos nas demandas específicas de cada caso; a consideração de crianças e adolescentes como seres estruturalmente dependentes que necessitam de proteção e cuidados de seus pais; e, por fim, a premência de uma atenção constante para a natureza do abuso sexual de crianças como uma síndrome que conecta a criança, o abusador e a família num complô de segredo e uma síndrome de adição para a pessoa que comete o ato abusivo. Com sua vasta experiência de intervenção nesse campo, o autor (1993, p. 6) ressalta que lidar com o abuso sexual de crianças "desafia terapeutas de qualquer orientação e crença a reconsiderarem suas tarefas e a desenvolverem suas técnicas e abordagens".

Tendo como base tais premissas, Furniss identifica três tipos de propostas de trabalho na área: a Intervenção Punitiva Primária (IPP), a Intervenção Primária Protetora da Criança

(IPC) e a Intervenção Terapêutica Primária (ITP) - mantendo ressalvas críticas às duas primeiras e indicando a terceira como potencial transformador.

A Intervenção Punitiva Primária é direcionada à punição daquele que cometeu o abuso. Pautada pela remoção e condenação do perpetrador, tem como base uma "atribuição monocausal, não apenas de responsabilidade, mas também de atividade, culpa, acusação e poder, que são somente imputados à pessoa que abusou" (Furniss, 1993, p. 64). Esse tipo de intervenção tem como principais críticas encobrir conflitos conjugais preexistentes entre os pais e dificultar que a criança, a família e até mesmo os profissionais lidem com os aspectos positivos e o apego, em algumas situações muito evidentes, entre a criança e o membro parental que a abusou. Também pode favorecer que mães e crianças ocultem seus sentimentos de culpa e mútua competição ao concentrar os ressentimentos na figura do abusador. O autor esclarece-nos que, ao negarmos o reconhecimento da participação ativa da criança e os conflitos e vínculos envolvidos na situação abusiva, estamos dando uma "resposta moralista defensiva", negando a natureza sexual da interação e também os aspectos positivos que possam existir entre a criança e a pessoa que cometeu o abuso (*ibidem*).

É possível perceber muitas identificações entre as colocações do autor e as inúmeras situações trazidas pelos profissionais supervisionados: a insistência das mães por relatórios que ajudem a criminalizar o ex-companheiro; o tempo e a energia investidos em avaliações que delimitem os sinais psicológicos claros de que o abuso aconteceu; as dificuldades dos profissionais em acolher as falas de seus pacientes que denotem falta da interação abusiva ou elementos amorosos na relação com o abusador. Enfim, é possível perceber no cotidiano de trabalho desses profissionais as armadilhas que podem levar a uma Intervenção Punitiva Primária, até porque o destino frequentemente dado à figura do abusador é a punição ou responsabilização e nada mais.

A grande questão aqui implicada é a reticência colocada pela maior parte dos serviços quando demandados ao atendimento do agressor sexual, e essa discussão, por sua premência e importância, é objeto de destaque em outro artigo que escrevemos como parte do corpo desta publicação.

A Intervenção Primária Protetora da Criança, como o próprio nome aponta, baseia-se no aspecto de dependência estrutural da criança e na premência de protegê-la. Movimenta-se em direção a um entendimento do abuso com foco no sistema familiar pela implicação bicausal, em que os indicados como culpados são os pais que precisam responder pelo fracasso da parentalidade. A problematização que se coloca a respeito desse tipo de intervenção é que, a despeito de ter como objetivo a proteção, em muitas situações ela acaba provocando uma vitimização secundária da criança que, vista como mentirosa e causadora de vergonha, é removida da família e sofre com a perda de convívio com a mãe, os irmãos, a escola, os amigos e o meio social.

São tantas as questões presentes nas falas dos profissionais sobre os desdobramentos do acolhimento institucional de grande parte das crianças ou dos adolescentes em situação de violência sexual que me provocam a ideia de que a Intervenção Primária Protetora da Criança possa ser o modelo mais presente nos serviços de referência. Também é possível perceber que muitos dos temas e das tensões trazidos por esses sujeitos ao *setting* de atendimento misturam-se ou atualizam-se em diferentes situações de vitimização, exigindo do profissional um manejo terapêutico bastante contundente.

É dentro desse quadro crítico que Furniss propõe a Intervenção Terapêutica Primária como aquela que, por abarcar o tratamento individual do trauma psicológico e buscar a modificação do funcionamento psicodinâmico abusivo na família, tem um caráter terapêutico mais bem delimitado. Segundo o autor (*ibidem*, p. 66), a relevância está em ser uma intervenção que "concentra-se na dinâmica fundamental que levou ao abuso e o manteve".

Enuncia como objetivos e etapas desse processo: o bloqueio da continuação do abuso sexual; a mobilização para que se estabeleçam os fatos do abuso e a situação como realidade familiar compartilhada; a importância do pai em assumir a responsabilidade pelo abuso; o envolvimento do casal de pais com a responsabilidade parental pelos cuidados gerais; o trabalho com a díade mãe-criança; o trabalho com os pais como parceiros; e o trabalho com a díade pai-criança.

Como proposição que busque considerar os aspectos de proteção conjugados à terapêutica do abuso sexual, Furniss (*ibidem*, p. 274) aponta a necessidade de ajudarmos a criança a estabelecer os fatos externos do abuso: "São vitais as habilidades psicoterapêuticas de seguir, ao invés de orientar, a comunicação da criança. No entanto, ao utilizarmos as habilidades psicoterapêuticas, precisamos mudar o modo interacional básico, de um modo interpretativo para um modo investigativo indireto", para não promovermos uma "pseudoterapia de segredo em que se reunirão ao sistema de segredo da criança, o qual geralmente é a própria base da perturbação da criança".

Com essa premissa, Furniss pauta a estratégia de enfrentamento no que chamou de "síndrome de segredo", alertando-nos sobre os entremeios da psicodinâmica familiar que aprisiona a criança num pacto de silêncio sobre a situação sexualmente abusiva. Nesse sentido, salienta que uma das metas terapêuticas seria favorecer, "dar licença" para que as experiências abusivas sejam comunicadas, contextualizando-as no campo da privacidade e não mais como segredo.

APORTES DA PSICOLOGIA SOCIAL CLÍNICA PARA PENSAR A INTERVENÇÃO

Enuncio desde já minha postura profissional como essencialmente clínica, tendo a clareza de que esta foi construída ao longo de um percurso marcado pela inserção em contextos de desamparo social: como professora da rede municipal, alfabetizando crianças em escolas de bairros periféricos (como Campo Limpo e Capão Redondo), nos quais as carências materiais interferiam de forma indiscutível na relação ensino-aprendizagem; como educadora de rua na então Secretaria de Estado do Menor, procurando interpolar as influências de um ambiente de vulnerabilidade, principalmente no que se referia à criminalidade de crianças e adolescentes apartados de suas famílias; como psicóloga da Secretaria Municipal de Saúde, acompanhando pacientes em sofrimento mental agudo, na proposta de desinstitucionalização dos hospitais-dia que me trazia a constatação cotidiana de como as "múltiplas faltas" (lugar de moradia, referências afetivas, perspectivas de escolarização etc.) insidiam na desestruturação de um psiquismo já frágil. E hoje, com uma estrada já mencionada de quase 20 anos no trabalho com crianças, adolescentes e famílias em situação de violência, tenho presenciado cada vez mais a contundência dessa postura clínica na abordagem dos casos.

Em cada uma das etapas de minha vida profissional, as premissas básicas desse campo epistemológico nortearam e norteiam a maneira como me coloco diante dos sujeitos de intervenção e de meus objetos de pesquisa. Dessa forma, ratificando o olhar do clínico, procuro apresentar aqui alguns recortes reflexivos, tendo como referência principal as falas e inquietações dos profissionais que tenho acompanhado como supervisora.

DEFINIÇÕES PRELIMINARES QUE CARACTERIZAM A ABORDAGEM CLÍNICA

Segundo Sévigny (2001, p. 15), a etimologia do termo "clínica" remete a "observar diretamente, junto ao leito do paciente", incidindo em práticas e situações problemáticas para as quais é preciso buscar soluções. O autor alerta-nos, contudo, que os problemas não recaem sempre e apenas sobre os indivíduos, mas também sobre grupos, organizações, acontecimentos, situações sociais particulares, que devem ser examinadas sob o ângulo de sua singularidade e de sua especificidade.

Com o intuito de compreender as problemáticas mais amplas nas quais se inserem o sofrimento do indivíduo, o clínico em ciências humanas coloca-se "em seu leito", inclina-se em direção a esse sujeito que demanda uma intervenção. Dessa forma, ele trabalha principalmente em campo, interessando-se não somente em compreender a "doença" (os problemas), mas pela compreensão do "doente" (indivíduos ou grupos nos quais intervém). Estar em campo, nos "lugares de vida" das pessoas que acompanham, é um dos focos dos profissionais que trabalham com a temática da violência sexual que mais demandam atenção. Seja nas visitas domiciliares, no apoio ao deslocamento a instituições que complementam a intervenção (saúde, trabalho, habitação) ou ainda na escuta de relatos vívidos das problemáticas sociais desse sujeito, o profissional é suscitado a realizar múltiplas análises, reforçando o que a abordagem clínica em ciências sociais indica como um método de intervenção, uma via de conhecimento que se aplica "em quase todos os setores que se possa imaginar: da família ao trabalho, da religião às artes, dos negócios sociais aos negócios políticos, das associações de saúde às organizações de trabalho" (Sévigny, *ibidem*, p. 17).

Lembro-me do relato permeado de indignação do psicólogo que, após um ano e meio acompanhando uma adolescente que havia conseguido sair do circuito de exploração sexual e reverter um quadro de dependência de *crack*, ao fazer a visita domiciliar após sua reinserção familiar e comunitária, foi perscrutando no caminho os indicadores implacáveis de que aquela menina corria grandes riscos de recair num adoecimento que responde, antes de tudo, a um contexto degradante de violação de direitos: o cano que levava água potável para as casas passava dentro do esgoto a céu aberto; ao lado de seu barraco, dois pontos de venda de drogas apresentavam-se como o principal movimento do cenário; a escola que não aceitava a "antiga traficante"; e, em casa, nenhuma companhia, nenhuma referência que pudesse funcionar como proteção ou contenção... É fácil apreender que a análise desse profissional abrange problemáticas de saneamento básico, habitação, segurança pública, negligência institucional, carências estruturais e afetivas, entre outras. Esse é o olhar de um clínico social!

Essa abordagem da complexidade nos é esclarecida por Lévy (2001), tomando como base a noção de *fato social total* de Marcel Mauss (1996), que circunstâncias como a da adolescente acima descrita sejam analisadas como *fatos psicossociais* que assim se caracterizam, como "forças inconscientes que agem sobre os indivíduos e suas relações respectivas. Não se reduzem a acontecimentos reais ou objetiváveis, mas incluem o sentido que adquirem para os grupos e indivíduos concernidos" (Lévy, 2001, p. 31).

A adolescente inserta nessa "própria" realidade pode, num primeiro momento, não reconhecer sua vulnerabilidade. O profissional impactado com a intensidade de suas críticas precisa ter o cuidado de não "prescrever mudanças", até porque o principal intuito da intervenção é favorecer a autonomia desses atores sociais, ou seja, "ajudar o sujeito a compreender e a resolver seu próprio problema, ao invés de intervir diretamente sobre ele" (Sévigny, 2001, p. 16). Por isso, novamente reforçamos as premissas de uma clínica social que enuncia mais interesse não em explicar uma situação, mas em analisar como ela é compreendida e interpretada pelos próprios sujeitos que a vivem.

Com a ênfase colocada no sujeito singular, visto em sua globalidade e em seu percurso histórico, e nas implicações do terapeuta-pesquisador com situações-problema para as quais investe em busca de sentido e transformação, Lévy retrata os alicerces da abordagem clínica que, a nosso ver, muito se aplica ao campo das intervenções psicossociais na temática que ora abordamos.

Corroborando os posicionamentos conceituais acerca desse campo de conhecimento – a psicologia social clínica aplicada às ciências humanas até o momento apresentadas –, autores como Barus-Michel (1996), Gaulejac (2001) e Giust-Desprairies (2001) elucidam os aspectos inter-relacionais entre indivíduo e sociedade que orientam a postura do clínico social. Barus-Michel indica a descoberta do *sujeito social* como principal horizonte da psicologia social e esclarece que esta se define por uma reciprocidade entre o individual e o coletivo, entre o psíquico e o social. A autora toma como objeto de interesse os fenômenos *interpsíquicos* sem excluir o *intrapsíquico* e referindo-o essencialmente às relações coletivas. Ela ressalta (*ibidem*, p. 5-6):

> A psicologia social clínica se apresenta como uma clínica do sujeito (o indivíduo pretendente a fazer sentido) inscrito em um campo social, inserido e atravessado por uma realidade social, individualmente ou no seio de coletivos, de unidades sociais ou culturais mais ou menos grandes.

Importante ressaltar como a autora representa a amplitude do *social*: por dinâmicas, sistemas de simbolização, trocas relacionais que podem transformar a realidade, agregando ou promovendo rupturas; e pelos discursos e o que produzem. O social que instrui, interdita e reprime também funciona como importante analisador nos momentos de crise do indivíduo, seja oferecendo suporte ou colocando-se como o que incrementa a falta: "O que se evade do social pelo sujeito se entende também como falta de suporte" (Barus-Michel, *ibidem*, p. 5).

Gaulejac também nos fala sobre os efeitos psicológicos que as questões sociais trazem e coloca-nos uma importante recomendação acerca de distinguirmos os determinantes socioeconômicos e suas consequências no psiquismo dos indivíduos. Pautando-se nas ideias de Elias (1939), alerta-nos que indicar respostas no plano psicológico a questões de gênese social pode aprisionar o indivíduo em circunstâncias de impotência e culpa. Porém, de modo contrário, desconsiderar os efeitos psíquicos de situações socioeconômicas degradantes impede-nos de compreender "por que e como os indivíduos se mobilizam para produzir a sociedade" (Gaulejac, 2001, p. 39).

O campo da intervenção psicossocial às famílias em situação de violência é permeado pelos desafios que essas discussões suscitam e pelas sucessivas situações de carências sociais que vulnerabilizam o psiquismo. E psiquismos vulneráveis sucumbem a situações de risco – um ciclo que se retroalimenta... Marca-se mais uma vez o desafio de acompanhar a expressão desses atores sociais acerca da realidade que vivem, considerando-os verdadeiros interlocutores na identificação de suas dificuldades e de brechas que possam indicar uma nova forma de mobilização.

A situação da avó que foi denunciada por acorrentar o neto de 16 anos em casa ilustra muito bem os paradoxos que essas situações ensejam. A assistente social, ao entrar na casa, encontrou o rapaz acorrentado; ao seu lado, dejetos de comida e urina. A avó, que chegou logo depois, apresentou suas queixas sobre não encontrar outra saída para a situação. Precisou ausentar-se durante o dia para trabalhar e sustentar a família e recebera o "recado" dos traficantes de que o neto corria risco de morte porque, para alimentar o próprio vício, estava furtando na comunidade (bares, estabelecimentos comerciais), o que vinha chamando a atenção da polícia e expondo o tráfico. Cárcere privado ou atitude de proteção? Os posicionamentos dividem-se entre os profissionais que compõem o grupo de supervisão. Fica claro que é preciso discutir com essa avó alternativas à necessidade de proteção do neto, mas nunca partindo de um referencial crítico que condene sua atitude *a priori*. Tal postura reforçaria incompetência e culpabilidade, trazendo para a relação intersubjetiva entre avó e neto elementos de hostilidade e desagregação.

Tomamos com atenção as colocações de Giust-Desprairies (2001, p. 231) as quais nos apontam que "trabalhar na compreensão das lógicas internas das pessoas e dos grupos [...] implica necessariamente em levar em conta os componentes subjetivos. Portanto, a questão do sentido não diz respeito somente ao privado ou individual, ela também se refere ao social".

Com essas colocações, abrimos aqui outro recorte da discussão que insere a noção de *clínica social* como *clínica do sentido*, procurando dar maior consistência às argumentações.

CLÍNICA E CRISE DE SENTIDO

O SENTIDO, PARA O sujeito psicológico, responde a seu *status* identitário. É uma apropriação pelo indivíduo do fluxo de ideias e sentimentos suscitado por excitações internas e externas, percebidas como coerentes e, por assim dizer, organizadoras. Pode apresentar-se como uma tensão, a expressão de uma falta, uma tensão que procura dizer, transmitir, fazer-se reconhecível, sempre a partir de um registro simbólico. Como explica Barus-Michel (1996, p. 27), "o sentido satisfaz, ele preenche a impressão de falta e angústia do vazio, ele está ligado aos afetos, às emoções antes mesmo de estar ligado à linguagem".

Quando determinadas circunstâncias da vida se apresentam como apelo, colocando o sujeito em provação diante de situações de perda, ruptura ou obstáculo à vivência plena da realidade, os efeitos deslocam-se do referencial simbólico e traduzem-se em sintomas dessa perturbação. "O sujeito frequentemente sensível a uma ruptura na unidade e à continuidade ordinária e simbólica de suas funções produz sinais que ele próprio não compreende" (Barus-Michel, *ibidem*, p. 19).

O posicionamento clínico insere-se justamente na demanda de compreensão à singularidade de uma situação referida (nas atitudes, no discurso ou nas manifestações somáticas), de determinada pessoa ou grupos, como um mal-estar, um problema, a perda de referenciais ou sentido. Nesse contexto, o clínico desempenha um papel fundamental na busca contínua e progressiva de significações, permitindo a mobilização e transformação do sofrimento em manifestações de esforço de vida que potencializa o enfrentamento assertivo de conflitos e o resgate de uma harmonia interna do indivíduo, bem como a retomada de seus laços sociais.

Esses referenciais que instituem o trabalho clínico como uma *clínica do sentido* remetem-nos, como afirma Lévy, à sociologia compreensiva de Marx Weber, fundada sobre a interpretação e a busca de sentido, e não sobre a busca de fatores que explicam causas. Assim, o terapeuta, identificando-se parcialmente com o que o outro vive, seria capaz de "apreender o sentido que os homens atribuem a suas ações, os fins que buscam alcançar, os motivos que se dão sem que isso leve a qualquer julgamento de valor, de aprovação ou condenação" (Lévy, 2001, p. 24).

Fica patente que a sociologia compreensiva questiona e coloca em análise a problemática da resistência ao atendimento àquele que, na dinâmica familiar abusiva, figura no lugar de agressor sexual, já ressaltado neste artigo.

Temos percebido, na posição de quem procura acompanhar os profissionais que compõem a rede de proteção à infância e juventude nos impasses, nas fragilidades e na potência de trabalho, o quão importante é manter em pauta os impactos que nos causa a escuta de cenas abusivas envolvendo família e sexualidade. Afinal, são temas que nos dizem respeito diretamente e ainda são considerados tabus em nossa sociedade. Precisamos, sim, tomar os parâmetros da sociologia compreensiva para evitar que a intervenção, permeada por preconceitos e dogmatismos, não acabe por revitimizar aqueles que nos demandam acolhimento e apoio. Essa é uma armadilha da qual temos de nos esquivar, principalmente num momento histórico em que fica muito difícil localizar a crise de sentido dos indivíduos sem falar em crise de sentido da sociedade.

Lidamos, no contexto de atuação permeado por vulnerabilidade e desamparo sociais, com um cotidiano marcado por territórios nos quais as fronteiras entre o permitido e o proibido são dúbias. Zonas qualificadas como "não direito" ou "não lei", onde as regras de permanência, convivência e até mesmo sobrevivência se contrapõem às normativas do "Estado-Nação Soberana", transformando, muitas vezes, o marginal em banal. Não podemos, então, deixar de levar em conta que a falta de uma ideia, ou "ficção", "segundo a qual existem critérios universais de *verdade* e de *justiça*, suscetíveis, consequentemente, de serem compreendidos e admitidos por todos e por isso, aplicados sem distinção" (Lévy, 2001, p. 25), traz tensões e instabilidades à vida dessas pessoas e até mesmo à intervenção.

Por toda a complexidade que abarca a intervenção que se propõe a transformar as situações de crise trazidas pelo desvelar do abuso sexual intrafamiliar é que, a nosso ver, a inventividade da concepção de *clínica do sentido* tem uma enorme pertinência. É uma abordagem que propõe mudança e compreensão, abrindo espaço e tempo para o processo de elaboração que conduz à simbolização. "O clínico supõe sujeitos vivos, desejantes e pensantes, falando [...] para encontrar sentido para suas emoções, para suas lembranças ou para sua história que eles constroem a cada instante." (Lévy, *ibidem*, p. 20)

É importante entendermos que, dentro dessa perspectiva, não cabe ao clínico "construir o sentido", mas deslocar-se, sobretudo mentalmente, por espaços que ele pouco ou nada conhece, num esforço de escuta daqueles que tenta compreender. Ele deve levar em consideração que o seu trabalho procura favorecer que um sentido escondido emerja, precisando tal sentido ser desconhecido mesmo para o sujeito, uma vez que pode ser percebido como inadmissível ou ameaçador da construção identitária. Como nos esclarece Giust-Desprairies (2001, p. 240), "a resistência [...] se deve de fato à ameaça de uma 'dessubjetivação', ou seja, ao medo de perder as referências anteriores [...] e de não manter uma representação suficientemente coerente de si mesmo".

Essa é uma circunstância muito relatada por aqueles que atendem as mães que tiveram suas filhas, crianças ou adolescentes, abusadas sexualmente pelo parceiro conjugal, pai biológico ou padrasto. Essas mulheres com muita frequência sofrem o que chamamos de "ataque às próprias percepções", pois admitir que de alguma forma sabiam que o abuso acontecia certamente colocaria em xeque sua identidade como mãe protetora ou como mulher que jamais se submeteria a um homem abusador. Inicialmente, elas negam de forma veemente que percebiam algo. Com o decorrer dos atendimentos, passam a rememorar e admitir os sinais e as atitudes que já eram uma forma de pedido de ajuda dos filhos. A estratégia do clínico em tais situações é colocar-se próximos a esse medo de dessubjetivação, acreditando e estimulando no sujeito a crença de que o "o questionamento de referências identitárias representa, também, a oportunidade para a recomposição da identidade, no sentido de seu enriquecimento. Entretanto, o sujeito só 'reaparece' quando se põe a elaborar aquilo que o afeta e o transtorna" (Giust-Desprairies, 2001, p. 241).

Assim foi o processo terapêutico de Maria (nome fictício), uma adolescente de 15 anos encaminhada a um "serviço de proteção" por estar envolvida numa rede de exploração sexual. Ao longo dos primeiros meses de atendimento, ela traduzia de forma intensa aspectos sombrios e ideias de menos-valia sobre si mesma, não deixando nenhum espaço para que a terapeuta abordasse o que, na relação ou no que produzia em seus trabalhos gráficos, aparecia como elemento positivo e saudável de seu funcionamento. Essas referências de si apareciam também nas relações com as pessoas de seu convívio diário: usava vocabulário agressivo, fazia ameaças, desqualificava tudo e todos... Nos atendimentos, questionava a pertinência e a continuidade do tratamento quase a cada encontro. A terapeuta manteve-se continente e próxima, permitindo que Maria vencesse aos poucos sua resistência. Eclodiram, então, sintomas mais graves como regressão, insônia, ideias recorrentes de morte, medo, sentimentos de desamparo, conteúdos alucinatórios que a ordenavam voltar ao "bueiro de onde nunca deveria ter saído, porque era uma pessoa ruim, que não prestava e não merecia viver" (sic).

O apoio e a consistência da profissional, que buscou também parceria farmacológica, ajudaram Maria a vencer essa etapa do tratamento, até chegar a uma fase em que, finalmente, os conteúdos e conflitos trazidos no *setting* terapêutico diziam respeito a aspectos mais próximos do mundo adolescente (como aparência, amizades, namoro, administração da vida escolar, ídolos, preferências de lazer).

Com esse exemplo podemos apreender a compreensão clínica como um movimento dinâmico que procura dar sentido a "uma experiência subjetiva (um sofrimento, um mal-estar), a uma história [...] que carrega o traço de traumatismos antigos reais ou supostos, individuais ou coletivos" (Lévy, 2001, p. 35). Ou ainda, segundo esse mesmo autor, como uma experiência mais transformadora que explicativa, adquirida num cenário em que "sujeitos singulares implicam-se em relações recíprocas" (*ibidem*, p. 36).

CONSIDERAÇÕES FINAIS

Elaborada a princípio no universo relativamente restrito das relações entre quem cuida e quem é objeto de atenção e cuidado, a clínica progressivamente se ampliou para um quadro de referências diversas, passando assim a definir-se como uma perspectiva global que tem por fim o conhecimento da experiência humana em sua complexidade e em seus processos conscientes e inconscientes, individuais e coletivos.

Ancorada num terreno pluridisciplinar, ela fomenta a oportunidade de confrontar e provocar mutuamente diversos campos das ciências humanas com o social: da psicologia à etnologia, da psicanálise à sociologia, ao serviço social.

Como enfatiza Barus-Michel (1996, p. 53, grifo nosso), "a abordagem psicossocial clínica [...] substitui desconstruções brutais por uma desconstrução pela análise. Ela propõe se voltar a esses pontos de fragilidade e ruptura em que o sentimento de si está ameaçado por um trabalho de elaboração [...] que favorece *saídas inovadoras*".

Saídas inovadoras. Essa tem sido uma busca implacável dos profissionais que, em seu cotidiano de trabalho, defrontam-se com os desafios demandados pela complexidade da família em situação de violência sexual. As discussões, as reflexões e os investimentos de recursos e de potências de inventividade estão sempre muito presentes nos contextos de supervisão. Esses profissionais dedicados, envolvidos e disponíveis inspiram-nos a um contínuo movimento de pensar e repensar a práxis e seguir as concepções de Barus-Michel (1996, p. 22) quando nos diz que "se a abordagem clínica não é nova ela se renova na problematização das mutações sociais que afetam os coletivos e os indivíduos na sua mobilidade, sua identidade e suas solidariedades".

Finalizando, por considerar que o principal propósito do exercício reflexivo sobre quaisquer práxis é apontar para diálogos e contraposições e manter minha incansável crença no potencial humano para mudanças, deixo aqui a expectativa de que este artigo instigue o leitor a novas interrogações e proposições. A nosso ver, manter a problematização do que e de como fazemos é uma condição do exercício profissional ético e comprometido com a transformação de realidades opressoras.

REFERÊNCIAS

Alvarez, A. "Abuso sexual de crianças: a necessidade de lembrar e a necessidade de esquecer". In: Alvarez, A. *Psicoterapia psicanalítica com crianças autistas, borderlines, carentes e maltratadas.* Porto Alegre: Artes Médicas, 1994.

Andrade, L. F. *Prostituição infantojuvenil na mídia: estigmação e ideologia.* Tese (doutorado em Psicologia Social), Pontifícia Universidade Católica de São Paulo, São Paulo (SP), 2001.

Barus-Michel, J. "A psicologia social clínica". In: Barus-Michel, J.; Giust-Desprairies, F.; Ridel, L. *Crises approche psychosociale clinique.* Coll. Reconnaissances. Paris: Descleé de Brauwer, 1996.

Bezerra Jr., B. "A clínica e a reabilitação social". In: Pitta, A. (org.). *Reabilitação social no Brasil.* São Paulo: Hucitec, 2001.

Brasil. *Estatuto da Criança e do Adolescente.* Brasília: Edições Câmara, 1990.

Caldeira, T. P. R. *Cidade de muros - Crime, segregação e cidadania em São Paulo.* São Paulo: Editora 34; Edusp, 2000.

Cerruti, M. Q.; Debieux Rosa, M. "Em busca de novas abordagens para a violência de gênero: a desconstrução da vítima". *Revista Mal-Estar e Subjetividade,* v. VIII, nº 4, dez. 2008, p. 1047-76.

Conselho Federal de Psicologia; Serviço de Proteção Social a Crianças e Adolescentes Vítimas de Violência, Abuso e Exploração Sexual e suas Famílias. *Referências para a atuação do psicólogo.* Brasília: CFP/Crepop, 2009.

Costa, J. F. *Ordem médica e norma familiar.* Rio de Janeiro: Graal, 1979.

Elias, N. [1939]. *O processo civilizador.* v.II. Rio de Janeiro: Jorge Zahar, 1994.

Ferenczi, S. [1933]. "Confusão de línguas entre os adultos e as crianças". In: *Escritos psicanalíticos.* Rio de Janeiro: Taurus, s/d.

Ferrari, D. C. A. "Definição de abuso na infância e na adolescência". In: Ferrari, D. C. A.; Vecina, T. C. C. (orgs.). *O fim do silêncio na violência familiar.* São Paulo: Ágora, 2002, p. 81-94.

Freud, S. [1905]. *Três ensaios para uma teoria sexual.* Obras Psicológicas Completas, v. 13. Rio de Janeiro: Imago, 1996.

______. [1913]. "Totem e Tabu". In: *Obras Completas,* v. 13. Rio de Janeiro: Imago, 1996.

Furniss, T. *Abuso sexual da criança: uma abordagem multidisciplinar, manejo, terapia e intervenção legal integrados.* Porto Alegre: Artes Médicas, 1993.

Gaulejac, V. "Psicossociologia e sociologia clínica". In: Araújo, J. N. G.; Carreteiro, C. T. (orgs.). *Cenários sociais e abordagem clínica.* São Paulo: Escuta, 2001.

Giust-Desprairies, F. "O acesso à subjetividade, uma necessidade social". In: Araújo, J. N. G.; Carreteiro, C. T. (orgs.). *Cenários sociais e abordagem clínica.* São Paulo: Escuta, 2001.

Landini, T. S. *Horror, honra e direitos: violência sexual contra crianças e adolescentes no século XX.* Tese (doutorado em Sociologia), Universidade de São Paulo, São Paulo (SP), 2005.

Laplanche, J.; Pontalis, J. B. *Vocabulário de psicanálise.* São Paulo: Martins Fontes, 1988.

Lévy, A. *Ciências clínicas e organizações sociais.* Belo Horizonte: Autêntica, 2001.

Mello, E. R. "Direito e norma no campo da sexualidade na infância e na adolescência". In: ABMP; WCF Brasil (orgs.). *Criança e adolescente: direitos e sexualidade.* São Paulo: ABMP; WCF Brasil, 2008, p. 16-26.

Méllo, R. P. *A construção da noção de abuso sexual infantil.* Belém: Edufpa, 2006.

Miyahara, R. P. *Trabalhando com violência sexual contra crianças e adolescentes: a perspectiva do psicodrama na formação dos profissionais da rede de proteção.* Dissertação em Psicologia Social, PUC-SP, 2011.

Oliveira, I. *et al. Atendimento a crianças e adolescentes em situação de violência sexual.* Curso *on-line* de disseminação da metodologia Pair, 2012.

Rizzini, I. *"Salvar a criança é salvar a nação": raízes históricas da assistência à infância no Brasil.* s/d. Disponível em: <http://www.acaoprotecao.org.br>. Acesso em: 27 fev. 2011.

Sévigny, R. "Abordagem clínica nas ciências humanas". In: Araújo, J. N. G.; Carreteiro, C. T. (orgs.). *Cenários sociais e abordagem clínica.* São Paulo: Escuta, 2001.

Souza, S. J. "Criança e adolescente: construção histórica e social nas concepções de proteção, direitos e participação". In: ABMP; WCF Brasil (orgs.). *Criança e adolescente: direitos e sexualidade.* São Paulo: ABMP; WCF Brasil, 2008, p. 7-15.

4 O atendimento psicoterapêutico em situação de violência sexual contra crianças

Christiane Sanches

Proponho uma reflexão sobre o atendimento psicológico a crianças em situação de vulnerabilidade que sofreram uma experiência sexual precoce perpetrada por um familiar, impactando em seu desenvolvimento emocional. Apresentarei um recorte clínico, autorizado pela família e com o cuidado ético de alterar as identificações.

O *setting* analítico nos atendimentos a crianças em situação de violência é atravessado por elementos externos de forma intensa e direta, entre eles a solicitação de pareceres para subsidiar os processos jurídicos. É comum a manifestação de comportamentos ansiosos das mães por um laudo que descreva a confissão das crianças sobre o suposto abuso.

Outro ponto observado é o receio da criança em confiar no terapeuta em relação ao que ele fará com a informação dada, traduzido na responsabilidade solitária pela condenação do agressor familiar – o que, na nossa prática, verificamos que se trata de uma sobrecarga para a infância. Esse é um grande impasse, já que ela é a única testemunha na situação de abuso. As crianças também questionam: "Você vai contar para o juiz?" Como confiar ao terapeuta seus segredos, desejos e até a saudade do agressor, mostrando sua ambivalência, se tais sentimentos podem romper o laço de confiança entre mãe e filho(a)? Uma criança nessa situação pode se beneficiar de intervenções psicossociais; porém muitas, segundo minha experiência, necessitam de intervenções psicoterapêuticas sem tempo determinado por protocolos. Cabe um questionamento: se não é possível quantificar o tamanho da dor do trauma de forma universal, como quantificar o tempo dos atendimentos? Para cada criança a situação terá um impacto, um desdobramento, um reflexo, tanto individual quanto familiar.

Muitas vezes, o Poder Judiciário conta com o relatório psicológico como uma perspectiva de novos elementos para o julgamento. Trata-se de um caso complexo, em geral em situações de toques e exposição a pornografia. O laudo do IML é insuficiente porque não revela a vivência que a criança sofreu. Um profissional mobilizado pela dor e desamparo de uma criança em situação de vulnerabilidade e pelos apelos da mãe, aparentemente frágil e descrente nos profissionais e nas instituições, pode muitas vezes assumir uma postura de profissional "protetor e forte", que terá a "missão" de proteger a criança, colocando-se no papel do perito judiciário e encaminhando um relatório de atendimento terapêutico como se fosse um laudo. Tal postura, em virtude da relação de transferência estabelecida entre profissional e família, pode interferir no campo terapêutico entre o psicólogo e a criança.

Laplanche e Pontalis (2008, p. 514) designam que a transferência se caracteriza pelo processo no qual os desejos inconscientes se atualizam sobre determinados objetos no quadro de certo tipo de relação estabelecida entre eles e, eminentemente, no quadro da relação analítica. Em 1914, Freud, em seu texto "Recordar, repetir e elaborar" (2006), observou que os indivíduos repetem em suas ações conteúdos reprimidos. Dessa forma, o analista, a partir de ações e comportamentos do indivíduo em análise, tem a possibilidade de compreender tais conteúdos.

Freud, em 1920 (1996a, p. 29), também descreve que o paciente é obrigado a repetir aquilo que reprimiu como se fosse uma experiência contemporânea, em vez de, como o preferiria ver, recordá-lo como algo pertencente ao passado. Essas reproduções, que surgem com exatidão indesejada, sempre têm como tema alguma parte da vida sexual infantil (*acted out*) na esfera da transferência, da relação do paciente com o médico. Quando as coisas atingem essa etapa, pode-se dizer que a neurose primitiva foi então substituída por outra nova, pela "neurose de transferência".

Queremos que a criança nos tenha confiança, mas focamos nos fatos concretos e esquecemo-nos da subjetividade, do percurso histórico e familiar responsável pela constituição psíquica de cada sujeito. O espaço terapêutico é um campo fundamental que busca representar simbolicamente e acolher emoções, tais como dor, insegurança, ambivalências, sentimentos de culpa e dúvidas. É comum, num primeiro momento, a criança pode dizer: "Não quero ver meu pai", reação esperada pelo senso comum, já que viveu uma situação de abuso. No entanto, os entrelaçamentos subjetivos traçados nessa relação não são tão simples. Em muitos atendimentos, observava-se que a criança queria dizer que não queria mais ver "aquele" que abusou dela, mas ainda nutria sentimento por aquele que brincava, conversava, preparava seu lanche, levava-a à escola.

O espaço terapêutico muitas vezes é fértil para os profissionais que, tomados por sentimentos de raiva sobre o agressor que quebrou o pacto social, podem fazer relatórios "clamando justiça". Nos atendimentos como perita no fórum, já recebi diversos relatórios de psicólogas clínicas que jamais fizeram entrevistas com os pais e escreviam sugerindo que o pai fosse perigoso, solicitando que a Justiça protegesse a criança. O ECA determina que o profissional notifique suspeitas das situações de abuso, mas entendo que seu papel não deva ser o de julgador.

O abuso é considerado uma ruptura no desenvolvimento esperado de uma criança, causado em geral por um familiar próximo e de confiança. Uma criança que teve o seu corpo invadido entende que sua busca por atenção e carinho confunde-se com o ato sexual e sabe que suas informações são as únicas provas para a condenação desse familiar. Em geral, nos atendimentos as crianças mostram-se inseguras e desconfiadas do adulto que se aproxima de sua dor emocional, ou dizem: "Estou aqui para falar a verdade. Minha mãe disse que eu podia".

O ato abusivo é uma ruptura para a criança, mas os desdobramentos a que ela estará submetida podem tornar a representação do abuso ainda mais traumática. Uma mãe que não permite que seu filho brinque, que evita falar sobre outros temas e não deixa de fazer referência ao abuso, com receio de que ele esqueça detalhes importantes para o processo jurídico, está também coibindo o seu desenvolvimento infantil, conduta que poderá refletir em uma situação potencialmente traumática. O sentimento de traição de um familiar em relação àquele que rompeu o pacto de convivência social é violento. Nesse aspecto, cai sobre a criança a responsabilidade de ser a "salvadora" da estabilidade familiar, por meio do seu depoimento sobre o abuso.

O transbordamento emocional que a criança vive ao ser exposta a uma situação de violência ou abuso pode lhe trazer um amadurecimento precoce. Diversas vezes observei na clínica crianças que sofreram abuso comportando-se como meninas fantasiadas de adolescentes, embora ainda com a mesma ternura do período da infância. Nesse sentido, Ferenczi (2011, p. 117) aponta que esse choque permite que uma parte da criança amadureça mais cedo: "O medo diante de adultos enfurecidos, de certo modo loucos, transforma por assim dizer a criança em psiquiatra; para proteger-se do perigo que representam os adultos sem controle. E serem elas que cuidam dos adultos".

Rouyer (1997, p. 65) entende que o incesto é sintoma de uma disfunção familiar, de uma confusão de papéis e de gerações. Nesse sentido, os apontamentos de Ferenczi sobre a dificuldade de diferenciar ternura e sedução corroboram a compreensão da autora sobre a dinâmica emocional das crianças: "A criança sofre de carências afetivas, pois ela é uma possessão de seus pais e não um sujeito que tem suas próprias necessidades e desejos; essa condição torna-a mais vulnerável ante o desejo do adulto".

Diante de muitas confusões que podem ser observadas entre o universo infantil e o adulto, no que se refere ao desenvolvimento da sexualidade do sujeito e à erotização, torna-se importante a apresentação de alguns aspectos dos estudos de Freud sobre a sexualidade infantil. Quanto às zonas genitais na infância, não podemos jamais supor que o prazer é o mesmo da vida adulta, mas Freud (1996, p. 177) aponta que, sem dúvida, o começo da vida sexual é tratado como "normal". Por sua suposição anatômica, pelas secreções que são banhadas, pela lavagem e fricção advinda dos cuidados com o corpo e por certas excitações acidentais, é inevitável que a sensação prazerosa que essas partes do corpo produzem se faça notar à criança, ainda na fase da amamentação, despertando uma necessidade de repeti-las. Para o autor (*ibidem*, p. 186), "Essas fases de organização sexual são, normalmente, atravessadas sem dificuldade, revelando-se por alguns indícios. Somente nos casos patológicos é que são ativadas e se tornam passíveis de conhecimentos pela observação grosseira". Nesse sentido, se uma criança sofreu um abuso na sua tenra idade e o esqueceu na vida adulta, essa situação traumática deixará marcas, muitas vezes indeléveis no seu desenvolvimento, isto é, na constituição do seu Eu. Em outras palavras, o esquecimento não significa que não houve o abuso ou que as marcas dolorosas deixaram de existir.

Compreender o desenvolvimento da sexualidade infantil é um importante ponto de partida para este estudo, pois observamos que a confusão nas relações incestuosas entre a sexualidade infantil como um objeto erótico para esses adultos é comum, ignorando a especificidade do seu desenvolvimento. O olhar não é voltado para a criança, mas para a necessidade do adulto de obter prazer.

Uma situação de abuso, por muitos referenciais, pode ser considerada traumática por si só; mas a psicanálise aponta que cada criança a vive de acordo com os recursos do seu mundo interno. Nesse sentido, observa-se a importância de buscarmos um referencial para compreender a construção desse mundo, pois uma situação traumática como o abuso pode estar sobreposta a outros registros, isto é, situações de violência invisíveis aos olhos de qualquer espectador, mas não menos danosas ao desenvolvimento da criança.

Nesse aspecto, podemos considerar o abuso como duas formas de violência da criança: a ruptura das etapas do seu desenvolvimento psíquico, com o desejo do adulto de satisfazer suas necessidades eróticas; e o "roubo" da infância, tornando-a a "salvadora" da estabilidade familiar e social. Em geral, a mãe, na situação em que o abusador foi o pai, também está frágil, não consegue ser uma mãe suficientemente boa e impossibilita a continuidade do desenvolvimento infantil dessa criança.

Winnicott (1960) contribui com o conceito de "mãe suficientemente boa" e "mãe não suficientemente boa". A primeira é aquela capaz de alimentar a onipotência inicial do lactante, por meio da força oferecida ao seu frágil ego. Ele, então, pode gradativamente renunciar à sua onipotência, gozando da ilusão desse poder, criando e controlando o mundo. Ela é capaz de compreender e acolher as necessidades reais do seu bebê. A segunda não identifica as necessidades do bebê, colocando-o em uma posição de submissão ao seu gesto, o que reflete uma reação do falso *self* às exigências do meio. O autor (*ibidem*, p. 134) explica que, "Através deste falso *self*, o lactante constrói um conjunto de relacionamentos falsos, e por meio de introjeções pode chegar até uma aparência de ser real, de modo que a criança pode crescer se tornando exatamente como a mãe determinou o cenário".

Penso que uma breve reflexão se faz necessária em relação aos dois tipos de mães. Seus gestos e comportamentos não são guiados por condutas conscientes, mas são fruto também da constituição do seu desenvolvimento e amadurecimento – isto é, na maioria dos casos não há a intenção de ser não suficientemente boa. Para crianças que são submetidas aos cuidados dessas mães, o falso *self* pode ser considerado uma defesa na organização do desenvolvimento emocional: "A defesa contra o inimaginável, a exploração do self verdadeiro de forma intrusiva, que resultaria em um aniquilamento" (Winnicott, 1960, p. 134). Em crianças que sofreram violência, o contato com o seu verdadeiro *self* pode ser assustador e causar um colapso. O falso *self* torna-se, muitas vezes, uma proteção necessária à sua integridade.

Mieli (2002) relata que muitas crianças que foram abusadas mantêm o pacto do segredo na família, pois se consideram especiais, objeto de amor de seus agressores. Entrar em contato com um possível ódio devido à falta de proteção por parte daquele que interrompeu a possibilidade de sonhar seria um grande colapso para a integridade do indivíduo. Entendo que tais crianças necessitem da cobertura de um falso self como defesa para enfrentar um mundo desprotegido e inseguro. Ferenczi (1933) considera que elas se identificam com o agressor e sentem-se culpadas diante do ato de violência. Tais apontamentos remetem-nos às considerações de Winnicott (2000) sobre os estágios iniciais de desenvolvimento e a constituição do falso *self*.

Nesse momento, considero que vale uma reflexão a partir dos estudos sobre violência sexual. Em geral, citam-se as crianças mais dóceis e frágeis como as preferidas dos abusadores. Será que tais crianças não tiveram suas necessidades atendidas por uma mãe suficientemente boa, ficando assim submissas a ilusão de cuidados e talvez sentindo na aproximação do abusador, em geral sedutora, uma promessa de atendimento de seus desejos mais primitivos?

Khan (1984) relata que a função materna como escudo protetor pode falhar em algumas situações e que a criança reagirá a esses fracassos conforme sua natureza, a intensidade, a duração e o tipo do trauma. Para o autor, uma dessas falhas é a interferência dos conflitos pessoais maternos: "Nesta situação, desvia-se o papel de escudo protetor para a simbiose, fuga ou rejeição" (*ibidem*, p. 67). Dessa forma, se a mãe sofreu algum problema nessa fase da vida, provavelmente estará paralisada em seus conflitos, sem conseguir olhar as necessidades reais da criança, podendo, inclusive, refletir em fissuras marcantes para o desenvolvimento saudável do indivíduo.

Callia (2008) lembra-nos da importância do relato de Winnicott a respeito de possíveis patologias desenvolvidas por falhas ambientais. Alguns indivíduos, como modo de defesa, podem se adaptar excessivamente ao ambiente, não exercendo formas de participação ativas. Tal mecanismo é denominado falso *self* por Winnicott.

A falha na função materna é chamada por Khan (1984) de colapso parcial do papel da mãe como escudo protetor. Entende que essa falha pode refletir um distúrbio, designado *trauma cumulativo* (*ibidem*, p. 74). Para Khan, o falso *self*, descrito por Winnicott, está diretamente relacionado ao fracasso da mãe como escudo protetor na regulação e dosagem dos estímulos externos e internos à criança cuidada, provocando um fracasso do ambiente. Khan enfatiza que as fendas no papel da mãe como escudo protetor deixam os resíduos mais sensíveis e reais durante o desenvolvimento do ego. Esses resíduos acumulam-se no decorrer da maturação do bebê e da criança, formando uma organização específica do ego e constituindo-se um substrato da personalidade psicológica. O *trauma cumulativo* é considerado traiçoeiro porque age e fixa-se de forma silenciosa no decorrer do desenvolvimento da infância e da adolescência.

O reflexo de um abuso no aparelho psíquico de um indivíduo sempre dependerá de como seu Eu foi constituído. Sendo assim, um plano terapêutico dependerá da história e dos recursos de cada sujeito. Para Winnicott, numa situação traumática o Eu do paciente não tem defesas suficientes para lidar com determinada situação. Uma situação não é traumática em si de maneira isolada, mas depende da especificidade da constituição do aparelho psíquico de cada sujeito.

Ferrari (2002) define que a consequência do abuso para uma criança depende da sua idade, da forma do abuso, da frequência e da relação com o agressor. Ferreira (2011) também refere que o acontecimento em si não possui idoneidade determinante ao traumatismo, embora considere que certos episódios sejam potencialmente traumáticos. O ambiente – isto é, os objetos de amor da criança – será fundamental para determinar o lugar que certas vivências ocuparão na vida psíquica do indivíduo. O autor ainda ressalta que "para crianças que passam e passaram, seja por uma grande excitação pulsional, seja por uma excessiva e violenta estimulação, a deflagração de um trauma assimilável ou inassimilável se deve em grande parte à forma com que seus objetos de amor acolhem e traduzem essas vivências" (*ibidem*, p. 66).

No trabalho analítico com crianças vítimas de violência, identificamos que há possibilidade de continuidade de alguns vínculos de confiança entre elas e as mães protetoras que não foram omissas ou coniventes com atos abusivos, talvez porque não ficaram enclausuradas em seus segredos. Em minha experiência clínica, crianças que foram submetidas a vivências abusivas por estranhos como "os tios vizinhos que oferecem doces, monitores de acampamentos e em festas" puderam desligar-se das intervenções psicológicas de forma mais rápida, em relação àquelas que tiveram experiências semelhantes perpetradas por pais, padrastos, avós, mães e avôs.

A situação traumática é algo que está além do que é possível suportar – numa linguagem winnicottiana, uma *falha ambiental* (p. 395) tão insuportável que se aproxima de um *colapso.* Fulgêncio (2011) aponta que a regressão à situação de dependência pode colocar o indivíduo numa situação anterior à traumática, desfazendo as suas antigas defesas e retomando *o processo de amadurecimento de forma integrada.*

Cromberg (2004) afirma que a compulsão à repetição dos conteúdos infantis desagradáveis se apresenta como a reiteração dos acontecimentos traumáticos. É comum observarmos na nossa prática mães que foram submetidas à situação de violência repetirem cenas de abuso contra suas filhas.

A observação dos atos e comportamentos que se repetem no *setting* é um importante instrumento para a intervenção terapêutica. Medos, dificuldades para brincar e passividade, em geral, são manifestações que se repetem, independentemente da tarefa proposta. Em minha experiência, observei que a interpretação direta não era satisfatória, mas propiciar situações que abram espaço a novas experiências e vivências que geram confiança é um caminho possível.

Nesse sentido, pode-se inferir que algumas das consequências citadas em estudos sobre violência são a sexualização e a sedução precoce de crianças abusadas. A criança repete apenas o papel de objeto de desejo sexual nas demais relações, mesmo ali sendo um lugar de desprazer e, muitas vezes, de medo. O ciclo não se desfaz sem a interferência de um trabalho que crie um campo para a representação simbólica.

O ato de violência, em geral, acontece além da capacidade de simbolização da criança. Sendo assim, talvez a repetição seja a busca de sentido. Tornar-se sedutora parece ser a única forma de receber amor, pois repete a cena de ser o objeto de desejo especial de alguém. Cromberg (2004) cita que a consequência da sedução é o abandono da escolha de seu próprio desejo. Esse é um ponto importante, pois crianças que foram abusadas ficam vulneráveis a novos atos de violência. Em busca do restabelecimento da situação anterior ao traumatismo, repetem a cena traumática, colocando-se vulneráveis e frágeis diante do abusador. Um exemplo que podemos dar é o de crianças muito erotizadas como reflexo do abuso que tornam seu comportamento repetitivo e vulnerável ao adulto incestuoso, possivelmente em busca de uma possibilidade de representação próxima ao seu imaginário e à sua fantasia infantil, além da erotização vivida.

Observa-se diante dos pensamentos de Freud, Winnicott, Cromberg, Fulgêncio e Ferreira que o psiquismo de uma criança traumatizada é inundado por excitações além de sua capacidade de organização, fazendo-a buscar por meio da repetição uma representação, ou, como aponta Fulgêncio com os conceitos de Winnicott, experimentar algo que foi apenas vivido e não integrado à sua capacidade.

No decorrer da minha experiência em atendimento a crianças vítimas de violência no Centro de Referência às Vítimas da Violência do Instituto Sedes Sapientiae (CNRVV), há sete anos, observo que os pais buscam ajuda para seus filhos, em geral, devido à solicitação do Poder Judiciário, do Conselho Tutelar e de abrigos. Algumas vezes, o sofrimento emocional parece se tornar invisível diante da demanda objetiva do direito ou da legalidade. O sofrimento da criança ou sintoma, além do abuso em si, não faz parte da demanda inicial. Pode-se considerar que a transferência inicial acontece com a instituição. Surge uma primeira pergunta: há alguma possibilidade de campo de trabalho para o analista diante dessa transferência constituída?

VINHETA CLÍNICA

É importante considerar que o analista não trabalha com a verdade objetiva, mas com o modo como o trauma vivido está representado no psiquismo do sujeito. Um trauma pode se sobrepor a marcas anteriores que fragilizaram o psiquismo, como o conceito citado de trauma cumulativo, de Khan.

A aquisição da confiança da criança pelo analista, respeitando o seu tempo e suas produções, sem a busca por uma verdade objetiva sobre situações de violência vividas por ela, talvez seja uma experiência construtiva que lhe possibilite uma nova relação com o mundo de forma integrada. Afinal, não precisamos do seu depoimento no atendimento analítico, repetindo o que já é feito habitualmente na instância jurídica.

Nesse sentido, podemos considerar que o analista que trabalha em instituições especializadas vive um grande impasse. Casos de violência atendidos nesses locais geralmente trazem o peso de um desejo dos cuidadores de adquirir um laudo que ateste o abuso e quem o realizou. Talvez essas mães e cuidadores que frequentemente demonstram sentimento de culpa, por considerarem que não protegeram seus filhos contra o abuso, tenham a fantasia de que poderão resgatar o lugar de protetores com esse "atestado", que funcionaria como um acalanto para a dor de ter traído aquele que um dia também foi seu objeto de amor.

Dessa forma, entendo que mães e cuidadores também precisam de um espaço para acolher suas angústias e fantasias nessas situações. O presente estudo não abordará o trauma da perda do lugar de mãe protetora e suas possíveis fantasias e desdobramentos, mas considero importante citar esse recorrente fenômeno que muitas vezes atravessa o *setting* analítico no atendimento às crianças.

Uma das propostas é minimizar o sofrimento por meio de um campo para ressignificar os reflexos da vivência de abuso e perda do infantil. Para exemplificar, relatarei o caso de Caroline que tinha com 8 anos na ocasião, era cuidada por seus avós, ativos participantes dos grupos de apoio, e morava com seus irmãos mais novos na zona Leste da cidade de São Paulo.

Ela ficava repetindo, logo no início da sessão, que tinha sofrido um abuso, mas sem descrever ou falar sobre o assunto. Também costumava dizer que não contava os seus problemas a ninguém e preferia ficar sozinha com o seu instrumento musical na sala de sua casa para que seus pensamentos ruins fossem embora enquanto ouvia música, sinalizando desconfiança e solidão.

Nos primeiros atendimentos, a menina mostrava-se incomodada com os seus pesadelos. Contava que acordava assustada, sem se lembrar do que sonhou. "Sei que foi muito ruim." Em relação às brincadeiras, a terapeuta podia levar todos os jogos, bonecas, folhas, lápis coloridos que ela não mostrava iniciativa para escolher o material de interesse. Aguardava passivamente o "comando" da terapeuta.

Caroline não faltava aos atendimentos e aceitava prontamente, sem jamais questionar, qualquer tipo de proposta da analista. Sinais de agressividade não eram apresentados. Suas brincadeiras chamavam a atenção pela falta de espontaneidade, esperada em crianças da mesma faixa etária. Ela não apresentava sinais de traumas no desenvolvimento, evitava o brincar e optava por conversar. Parecia uma pequena adulta em um corpo de menina.

Nos atendimentos iniciais, ela se mostrava assustada e paralisada. As brincadeiras eram mecânicas e a menina parecia muito desconfortável naquele espaço, embora subisse para a sala de atendimento demonstrando contentamento. Explorar e experimentar os materiais espontaneamente não fazia parte dos seus gestos, ela precisava do "comando" da analista. Quando esta dizia: "Você quer brincar? Pode usar o material que preferir", prontamente a menina respondia, com a voz trêmula, mostrando-se insegura diante da situação: "De que vamos brincar?" E não decidia.

Carol morava em um sobrado e a violência física acontecia em seu quarto. Não podia falar, escolher ou brincar porque ela poderia ser punida violentamente pelo pai. A cena era repetida no espaço terapêutico.

Um de seus primeiros pedidos de brinquedo foi um bebê. Chamava a atenção como ela não conseguia brincar com ele; seus movimentos eram mecânicos e desajeitados. Em geral, sabemos que as meninas são muito criativas e espontâneas com suas bonecas. Porém, para Carol, agir espontaneamente refletiria em falha do ideal do imaginário de seu pai e castigo com violência física.

Nessa sessão, entregou-me o bebê e perguntou o que faríamos. Perguntei-lhe de que o bebê precisava naquele momento em sua opinião. "De cuidados!", respondeu enfaticamente. Então, cuidamos do bebê, demos banho, trocamos e finalmente o colocamos para dormir. "Ele precisa descansar!", disse Carol, mas não soube contar por que ele estava cansado. Nosso bebê não tem nome e identidade de gênero. Ela não conseguiu escolher um nome para ele.

Será que, ao pedir para a analista cuidar do bebê, ela estava iniciando um pedido para ser cuidada, demonstrando os primeiros sinais de confiança? Será que posso entregar-me ao colo da analista? Será que ela será capaz de atender às minhas reais necessidades? Parece que esse foi o primeiro sinal de confiança para cuidar do seu sofrimento. A regressão e a identificação da cena de repetição nesse processo, como já descrito por vários autores neste trabalho, são algumas das vias para possibilitar a integração e a continuidade do processo de amadurecimento.

O crescimento emocional de Carol, nesse momento da análise, parecia estar relacionado à *dependência absoluta*, descrita por Winnicott. É nessa fase que o fenômeno da ilusão pode acontecer. A mãe e o bebê formam uma unidade.

Nos primeiros atendimentos ela se mostrava apreensiva, mas, ao mesmo tempo, envolvida na sessão. Não falava sobre a situação traumática que motivava o atendimento. Seu maior sofrimento eram os pesadelos. Tinha dificuldade para dormir e não conseguia lembrar o conteúdo dos sonhos. Após as brincadeiras cuidando do bebê, ela contou que conseguia dormir.

Alguns comportamentos chamaram a atenção no decorrer dos atendimentos: os pesadelos iniciais, a insegurança e a passividade no brincar, a negação das situações de intenso sofrimento experimentadas com a mãe que a agredia fisicamente (descritas posteriormente), o pai como agressor sexual e a manifestação de seu desejo em revê-lo.

O motivo de brincar de forma pouco espontânea talvez seja o receio de entrar em contato com os conteúdos emocionais experimentados diante de uma vivência traumática e gerar um colapso, isto é, reviver uma situação traumática anterior (Abram, 2000). Será que, além do abuso, essa criança pode ter experimentado falhas intensas em suas relações iniciais, que deixaram marcas profundas em sua estrutura psíquica?

Ogden (2004), citando Fairbairn (1944), acrescenta que

> os vínculos de amor e ódio misturados dão conta de algumas formas de relação patológicas como os vínculos violentos, por exemplo, da criança que foi abusada. O abuso é inconscientemente experimentado, tanto pelo violentador quanto pela vítima, como um amor cheio de ódio ou como um ódio cheio de amor – ambos preferíveis a nenhum tipo de relação objetal.

Caroline falava do agressor com desejo de aproximação, mas não o incluía em sua brincadeira. Deve-se ressaltar que a temática das brincadeiras iniciais era repetitiva, com o cenário conhecido de seu cotidiano. Talvez o congelamento de uma cena do seu dia a dia a protegesse do contato com seus verdadeiros conteúdos emocionais, necessários para transmitir à terapeuta as manifestações da sua dor. A analista precisava estar atento às suas reações repetitivas para uma possível intervenção. Muitas vezes, o profissional que trabalha com crianças que foram vítimas de violência preocupa-se em atender à expectativa de falar sobre a "verdade" a respeito do que aconteceu para ter elementos que respondam à demanda do Poder Judiciário e da família. Nesse atendimento, o objetivo é que a criança construa seus recursos com a nova experiência vivida por meio da dupla terapeuta-paciente e, dessa forma, possa enfrentar situações de vulnerabilidade, sem se submeter apenas ao desejo do outro.

Após obter confiança na relação com a terapeuta, a menina contou que, se não obedecesse ao seu pai na hora em que ele a "mandasse" dormir, ele batia muito nela. "Tinha medo." A sua atitude, diante do temor, era fingir que estava dormindo quando o pai se aproximava de sua cama. Cabe ressaltar que essa situação não foi contada nos primeiros atendimentos. Ela entendia como violência apenas o episódio singular da situação abusiva que viveu com seu genitor aos 5 anos. Nas sessões, ela também manifestava medo e "fingia" dormir, pois não se apropriava do brincar e de seus desejos.

Os familiares consideravam violência somente a situação de toque na região genital. Entre muitas crianças que tive a oportunidade de atender, os castigos físicos faziam parte de educação, não sendo considerados por elas uma forma de violência, em virtude do seu meio cultural. Os avós, inicialmente, também acreditavam que a única forma de educar uma criança era batendo. Há uma confusão entre a disciplina e o disciplinamento cultural.

Após repetidas brincadeiras de cuidados com o bebê, ela chegou a uma das sessões envergonhada. Rapidamente, contou que tinha uma novidade, demonstrando-se entusiasmada. "Falei para a minha mãe que não precisava gritar mais comigo. Se conversar, eu entendo. Ela grita muito." Ao contar sobre as dificuldades de relacionamento com sua genitora e sobre seu comportamento agressivo, mostrando confiança na relação com um adulto - no caso, a terapeuta –, demonstrava-se um despertar, uma mudança da repetição da cena traumática.

O terapeuta nos atendimentos a crianças em situações de violência, para possibilitar a criação de um campo de confiança, deve compreender o tempo delas, representando um ambiente suficientemente bom. A relação de confiança no *setting*, com uma postura acolhedora e aparentemente sincera da terapeuta, mobilizou Caroline a despertar sem precisar "fingir" que estivesse dormindo e a observar seu relacionamento com a família - um primeiro rompimento do ciclo de repetição, contribuindo com a construção do seu Eu diferenciado da identidade do agressor.

Nessa sessão, ela contou como a situação do abuso aconteceu na sua casa. Segundo Carol, foi um único episódio. "Ele pediu para minha mãe pegar um pedaço de bolo na cozinha e ficou sozinho comigo no quarto. Então ele mexeu lá! [aponta para a região genital]" Diz que não contou a ninguém porque seu pai poderia bater muito nela. Perguntei na sessão se ele a ameaçou. Ela respondeu prontamente que não, mas diz que ele sempre a batia. Somado ao episódio de abuso, ela viveu momentos de terror na hora de dormir. Conta com muito sofrimento que "era colocada para dormir e precisava fingir que dormia, fechando os olhos para que ele não desconfiasse". "Se eu não dormisse, ele batia de cinta."

Nota-se que enquanto o genitor batia, a mãe, paralisada, não protegia a criança de um companheiro agressivo. Não sabemos se ele também era agressivo com a mãe. Muitas vezes, o convite era para que a analista também ficasse paralisada diante de sua passividade, repetindo a cena familiar de desamparo. Observamos uma experiência de desamparo e solidão.

Podemos levantar a hipótese de que a mãe não a protegia por estar submissa a um companheiro agressivo. A relação de confiança entre analista e paciente aconteceu no período de um ano. Se esse profissional tivesse a responsabilidade de obter uma confissão da criança para fundamentar o processo judicial, não teria tido êxito porque no início do atendimento a criança não falava. Acreditamos que ela sabia que esse poderia ser um campo no qual o seu tempo seria respeitado, proporcionando um espaço em que não seria necessário repetir as experiências do campo jurídico.

Considero importante retornarmos à situação do pesadelo descrito por ela, com base nos conceitos sobre pesadelo apontados por Bollas (1992, p. 195). Se o pai é o objeto do desejo, ele deveria estar "dentro" do espaço do sonho e não no mundo real externo. "Quando o pai penetra neste espaço, o sonhar traz ansiedade, pois não se está seguro o suficiente para escapar à penetração da realidade." (Bollas, 1992, p. 195)

A criança fica insegura para distinguir o sonho da realidade, incapacidade que impregna o sonho de um estado de pesadelo. O *setting* possibilitou que ela despertasse do sono sem precisar viver um pesadelo na relação. A realidade deixou de ser assustadora e ameaçadora.

Nesse momento, cabe uma reflexão sobre os apontamentos de Ferreira (2011) e Mészáros (2011) sobre a diferença entre os traumatismos derivados de situações naturais, como acidentes, e os que foram realizados "por pessoa contra pessoa", como nos casos de abusos e maus-tratos. Os eventos causados diretamente por pessoas da família, em geral, são encobertos e o abusado não recebe ajuda imediatamente. Tal situação é um grande desencadeador para a construção de um abismo de sofrimento e solidão para o indivíduo. Ainda, Ferreira (2011, p. 82), citando Bleichman, relata que "há alguém que goza enquanto outro sofre".

Dessa forma, podemos entender por que Caroline procurava resolver os seus problemas, mesmo nos dias de hoje, em que o seu pai não vive mais com ela, isolando-se no seu piano e exilando-se do mundo por não confiar em nenhuma ajuda.

Ferreira (*ibidem*, p. 67) acrescenta que "o adulto que teria essa função é o mesmo que deflagra a violência contra as crianças". Então, em quem confiar? Talvez já tenhamos uma primeira resposta, "o abuso em si". Podemos até considerá-lo um trauma inassimilável e destrutivo, com laços solidários desarticulados e ainda complementar com a expressão "laços fragmentados". E como auxiliar na integração desses laços tanto da realidade subjetiva quanto da realidade externa?

Ferreira (*ibidem*) também traz um diálogo importante com diversos autores da psicanálise sobre a questão do abuso. Ela relata que considerar o abuso um trauma inassimilável não significa supervalorizar a realidade nem desqualificar a capacidade do psiquismo de alterá-la, mas desconsiderar o fato vivido é também desconsiderar o sujeito e sua história, sobrecarregar sua responsabilidade, incrementar sua culpa e prejudicar a relação terapêutica. "Violências extremas vividas na tenra infância impossibilitam a própria organização psíquica ou produzem uma organização muito precária do psiquismo, geralmente com desordens do pensamento" (*ibidem*, p. 59). Retomando os pensamentos de Khan sobre o conceito de *trauma cumulativo*, a situação traumática é algo que está além do que é possível suportar. Na linguagem winnicottiana, é uma *falha ambiental* tão insuportável que se aproxima de um *colapso*.

Outro ponto que julgo importante é o sentimento de traição vivido pela avó. A menina, no primeiro depoimento, contou ao juiz que sofreu abuso do pai; mas, a pedido da sua mãe, no segundo depoimento desmentiu o fato. Talvez por isso ela repetisse uma suposta situação de abuso em todos os atendimentos, o que indica ter sido uma vivência traumática para ela. A repetição da fala sobre esse fato era a busca de uma representação para a cena e o resgate no laço de confiança com a avó.

Os estudos de Summit, citados por Lamour (1997, p. 51), sobre a dinâmica psíquica da "síndrome de adaptação da criança vítima de abuso sexual" foram observados em nosso atendimento. A criança aparece como vítima dos abusos sexuais e da incredulidade dos adultos. A autora cita que é comum, como mostrado em uma pesquisa realizada nos Estados Unidos, que as crianças passem a negar os fatos depois da primeira confissão. "As pesquisas retrospectivas revelaram que a criança, em geral, receia em contar: ela teme a punição ou a incapacidade dos adultos de protegê-la da violência de seu agressor" (*ibidem*, p. 55).

Podemos inferir que o ambiente não conseguiu atender a suas necessidades diante do complexo processo de amadurecimento e constituição do Eu. Não acredito que a família desejasse deixá-la vulnerável. Os avós sempre se mostraram afetivos e preocupados com a criança. Falamos de um processo invisível aos olhos, que acontece desde os cuidados iniciais entre mãe e bebê. A mãe talvez também estivesse, diante de sua fragilidade, exposta a uma relação com padrão de violência, dificultando a observação das necessidades subjetivas da criança.

A família estava presente fisicamente, mas não foi capaz de proteger o psiquismo de Caroline dessa invasão tão intensa. Sua mãe culpava-a pela separação e sua avó demonstrava mágoa por seu pacto com a mãe, ao desfazer o depoimento. Esse pacto talvez fosse para a criança a fantasia de tornar-se especial para sua mãe, pois sabia do sentimento desta pelo genitor. Nesse sentido, para essas crianças que são submetidas aos cuidados das mães não suficientemente boas, o falso *self* pode ser considerado uma defesa na organização do desenvolvimento emocional: "a defesa contra o inimaginável, a exploração do self verdadeiro, que resultaria em um aniquilamento" (Winnicott, 1960, p. 134).

Mieli (2002) relata que muitas crianças que foram abusadas mantêm um pacto de segredo com a família, pois consideram-se especiais e objeto de amor de seus agressores. Talvez a única forma possível de fazer contato com seu genitor fosse pelas agressões físicas, o que, inconscientemente, pudesse levá-la a sentir-se amada e especial por ele. Como diz Ferreira (2011, p. 67), "crianças que passaram por violentos excessos advindos da realidade externa e interna não contaram com um adulto que operasse como um comutador para assentar no corpo e no psiquismo excessos pulsionais assim disparados".

As iniciativas de Caroline eram potencializadas nos atendimentos e suas opções eram valorizadas, mesmo que com pequenas possibilidades de intervenção. Muitas vezes, a sensação era de que o trabalho não lhe proporcionava mudanças e não faria diferença para ela, pois suas ações não abriam muito espaço para o trabalho da terapeuta. A sensação de impotência era grande. Porém, aos poucos, ela pôde criar um ambiente de confiança e até contar seu medo de aranhas "muito pequenininhas". Aranhas sobem em teias e, se tocarem uma pessoa podem ser fatais, matando ou deixando marcas dolorosas, assim como um toque indevido. Um toque para Caroline, como o do pai, era venenoso tanto nas situações de violência física quanto emocional. Toques que a assustavam. Confessar seu medo de aranhas foi uma das possibilidades de falar sobre os seus temores e seu lugar de impotência. As aranhas pequenas são encontradas facilmente nas casas de São Paulo, o que se tornou um perigo próximo de sua realidade.

A relação com a mãe também mudou. Ela conseguia emitir suas opiniões, como escolher suas roupas e atividades em casa. Uma das suas maiores defesas contadas nos primeiros atendimentos era se isolar e tocar teclado ao se sentir triste. Nos últimos atendimentos, contava que recebia visitas de amigas para brincar de boneca e procurava sua avó para falar do seu cotidiano.

As suas bonecas, na sessão, não eram mais cuidadas pela avó na casinha e os bebês não eram mais cuidados pela analista: faziam parte de uma sala de aula com uma professora ora amiga, ora brava, ora decidida, e crianças "bonecas" ora sapecas, ora quietas, ora alegres, ora tristes. As brincadeiras mostravam-se mais integradas: os dois lados poderiam ter o mau e o bom. O espaço interno deixou de ser persecutório.

Suas brincadeiras, finalmente, podiam fazer parte do seu cotidiano de forma integrada e criativa. A fantasia não a ameaçava ou a assustava mais. Parece que houve a possibilidade de um amadurecimento no seu desenvolvimento. Pensando em Winnicott, poderíamos pensar no estágio rumo à independência.

CONSIDERAÇÕES FINAIS

O trabalho analítico com Caroline possibilitou algumas observações sobre o seu desenvolvimento emocional após a vivência de um acontecimento traumático. Não podemos afirmar que ela não teve outros traumas no seu processo de desenvolvimento, ou, como diria Khan, fissuras que levam a um trauma cumulativo, mas há sinais de que o trauma do abuso se sobrepôs a fissuras no seu desenvolvimento. Inicialmente, o trabalho parecia dificultado pela impossibilidade de brincar e pela falta de confiança no ambiente.

O primeiro sinal favorável foi a possibilidade de regredir ao estágio de dependência absoluta, no qual cuidamos de um bebê e ela pôde construir o primeiro sinal de confiança no ambiente (espaço analítico). Dessa forma, demos início à criação do espaço de ilusão, aquele entre a realidade subjetiva e a realidade externa, como diria Winnicott.

Nesse momento, o sonhar era possível e os pesadelos não mais aconteciam. Por fim, Carol demonstrou capacidade de integração, apresentada no brincar sem temor, com criatividade e espontaneidade com as bonecas na escolinha, situação relacionada ao seu cotidiano.

O processo analítico traz a possibilidade do compartilhamento de uma nova experiência entre criança-analista, o que poderá auxiliar na construção de uma relação de confiança na constituição do seu mundo psíquico e seu ambiente.

Penso que o analista não precisa se ocupar da confirmação de uma verdade objetiva, mas abrir caminhos para o mundo subjetivo de cada criança com sua história e a representação que esse trauma ocupou na organização do seu desenvolvimento. Observo que nos diversos trabalhos sobre o fenômeno da violência doméstica contra crianças as consequências do "abuso" são citadas. Muitas crianças que viveram uma relação incestuosa podem apresentar a mesma "consequência" – no nosso trabalho optamos pelas palavras "sofrimento" ou "sintoma".

Este estudo buscou compreender a representação e a história arqueológica desse sofrimento na constituição psíquica da Caroline e as possibilidades para o manejo no trabalho analítico. Não temos a pretensão de esgotar um tema tão complexo, mas de abrir um espaço de reflexão sobre o impacto de fatos objetivos no processo de amadurecimento do sujeito com base em conceitos e fundamentos da psicanálise, valorizando-o de maneira individual. Dessa forma, compreende-se que o profissional que está no papel de terapeuta deve propiciar um campo para a expressão das fantasias e representações subjetivas de cada criança no espaço terapêutico.

REFERÊNCIAS

Abram, J. *A linguagem de Winnicott*. Rio de Janeiro: Reviter, 2000.

Bollas, C. *Forças do destino – Psicanálise e idioma humano*. Rio de Janeiro: Imago, 1992.

Callia, M. M. M. "No caminho da transicionalidade: brincando criamos o mundo". In: Stoppel de Gueller, A.; Souza, A. S. L. de (orgs.). *Psicanálise com crianças - Perspectivas teórico-clínicas*. São Paulo: Casa do Psicólogo, 2008.

Cromberg, R. U. *Cena incestuosa*. São Paulo: Casa do Psicólogo, 2004.

Ferrari. D. C. A. "Definição de abuso na infância e adolescência". In: Ferrari, D. C. A.; Vecina, T. C. C. (orgs.). *O fim do silêncio na violência familiar*. São Paulo: Ágora, 2002.

Ferreira, M. P. *Traumas não elaboráveis - Clínica psicanalítica com crianças*. São Paulo: Zagodoni, 2011.

Ferenczi, S. *Confusão de língua entre os adultos e a criança (a linguagem da ternura e da paixão)*. Obras Completas de Psicanálise IV. São Paulo: Martins Fontes, 2011.

Fulgencio, L. "Compulsão à repetição e regressão à dependência em Winnicott". *Revista Latinoamericana de Psicopatologia Fundamental*, v. 14, n. 1. São Paulo, mar. 2011, p. 96-109.

Freud, S. *Além do princípio do prazer (1920-1922)*. Edição Standard das Obras Completas de Sigmund Freud, vol. XVIII. Rio de Janeiro: Imago, 1996a.

______. *Sexualidade infantil (1901-1905)*. Edição Standard das Obras Completas de Sigmund Freud, vol. VII. Rio de Janeiro: Imago, 1996b.

Gavin, L. *et al*. "Sexual and reproductive health of persons aged 10-24 years - United States, 2002-2007". *MMWR Surveill Summ*, v. 58, n. 6, 2009.

Khan, M. M. R. *O conceito de trauma cumulativo*. 2. ed. Rio de Janeiro: Francisco Alves, 1984.

Lamour, M. "Os abusos sexuais em crianças pequenas: sedução, culpa, segredo". In: Gabel, M. (org.). *Crianças vítimas de abuso sexual*. São Paulo: Summus, 1997.

Laplanche, J.; Pontalis, J. B. *Vocabulário da psicanálise*. São Paulo: Martins Fontes, 2008.

Lima, C. M. *Infância ferida - Os vínculos da criança abusada sexualmente em seus diferentes espaços*. Curitiba: Juruá, 2011.

Mészáros, J. "Elementos para a teoria contemporânea do trauma: a mudança de paradigma de Ferenczi". *Percurso Revista de Psicanálise*, n. 46. São Paulo, 2011.

Mieli, P. *Sobre as manipulações irreversíveis do corpo e outros textos psicanalíticos*. Rio de Janeiro: Contracapa, 2002.

Ogden, T. H. "Uma nova leitura das origens da teoria das relações objetais". In: *Livro Anual de Psicanálise*. São Paulo: Escuta, 2004.

Outerial, J.; Godoy, L. *Desamparo e trauma: transferência e contratransferência*. Rio de Janeiro: Revinter, 2003.

Rouyer, M. "As crianças vítimas, consequências, a curto e médio prazo". In: Gabel, M. (org.). *Crianças vítimas de abuso sexual*. São Paulo: Summus, 1997.

Winnicott, D. W. "O brincar: a atividade criativa e a busca do eu (self)". In: *O brincar e a realidade*. Rio de Janeiro: Imago, 1971a.

______. "O brincar: uma exposição teórica". In: *O brincar e a realidade*. Rio de Janeiro: Imago, 1971b.

______. "Aspectos clínicos e metapsicológicos da regressão no contexto psicanalítico". In: *Da pediatria à psicanálise: obras escolhidas*. Rio de Janeiro: Imago, 2000a.

______. "Formas clínicas da transferência". In: *Da pediatria à psicanálise: obras escolhidas*. Rio de Janeiro: Imago, 2000b.

______. "O conceito de trauma em relação ao desenvolvimento do indivíduo dentro da família". In: *Explorações psicanalíticas*. Porto Alegre: Artes Médicas, 2007.

______. "Da dependência à independência no desenvolvimento do indivíduo". In: *O ambiente e os processos de maturação – Estudos sobre a teoria do desenvolvimento emocional*. São Paulo: Artmed, 2008a.

______. "Distorções do ego em termos de falso self e verdadeiro 'self'". In: *O ambiente e os processos de maturação – Estudos sobre a teoria do desenvolvimento emocional*. São Paulo: Artmed, 2008b.

5 Arteterapia como caminho para a ressignificação de vivências violentas

Michelle Barros Marques dos Santos
Bruna Limongi de Domenico

O TRABALHO EM UMA das unidades do Centro de Referência às Vítimas de Violência (CNRVV) traz diversos questionamentos sobre a temática da violência contra crianças e adolescentes. Talvez o maior desafio seja encontrar um modo de acompanhamento que respeite as ambivalências que cercam as pessoas envolvidas; um tratamento que facilite a ressignificação do sofrimento vivido e promova o resgate de recursos internos, o que resultaria em relações – tanto consigo mesmo quanto com o mundo – mais saudáveis e dinâmicas ao longo da vida. A arteterapia tem se mostrado um importante instrumento para lidar com essas questões, pois permite a crianças, adolescentes e suas famílias retomar um olhar mais positivo para si mesmos e para seus potenciais criativos. Os trabalhos com arte são canais que possibilitam ampliar a percepção subjetiva sobre a violência vivenciada ou cometida, levando-os a ser protagonistas de suas histórias mediante transformações dessa difícil realidade.

ARTETERAPIA E CRIATIVIDADE

DEFINIR ARTETERAPIA NÃO É uma tarefa simples, pois ela é dinâmica, transformadora e livre, firmando-se no entrelaçamento de distintos campos de conhecimento. De acordo com Sei e Gonçalves (2010), a arteterapia não é arte, e tampouco psicoterapia. Por referir-se à melhora geral da saúde pessoal, ela é uma terapia que se utiliza da arte como recurso expressivo, dado seu potencial de desinibição e despistamento. Como atividade artística, envolve o processo criativo e permite o exercício da liberdade em suas atividades.

A Associação Americana de Arteterapia (AATA) considera sua atividade uma profissão na área da saúde mental, já que, por meio da facilitação de um arteterapeuta, o sujeito explora seus sentimentos, reconcilia conflitos emocionais, fortalece a autoestima, desenvolve habilidades sociais e reduz a ansiedade. Por isso, sua prática requer conhecimento em artes visuais e processo criativo, bem como em desenvolvimento humano e teorias e técnicas psicológicas.

A arteterapia firmou-se como campo específico de conhecimento nos Estados Unidos, na década de 1940, com Margareth Naumburg, além de Edith Kramer e Janie Rhyne. Naumburg foi a primeira a estabelecer fundamentos teóricos sólidos para seu desenvolvimento e aplicação. Ela criou a orientação da "arte em terapia", que focalizava a atenção no produto artístico final de seus pacientes, e não no processo de realização dos trabalhos. Por meio das associações livres - incentivo do terapeuta para que o paciente diga o que primeiro vem à sua cabeça, sem uma orientação consciente de seus pensamentos -, Margareth buscava "promover a obtenção de *insights* sobre a imagética e o conteúdo simbólico dos conflitos inconscientes ali projetados" (Ciornai, 2004, p. 26). Assim, o próprio paciente atribuiria significado às imagens que produzia.

Já Kramer optou por embasar seu método no polo oposto, ao privilegiar o processo criativo e o fazer artístico em si, conhecido como "arte como terapia". Ela afirmava que "a função básica do arteterapeuta é tornar disponíveis para pessoas perturbadas os prazeres e as satisfações que o trabalho criativo pode proporcionar" (Kramer, 1958, p. 5 *apud* Jungue e Asawa, 1994, p. 33). Dotada de forte preocupação social, a autora acreditava que o ensino da arte e da expressão livre pudesse ser promotor de saúde coletiva. Já Rhyne propôs uma terceira vertente em meio aos acirrados debates relacionados às duas concepções opostas que privilegiava tanto o processo de criação quanto as possíveis reflexões sobre os trabalhos produzidos. Essa vertente foi denominada "arteterapia gestáltica".

Na prática de trabalho, tais privilégios para o processo de criação e para a análise do produto final contribuem bastante para a evolução do processo terapêutico. O "fazer" criativo é complementado pela reflexão sobre o que se produziu, o que leva à compreensão de si mesmo e de suas formas de estar no mundo. Nesse sentido, o trabalho arteterapêutico segue o método fenomenológico, uma vez que não é baseado na separação da relação sujeito-objeto: não há experiência descolada da pessoa que a vive, nem do modo como a vive. Forghieri (1993) explicita que o sentido atribuído a uma situação por determinada pessoa é um movimento íntimo, sendo necessário que o profissional observe os significados das mensagens, suspendendo pressupostos técnicos.

Além disso, o sujeito é concebido como um ser em movimento: mudam as sensações, as emoções, os interesses, as lembranças, os modos de relação com os outros e com as coisas. São tais transformações, e não a estagnação em uma única forma de existência, que o levam à descoberta de infinitos modos de ser. Assim, torna-se compreensível a importância dada pelo terapeuta à descrição de acontecimentos e sentimentos, sem ser necessário supor um significado por trás, que mereça ser deduzido. O profissional deve assumir a posição de "mensageiro" do discurso do paciente, trazendo à tona apenas questionamentos do que é narrado por ele.

Grande parte dessas ideias, associações e sentimentos liga-se à fala, pois nós pensamos por meio de uma fala silenciosa que ecoa internamente. Nesse processo, as palavras funcionam como uma mediação entre o consciente e o mundo. Ao tornarem-se presentes pela enunciação, seus conteúdos nunca são neutros, isentos de valores ou crenças, mas retratam e significam vivências subjetivas. No entanto, a fala não é a única via de externalização de conteúdos expressivos e de comunicação simbólica. Fayga Ostrower (1987, p. 51) afirma que isso também é possível pela criação por meio de formas, já que estas convertem expressões subjetivas em comunicação objetivada: do criar, segue-se uma transformação da matéria e de si mesmo no processo terapêutico. Ela define a criatividade como uma potencialidade inerente ao indivíduo e a criação como a realização desse potencial, inserta em determinada cultura. A artista considera que os processos criativos se dão na interligação dos dois níveis de existência humana: o individual e o cultural.

Nesse âmbito, Winnicott (1975, p. 95) discute o conceito de criatividade a partir de um referencial amplo, como uma proposição universal relacionada a estar vivo. Para ele, a criatividade seria alcançada segundo a relação do indivíduo com o meio externo, já que "é através da apercepção criativa, mais do que qualquer outra coisa, que o indivíduo sente que a vida é digna de ser vivida". Quando isso não ocorre, mesmo que temporariamente, há uma submissão doentia à realidade externa, levando o sujeito ao sentimento de inutilidade, como se nada importasse. Uma vez experimentado o viver criativo como um estado saudável, o sujeito é capaz de reconhecer uma forma de vida não criativa, incomodando-se com isso e movimentando-se na direção oposta. Winnicott é otimista ao desconsiderar a possibilidade da destruição completa da capacidade criadora do indivíduo, pois, mesmo com a extrema submissão à realidade, existiria uma qualidade criativa oculta capaz de garantir a tal indivíduo uma vida secreta minimamente satisfatória.

No campo da arteterapia é unânime a afirmação entre os autores sobre a desimportância da competência técnica do paciente para atividades artísticas, pois não se trata de aperfeiçoamento, mas de representação e elaboração de conteúdos internos por meio do ato criativo. É provável que uma pessoa familiarizada com materiais e técnicas de arte consiga expressar-se mais facilmente no início do processo terapêutico se comparada a alguém que nunca teve acesso a eles. Porém, é possível que um artista apresente certa rigidez quanto à beleza estética do produto final, havendo relativa perda da espontaneidade. De qualquer forma, ter ou não o domínio de técnicas não é o que determina a qualidade do que é expresso; o importante é o quão disponível o indivíduo está para entrar em contato consigo mesmo e se expressar.

Giglio e Giglio (2011, p. 152) descrevem a criatividade como "um mecanismo de saúde e de desenvolvimento que busca a transformação do indivíduo em uma pessoa melhor pela afirmação de sua singularidade". No cotidiano do trabalho, percebe-se que muitas crianças e adolescentes não vivenciaram tal valorização da singularidade por não terem recebido de seus cuidadores o reconhecimento de suas "marcas" produzidas e conquistas alcançadas. Ao produzirem algo concreto e singular, eles se reconhecem, se apropriam daquela obra e são validados pelo terapeuta (e pela própria obra). Os pacientes sentem ser capazes de produzir "feitos" que têm valor no mundo e demarcam a sua existência. Os autores pontuam que, quando os sujeitos são incentivados a se apropriar de seus mundos interno e externo, há uma ampliação da percepção que os encoraja a expressar os mais íntimos sentimentos e ideias em uma relação humana igualitária e continente. É a partir desse processo de apropriação do que é real, singular e íntimo, por meio do exercício da criatividade, que se dá o processo curativo.

ACESSANDO O POTENCIAL CRIATIVO: A APRESENTAÇÃO DE UM CASO

O caso a seguir evidencia alguns alcances da arteterapia no trabalho com a violência. Pelas descrições, percebe-se que se trata de uma dinâmica familiar complexa (com uma história permeada por situações abusivas) e de um garoto que desafia o pensamento sobre possíveis intervenções não habituais em psicoterapia.

Gabriel (nome fictício para preservar sua identidade), 12 anos, vive com a mãe e três irmãos. Fora encaminhado para atendimento após ter sido flagrado por familiares abusando sexualmente de uma criança menor. Há suspeitas da mãe de que ele tenha sofrido violência sexual, provavelmente no âmbito escolar. Gabriel também sofria com severas agressões provocadas pelo pai desde pequeno.

Os atendimentos iniciais foram realizados por profissionais distintos com diversos membros de sua família paterna e materna, o que nos forneceu alguns dados sobre a conturbada dinâmica familiar: a separação dos pais deu-se pelo envolvimento extraconjugal do pai com uma sobrinha adolescente; questões privadas, relativas à vida afetiva e sexual dos pais, eram discutidas abertamente na presença dos filhos; não havia papéis claramente definidos – os irmãos mais velhos tratavam os mais novos como filhos; as funções de autoridade eram exercidas unicamente pelo pai, de forma arbitrária e violenta. Somados aos conteúdos trazidos por Gabriel nos encontros, os dados indicam a falta de funções familiares protetivas, o que levou a uma série de comportamentos permissivos e abusivos entre os membros dessa família. Embora os pais considerassem suas atitudes sinais de cuidado e afeto, elas eram sentidas como violentas pelo adolescente, dada a falta de respostas possíveis a partir de sua maturidade emocional e de papéis pertinentes a cada componente familiar. Essa dinâmica se dava segundo uma hierarquia de mando exercida pelos pais, que não levavam em conta uma diferenciação conforme a maturidade biológica, sexual e emocional ou mesmo de parentalidade entre os envolvidos. Além disso, tanto na escola quanto no âmbito familiar, a experiência sexual vivenciada por Gabriel na infância foi abusiva.

Nos primeiros contatos com a terapeuta, o garoto mostrou-se bastante desconfiado e com pouca disponibilidade para interação.

A sensação era de que ele se apavorava com a possibilidade de que conhecessem e julgassem os fatos que o levaram até ali. Assim, a condução do processo foi cautelosa para evitar o afloramento de sentimentos que Gabriel ainda não suportaria reconhecer e vivenciar. Ao perceber que a princípio não seria estabelecida uma comunicação verbal fluida e ao saber que sua matéria favorita na escola era Artes, a terapeuta propôs "conversas" por meio do fazer artístico. O garoto sorriu largamente e concordou em iniciar o processo terapêutico, já antecipando que "não era bom em desenhar".

Com isso, Gabriel experimentou diversos materiais e técnicas e, por meio da combinação de cores, formas, texturas, palavras e posturas, foi possível perceber dificuldades e facilidades em lidar com o que lhe vinha sendo apresentado. Demonstrando muita curiosidade e entusiasmo pela novidade de cada proposta de atividade, nunca se recusou a fazê-las. Parecia querer conhecer e conquistar tudo quanto fosse possível, mas não sozinho. Nunca sugeria mudanças e suas interpretações das próprias produções finais eram empobrecidas e cheias de desqualificações de si mesmo. Ao ser estimulado a olhar suas produções de forma mais positiva, suas respostas eram evasivas e por vezes irritadiças. Porém, ele tinha a oportunidade de fazer leituras simples, descrevendo o que via objetivamente para depois poder reconhecer suas sensações em relação ao material produzido e observado, atribuindo-lhe sentido e, finalmente, integrando-se a isso, como reflexo de si mesmo.

Diante disso, entendeu-se que a condução do processo terapêutico deveria ser feita com a oferta de diferentes possibilidades de expressão e com o acolhimento de quaisquer reações ou silêncios do garoto. Diversos trabalhos foram desenvolvidos nesse sentido, como os realizados com a técnica de estêncil (Figuras 1 a 5) – método de impressão de ilustração – com os quais foi diversificado o uso de recursos artísticos sem restringir Gabriel ao manuseio de lápis de cor ou tinta em folha branca. A técnica tornava a atividade confortável pela simplicidade das ilustrações não detalhadas, facilitando-lhe o acesso ao que seria saudável e criativo no processo.

Nesses primeiros trabalhos, foi notada sua boa capacidade criadora e expressiva. Além disso, certas habilidades e recursos para lidar com situações corriqueiras também foram compartilhados. Sua aparente falta de vigor inicial foi sendo contraposta à determinação em terminar suas produções. Exigente e sempre buscando ajuda, Gabriel misturou cores, materiais e técnicas não

Figuras 1 a 5. Produções artísticas feitas com a técnica de estêncil.

só pela experimentação em si, mas para alcançar o resultado por ele esperado. No final, demonstrou surpresa e satisfação ao ver finalizadas as atividades a que havia se proposto, de modo que fossem minimamente apreciáveis por si mesmo. O garoto externalizou seu contato com conteúdos internos por temas ligados a escuridão, criaturas sombrias, solidão e mistério, dando forma no ambiente protegido da terapia a alguns de seus medos e comunicando o que sentia em relação a suas vivências. Representar seus temores possibilitou a assunção de pensamentos e sentimentos que até então não eram reconhecidos como pertencentes a si.

Seu aparente distanciamento afetivo de suas experiências foi notado, tanto no que seria bom quanto no que seria ruim. Estava sempre "bem" e consentia com tudo; nenhuma proposta de atividade era recusada, nada de importante lhe acontecia, nunca houvera conflitos e seu vocabulário expressava isso. Na tentativa de buscar algum nível de elaboração dos conteúdos afetivos, a terapeuta propôs um trabalho semidirigido para construir, usando um molde, duas mandalas - imagens sintéticas e dinamogênicas que representam e tendem a superar as oposições entre polaridades –, de forma que ele escolheria as cores para representar nelas suas polaridades mais acentuadas (Figura 6).

Foi-lhe pedido que selecionasse cores de giz de cera que lhe remetiam a coisas boas e ruins. Ele optou por iniciar pela representação do que considerava bom e verbalizou alguns acontecimentos que gostaria que se repetissem. Com a ajuda da vela, ele foi derretendo o giz de modo absorto, sem dizer uma só palavra durante o processo. Em seguida, iniciou a confecção da segunda mandala, despendendo maior tempo e introspecção, em visível empenho para "queimar" o que de ruim lhe veio à mente. Ao final da atividade ocorreu a primeira verbalização espontânea do garoto, que disse ter conseguido pensar em muitas coisas "importantes para se esquecer". Pela observação das mandalas, a terapeuta conversou com ele sobre a escolha das cores, o tempo que demorou no processo, as diferenças de espessura e o comportamento que apresentou ao fazer cada uma delas. Isso permitiu que, timidamente, ele relacionasse suas experiências a sensações, associando-as, por vezes, a algumas de suas histórias. Essa atividade facilitou a identificação de Gabriel com suas produções e o reconhecimento e a verbalização de algo que desejava, mesmo que o desejo fosse "esquecer".

Figura 6. Expressão de sentimentos ruins e bons, respectivamente, por meio da técnica da mandala.

Outros trabalhos similares foram realizados com Gabriel durante seu processo arteterapêutico. Em alguns momentos foram obtidos avanços; em outros, os resultados eram tão lentos que pareciam não existir.

O próximo trabalho importante durou três meses. A ideia partiu de seu medo de lobisomem, que surgiu em virtude de histórias que a avó lhe contava. Ela havia estado em sua casa para, conforme suas palavras, "colocar ordem" em seus pais. Quanto aos conflitos familiares, o adolescente não demonstrava se interessar por eles, independentemente da gravidade. Lidar com os acontecimentos que ocorriam ao seu redor de forma direta era um problema que ele tentava resolver alienando-se dos fatos e apegando-se ao que, à primeira vista, parecia periférico.

Considerando o entusiasmo com que Gabriel repetia as lendas contadas por sua avó, foi-lhe apresentado um livro com informações de cada personagem do folclore brasileiro para que pudesse ampliar seu repertório e identificar pontos comuns entre os personagens e suas histórias. Após eleger os mais interessantes, o garoto deveria representá-los como achasse melhor. Dados os materiais básicos de ateliê disponíveis, ele escolheu a massa de modelar colorida e moldou na seguinte ordem: Saci-Pererê, Lobisomem e galinha, Anhangá, Negro d'Água e Boitatá. Em seguida, montou um cenário conforme ilustrado na Figura 7.

Figura 7. Expressão dos medos tendo como base a massa de modelar e o folclore brasileiro.

Divertindo-se e instigado, Gabriel lidou com novos desafios que iam se apresentando e com situações familiares em um ambiente acolhedor. Por vezes tinha insegurança e medo, mas era encorajado a seguir adiante. Frustrações encontravam continência na terapeuta e no próprio material maleável e consistente que lhe permitia reconstruir ou destruir os trabalhos desagradáveis, diminuindo tensões. Os resultados concretos de conquistas e fracassos facilitavam o reconhecimento e a atribuição de valores. Encerrado esse projeto, ele foi incentivado a fotografar as cenas produzidas e a criar histórias para que pudesse transformá-las em um pequeno livro. Ao mesmo tempo que se entusiasmava com essa ideia, tinha receio de que não fosse possível lidar com os novos desafios dessa fase. Porém, seus trabalhos plásticos foram importantes facilitadores para que ele pudesse seguir com a produção.

O enredo criado girava em torno de uma galinha, personagem principal e título do livro. A galinha tinha seus ovos roubados diariamente, mas desconhecia o criminoso; até que um dia ela resolveu "pegá-lo no flagra" e descobriu que o ladrão era o Saci. Correu atrás dele e, nesse momento, apareceu o Lobisomem para comê-la. Contudo, ela foi salva pelo Anhangá, que, por meio de sua cruz vermelha na testa, causou febre e suor excessivos ao Lobisomem. Enquanto a luta entre os dois acontecia, homens pescavam calmamente em seus botes. Porém, eles se esqueceram de alimentar o Negro d'Água, que se vingou virando a embarcação e assustando os peixes. A sequência de fotos a seguir (Figuras 8 a 11) ilustra o enredo criado pelo adolescente.

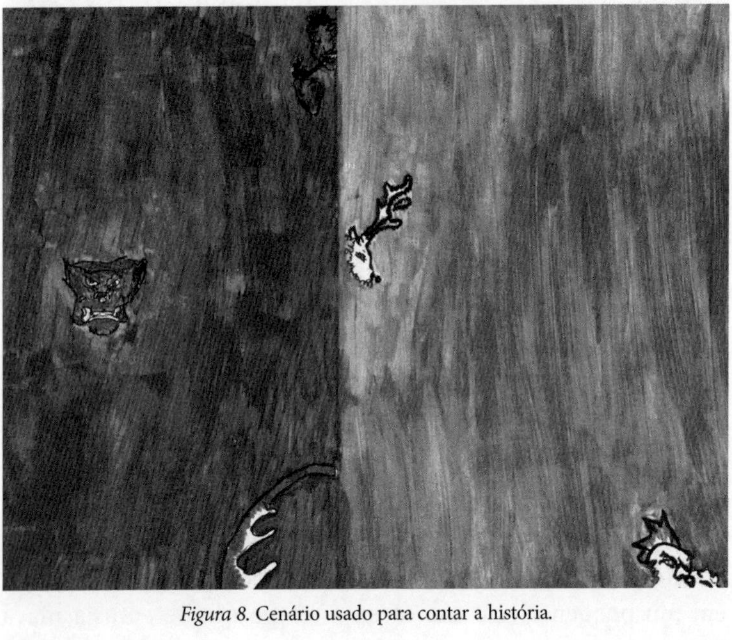

Figura 8. Cenário usado para contar a história.

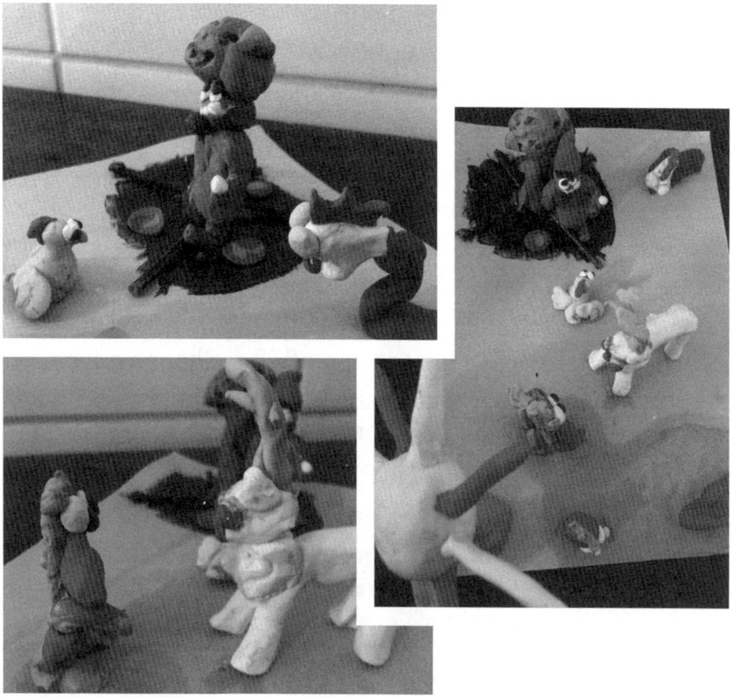

Figuras 9 a 11. Linguagem plástica mobilizando a expressão verbal.

Ao terminar sua história, Gabriel demonstrou incômodo ao notar que havia escolhido três personagens que representam "o mal" e apenas um "do bem" – o único capaz de ser o herói. Naquele momento, o adolescente percebera que um desequilíbrio se figurava entre as polaridades eleitas por ele na materialidade do cenário construído. Apesar de ter a clara intenção de salvar a galinha do Lobisomem, ele não conseguiu criar esse desfecho, tampouco elegeu um vencedor para a batalha travada entre o Anhangá e o Lobisomem. A partir daí, houve uma discussão sobre os lados de herói e vilão, de vítima e agressor que todos têm, sendo visível a confusão acerca de qual papel tem mais destaque na relação do garoto com os outros, com as coisas e consigo mesmo. Com isso, ele percebeu que os dois polos aparecem em todas as pessoas, em diferentes circunstâncias. O desafio era compreender que é possível equilibrar e flexibilizar essas polaridades sem um aprisionamento em nenhuma das extremidades. Nesse sentido, a experimentação de diferentes papéis em contextos não ameaçadores fez que Gabriel transitasse entre eles, recurso para uma interação e relação saudáveis em um ambiente social amplo, seja a escola, a comunidade ou mesmo a família.

Além disso, a confecção do livro proporcionou uma aliança terapêutica mais consistente na qual garoto e profissional puderam perceber e respeitar os limites do paciente e suas potencialidades. A comunicação verbal passou a fluir melhor e ele começou a trazer questões relacionadas aos fatos que aconteciam à sua volta, embora de forma simples. Foram surgindo conversas sobre a insatisfação com o ambiente escolar, atividades rotineiras e *hobbies*. O garoto chegou até a utilizar expressões de *videogames* para comunicar algo que lhe acontecia, destacando dois jogos de maior preferência. O primeiro era sobre três macacos aliados que passavam por dificuldades em busca de recompensas, em um cenário colorido, com músicas e sons quase que infantis; o outro tratava de um personagem humano que teria por principal objetivo eliminar zumbis num cenário escuro, com ruídos e criaturas que surgiam para assustar o jogador. Novamente, estávamos diante de representações de dualidades entre o bem e o mal.

Pensou-se, então, em um trabalho com a observação comparativa e individual das polaridades. Foram propostas a construção de um quebra-cabeça (Figuras 12A e 12B) e a utilização de duas imagens relativas aos jogos citados, das quais ele deveria escolher uma: ou um zumbi ou um macaco. Ele pegaria a imagem pronta para fragmentá-la, sem que ela fosse desconfigurada. Ela seria desordenada e em seguida reordenada, de modo que o todo pudesse ser novamente percebido. Contudo, Gabriel quis fazer a atividade com os dois personagens, pedido que pode sinalizar uma maior abertura à experimentação de papéis e uma tentativa de encontrar um equilíbrio possível entre suas próprias polaridades.

Apesar de a tarefa parecer simples para as suas habilidades manuais, ele teve bastante dificuldade para recortar seguindo a linha demarcada para posterior encaixe de peças. Esforçou-se para realizar sozinho a atividade, mas, ao notar que não a terminaria até o final da sessão, pediu ajuda. Percebeu-se que esse movimento retratava sua postura diante do mundo: Gabriel era capaz de visualizar os limites estabelecidos, porém tinha dificuldade de não ultrapassá-los e não deformá-los, amenizando-a pela busca de auxílio. Assim, em vez de se ocupar das tensões provocadas pelo reconhecimento de sua frágil noção de limite, vivenciou a satisfação de ordenar os fragmentos com sucesso. Dessa forma, acredita-se que, pouco a pouco, o adolescente seja capaz de organizar sua estrutura psíquica de maneira mais equilibrada, sentindo-se seguro para pedir ajuda ao perceber que uma de suas polaridades está sob o domínio intenso da outra.

Figuras 12a e 12b. Trabalhando fronteiras e limites a partir da construção de quebra-cabeças.

Em outro momento, Gabriel recordou-se de que seu filme favorito na infância era *Bambi*. Relatou que o via com frequência e ainda gostava da história. Ao contá-la, carregou seu conteúdo de afeto e detalhes, com a reprodução de falas em meio a risos e a uma espontaneidade que não estavam presentes no início do processo e pouco apareciam. Ao final da sessão, sugeriu que assistissem ao filme juntos. Seu enredo acontece na floresta, onde animais se alegram com o nascimento de um novo cervo (Bambi) conhecido como o "príncipe da floresta", por ser filho do cervo mais velho e respeitado da região. Bambi torna-se grande amigo de Tambor, um coelho, e Flor, uma doninha. Juntos eles vivem uma infância alegre. No entanto, sua mãe acaba morrendo quando tentava protegê-lo de um caçador, o que o obriga a sobreviver sozinho. Mais adiante, apaixona-se por Falina e com ela inicia um namoro. Por fim, aprende a ser tão corajoso quanto seu pai para proteger seus amigos da floresta. Ao avaliar essa última atividade, evidenciou-se não apenas a identificação de Gabriel com Bambi, mas também uma evolução significativa na forma de lidar com seus conflitos: foi ele que se recordou da história com detalhes, desejou conversar sobre a temática e propôs uma atividade para o próximo encontro.

REFLETINDO SOBRE O PROCESSO

Apesar de não haver dados concretos sobre a violência sofrida e reproduzida por Gabriel, percebem-se ao longo do processo arteterapêutico a vivência e a expressão de conflitos nos sentidos atribuídos por ele a suas polaridades. Nos primeiros contatos, usando o estêncil, Gabriel apresentou-se como a própria escuridão. Na tentativa de um contraponto por meio da confecção das mandalas, o garoto até se referiu a sentimentos bons, mas ainda era invadido por pensamentos ruins, sem se dar conta dessa inclinação. Com a proposta de construção de um cenário com base em seu medo de lobisomem, ele reconheceu que evidenciava "o mal" em quantidade e força, mas também representava a vítima (galinha) e um herói que seria capaz de salvá-la. A montagem do quebra-cabeça foi marcada pela maior abertura de Gabriel para experimentar diferentes papéis, na tentativa de encontrar um equilíbrio entre suas polaridades. De um lado, tinha o zumbi, responsável por assustar e transformar pessoas em criaturas como ele; de outro, o macaco, que, em busca de bananas, passou por desafios infantis para atingir o maior número de pontos possível. Dinamizar suas dualidades para não se ver preso a uma delas implicou a necessidade de reordenar peças. Ao trazer para o presente memórias da infância, Gabriel identificou-se com o personagem Bambi e, assim, lidou com seus conflitos de forma mais autêntica e efetiva, uma vez que ele mesmo utilizou a história como um recurso para externalizar e elaborar seus conteúdos. Identificar-se com o personagem principal da história não é apenas constatar e vivenciar as fragilidades e dependências naturais da infância, mas também lançar mão de recursos adaptativos que permitem lidar com aquilo que é novo e se desvela à sua frente ao crescer.

A experiência da violência sexual não é significada pela compreensão racional dos fatos, mas sim por algo da ordem da percepção que escapa a um controle imediato de quem a sofre. Muitas vezes, a criança e o adolescente não encontram racionalmente ou sozinhas os recursos para elaborar as consequências advindas dessas vivências. Por esse motivo, buscou-se na arteterapia um caminho para acompanhar aqueles que sofrem as mais variadas formas de violência, por meio da experiência sensorial resultante de um fazer que, nessa situação, permite certo controle pelo sujeito. Além disso, o trabalho em arteterapia possibilita a cada indivíduo expressar o que sente e pensa de forma própria e espontânea. No caso de Gabriel, a atuação em diferentes papéis opostos facilitou a elaboração da temática típica da violência, a ambiguidade. Isso o levou a entrar em contato com seu potencial criativo como elemento saudável e como recurso fundamental de desenvolvimento para sua transformação.

CONSIDERAÇÕES FINAIS

A reflexão sobre o processo terapêutico de Gabriel aponta para uma questão crucial no atendimento a vítimas de violência: a possibilidade de se livrar do aprisionamento da condição que os leva ao CNRVV. Apesar de os atendimentos ocorrerem em um lugar cujo nome já incita um rótulo em quem chega a ele, entende-se que é necessário acompanhar esses indivíduos para além do estigma que carregam: "tratar a vítima" implica conceber a violência como um fenômeno com o qual se pode e deve lidar na história dessas pessoas. Isso porque as marcas deixadas pela violência situam o sujeito de alguma forma na vida. Porém, o problema está no fato de que são também essas marcas que acabam por restringir a realização de outras possibilidades de relações consigo mesmo e com o mundo. Nesse sentido, entendemos que a arteterapia apresenta o diferencial de experimentação concreta de novas modalidades de pensar, sentir, ser. Ao ocorrer a projeção do indivíduo na obra produzida, há o anúncio de uma via que se abre e que o paciente enxerga no exterior de si, o que fornece a segurança necessária para continuar investindo em novos caminhos. No caso de Gabriel, enquanto ele se relacionou com o que era externo, pôde fazer de conta, brincar, extravasar conteúdos internos e, com o tempo, incorporar novas características e reconhecer aspectos íntimos que até então não tinham sido desvelados.

REFERÊNCIAS

Ciornai, S. (org.). *Percursos em arteterapia: arteterapia gestáltica, arte em psicoterapia e supervisão em arteterapia.* São Paulo: Summus, 2004.

Forghieri, Y. C. *Psicologia fenomenológica: fundamentos, métodos e pesquisa.* São Paulo: Pioneira, 1993.

Giglio, Z. G.; Giglio, J. S. "Criatividade na arteterapia". I Congresso Internacional de Criatividade e Inovação, 2011. Manaus: CriaBrasilis, 2011, p. 144-56.

Jungue, Maxine B.; Asawa, P. *A history of art therapy in the United States*. Mundelein: The American Art Therapy Association, 1994.

Ostrower, F. *Criatividade e processos de criação*. Petrópolis: Vozes, 1987.

Rhyne, J. *Arte e Gestalt: padrões que convergem*. São Paulo: Summus, 2000.

Sei, M. B.; Gonçalves, T. F. *Arteterapia com grupos: aspectos teóricos e práticos*. São Paulo: Casa do Psicólogo, 2010.

Winnicott, D. W. *O brincar e a realidade*. Rio de Janeiro: Imago, 1975.

6 Consequências do abuso sexual para a saúde de crianças e adolescentes

Jefferson Drezett

INTRODUÇÃO

A Organização Mundial da Saúde (OMS) entende por violência sexual qualquer ato de natureza sexual tentado ou consumado sem a concordância da vítima, exercido com coerção ou intimidação, ou com emprego de força física, ameaça, armas ou temor psicológico (WHO, 2002). Ao mesmo tempo, a violência sexual é considerada uma grave violação de direitos humanos e um importante problema de saúde pública, representando a extrema restrição da autonomia sexual e reprodutiva (Muganyizi, Kilewo e Moshiro, 2004).

No Código Penal brasileiro, o termo *estupro* tipifica situações que violam a liberdade e a dignidade sexual, inclusive de crianças e adolescentes. Em 2009, a legislação penal sobre crimes sexuais recebeu uma modificação após quase 70 anos, conforme a Lei nº 12.015. A mudança mais relevante deu-se na perspectiva conceitual, revogando a antiga definição da violência sexual como "crime contra os costumes" da sociedade para receber a denominação de "crime contra a dignidade sexual" (Brasil, 2010).

Entre as situações previstas na referida lei destaca-se o artigo 213, que passa a definir o estupro por "constranger alguém, mediante violência ou grave ameaça, a ter conjunção carnal ou permitir que com ele se pratique outro ato libidinoso" (Delmanto *et al.*, 2010). Entende-se por *violência* o emprego de força física suficientemente capaz de sobrepujar a resistência da vítima e por *grave ameaça* a promessa de causar malefício capaz de impedir sua resistência. A *conjunção carnal* corresponde exclusivamente ao coito vaginal, enquanto os *atos libidinosos* incluem as demais formas de contato sexual (Brasil, 2010).

Além disso, a Lei nº 12.015 introduz o artigo 217-A, denominado *estupro de vulnerável*, tornando crime os atos sexuais com menores de 14 anos. Incorre no mesmo crime quem pratica essas ações contra qualquer pessoa que, por enfermidade ou por doença mental, não possua discernimento para a prática sexual ou não tenha condição de oferecer consentimento válido ou resistência (Delmanto *et al.*, 2010).

Independentemente da diversidade de definições e dos limites legais adotados em cada país, a violência sexual contra crianças e adolescentes é um fenômeno mundial, ocorrendo tanto nos países desenvolvidos como nos em desenvolvimento (Gilbert *et al.*, 2009). A violência sexual deve ser entendida como fenômeno que atinge, indistintamente, crianças e adolescentes de todas as classes sociais, etnias, religiões e culturas, geralmente praticada por pessoas que a criança conhece e em quem confia (Daneri *et al.*, 2008). Muitas vezes, as crianças encontram-se incapazes de revelar o que ocorre com elas, podendo experimentar longo e repetido processo de abuso sexual, o qual pode se estender até a adolescência ou, em parte dos casos, até o início da idade adulta (Drezett *et al.*, 2004).

A violência representa uma das principais causas de morbidade e mortalidade entre a população jovem. Contudo, homens e mulheres são atingidos por ela de maneiras diferentes, principalmente em razão das especificidades de gênero. Enquanto os homicídios predominam entre os homens, a violência sexual atinge contundentemente as mulheres, causando sequelas físicas, sociais e emocionais que as tornam mais vulneráveis a problemas de saúde (Beebe, 1998). Crianças e adolescentes que sofrem crimes sexuais apresentam riscos significativos de traumas físicos, letalidade, disfunções sexuais futuras, doenças sexualmente transmissíveis (DSTs) e gravidez indesejada (Schei, 1997; Vertamatti *et al.*, 2012).

PREVALÊNCIA

Embora não se conheça a exata prevalência da violência sexual, investigações apontam para um problema mundial de grande magnitude e rápido crescimento (Dunn e Gilchrist, 1993). Estima-se que entre 12% e 25% das meninas e 8% e 10% dos meninos sofram algum tipo de abuso sexual até os 18 anos de idade (Russel, 1986; Sapp e Vandeven, 2005). Essas desalentadoras estimativas mostram-se consistentes quando se consideram alguns indicadores. Em Boston, 20% das alunas universitárias declaram ter sofrido abuso sexual antes dos 18 anos (Wyatt *et al.*, 1999). Na Carolina do Norte, 30% da população feminina experimentou alguma forma de abuso sexual durante a vida (Dunn, Vail-Smith e Knigth, 1999). Situação semelhante foi encontrada em Ontário, Canadá, atingindo 25% das mulheres (Newton--Taylor, Dewit e Gliksman, 1998). Acredita-se que 25% das mulheres adultas americanas experimentaram um contato sexual não consentido durante a infância ou a adolescência e que 13% delas sofreram um episódio de estupro (Holmes *et al.*, 1996).

Perspectivas semelhantes são constatadas em países em desenvolvimento. No Chile, há indicadores de que ocorra um caso de abuso sexual a cada 26 minutos, 57% deles praticados contra crianças e adolescentes com idade entre 5 e 15 anos (IPPF, 1995). Na Costa Rica, 41% das queixas de maus-tratos contra crianças são relacionadas a abuso sexual (Ulata-Mora e Madrigal-Telini, 1991). Acredita-se que 8% das adolescentes sofra abuso sexual durante a gestação, a maioria praticada por agressores conhecidos (Berenson, San-Miguel e Wilkinson, 1992). No Peru, 90% das gestantes com idade entre 12 e 16 anos referiram ter sofrido abuso sexual, a maior parte envolvendo membros da família

(IPPF, 1995). No Brasil, estudos apontam para 9 milhões de crianças e adolescentes, de ambos os sexos, em situação de abuso sexual (Azevedo e Guerra, 1989). Em Bogotá, calcula-se que cerca de 7 mil adolescentes e crianças se encontrem em situação de prostituição, 30% delas com menos de 14 anos. Na Venezuela são quase 40 mil casos, com 6,2% dessas crianças e adolescentes ingressando na prostituição antes dos 12 anos de idade. Dados da Costa Rica revelam que o abuso sexual precede 80% dos casos de prostituição na infância e adolescência, 68% deles de maneira incestuosa (IPPF, 1992).

Em agravo, o abuso sexual de crianças pode permear costumes e crenças, naturalizados e aceitos como expressão da cultura local. Por exemplo, em comunidades do norte da Nigéria a idade média para o casamento é de 11 anos, com danos evidentes para a saúde dessas crianças e adolescentes (Unicef, 2001). No Cabo Oriental, África do Sul, membros da etnia *xhosa* mantêm a crença de que a Síndrome da Imunodeficiência Humana Adquirida (aids) possa ser curada com a prática sexual com mulheres virgens, submetendo meninas à relação sexual forçada com homens adultos soropositivos (Epstein e Jewkes, 2009).

Evidências apontam que as vítimas mais frequentes da violência sexual em grandes centros urbanos, que recorrem aos serviços de saúde, são mulheres adultas jovens e adolescentes, brancas, solteiras e com baixa escolaridade, geralmente abordadas por autores desconhecidos em espaços públicos durante atividades cotidianas (Dunn, Vail-Smith e Knight, 1999; Petter e Whitehill, 1998). Contrastando, o abuso sexual de crianças ocorre com frequência no espaço privado, principalmente o intrafamiliar, envolvendo indivíduos adultos e conhecidos, muitas vezes com parentesco com a criança ou com acesso facilitado à sua rotina (Drezett *et al.*, 2001; Sapp e Vandeven, 2005). Nesses casos, observa-se maior tendência à subnotificação, limitando ou postergando o atendimento dessas crianças e adolescentes nos serviços de saúde (Brasil, 2011).

DANOS FÍSICOS

Parte dos crimes sexuais pode se associar com danos físicos severos, que acarretam em letalidade. Contudo, a maioria das crianças e adolescentes que sofrem violência sexual não apresenta tais danos. Em nosso meio, um estudo envolvendo 554 vítimas de estupro com atos de penetração encontrou lesões genitais em 2,7% das adolescentes e trauma extragenital em 11% (Drezett *et al.*, 2001). A baixa ocorrência de lesões físicas entre adolescentes pode ser explicada pela forma de constrangimento utilizada pelo autor. O uso exclusivo da força física é restrito a pouco mais de 12% dos casos, tornando os danos físicos pouco frequentes. Acrescente-se que esses resultados pouco diferem daqueles encontrados pela medicina forense, que resgata evidências materiais da violência sexual em menos de 15% dos casos de estupro (Cohen e Matsuda, 1991).

No entanto, casos de penetração vaginal ou anal em crianças podem levar a situações desastrosas, principalmente em idades mais precoces. Em crianças, as lesões genitais são seis vezes mais comuns, resultado da desproporcionalidade anatômica entre seus genitais e o do adulto agressor (Drezett *et al.*, 2001). Nos Estados Unidos, entre 2004 e 2006 foram realizados 105 mil atendimentos de emergência a mulheres jovens com lesões físicas decorrentes de violência sexual, sendo 27 mil casos entre 10 e 14 anos de idade.

Não há consenso sobre o papel da resistência física durante a violência sexual na etiologia dos traumatismos físicos. Enquanto alguns estudos constatam maior frequência de traumatismos entre vítimas que resistem aos autores conhecidos ou aparentados, outras investigações não observam diferença na ocorrência de danos físicos entre aquelas que enfrentam o agressor em situação semelhante (Atekson, Calhoun e Morris, 1989; Zoucha-Jensen e Coyne, 1993). De toda forma, acredita-se que circunstâncias extremas em que há ameaça de morte, principalmente com arma de fogo, possam inibir sobremaneira a resistência, reduzindo a ocorrência de danos físicos (Biggs, Stermac e Divinsky, 1998). Por outro lado, lesões genitais podem ser verificadas em metade das mulheres que sofreram violência sexual por desconhecidos que empregaram a violência física (Riggs *et al.*, 2000).

Mesmo prevalecendo mecanismos de intimidação, danos genitais podem romper a integridade dos tecidos dos órgãos, facilitando o contágio pelas DSTs (Vertamatti *et al.*, 2012). Esse risco é igualmente considerado para crianças e adolescentes quando a penetração vaginal rompe a membrana himenal (Estreich, Forster e Robinson, 1990). Acrescente-se que a frequência de traumas genitais entre virgens que sofrem crimes sexuais é 2,5 vezes maior do que a verificada naquelas sexualmente ativas (Biggs *et al.*, 1998). Além disso, há evidências de que a perda da virgindade em condições forçadas e violentas pode resultar em sequelas emocionais mais acentuadas, principalmente quando o abuso sexual ocorre na infância ou na adolescência (Fleming *et al.*, 1999).

Há indicadores de que crianças e adolescentes que apresentam danos físicos decorrentes da violência recebam melhor atenção nos serviços de saúde, nos departamentos médico-legais e nos distritos policiais, atribuindo-se a elas o estereótipo de *vítimas ideais*. Nesses casos, portar marcas físicas da violência parece garantir menor risco de ter a veracidade da história questionada (Lourenço, 2001). No entanto, a ausência de provas médico-legais ou de lesões clínicas não pode ser interpretada como indício da não ocorrência do abuso sexual (Bowyer e Dalton, 1997; Ferris e Sandercock, 1998).

GESTAÇÃO FORÇADA E INDESEJADA

A gravidez decorrente de violência sexual destaca-se pela complexidade e severidade dos impactos que causa, seja na esfera emocional, familiar, social ou biológica. Para muitas adolescentes, essa gestação, forçada e indesejada, é recebida como uma segunda violência, por vezes intolerável e impossível de ser mantida até o término (Faúndes, Bedone e Pinto-Silva, 1997). Parte significativa dos casos de violência sexual ocorre durante a idade reprodutiva da mulher, com taxa de gravidez oscilando entre 1% e 5% (Holmes *et al.*, 1996; Faúndes *et al.*, 1998). No entanto, o exato desfecho dessas gestações ainda é pouco conhecido, mesmo em países desenvolvidos. Na opção pela interrupção da gravidez, a forma e a segurança do procedimento dependerão das condições econômicas da mulher e de leis mais ou menos restritivas em relação ao aborto às quais esteja submetida (Holmes *et al.*, 1996).

No Brasil, a legislação penal sobre o abortamento encontra-se entre as mais restritivas, sendo crime tipificado nos artigos 124, 125 e 126, com penalidades para a mulher e o médico que o pratica. No entanto, de acordo com o Decreto-Lei nº 2848, de 7 de dezembro de 1940, inciso II do artigo 128 do Código Penal, não é crime e não se pune o abortamento praticado por médico quando a gravidez resulta de estupro. O abortamento, nesse caso, deve ser precedido de consentimento da gestante ou, quando incapaz, de seu representante legal (Delmanto *et al.*, 2010).

Embora a interrupção da gestação resultante de violência sexual constitua um direito previsto em lei, parte expressiva das mulheres ainda não tem acesso a serviços de saúde que realizem o abortamento (Faúndes, Bedone e Pinto-Silva, 1997). Somente no final da década de 1980 é que os primeiros serviços públicos de saúde passaram a oferecer esse atendimento. Por falta de informação sobre seus direitos ou por recusa dos serviços de saúde, mulheres decididas a interromper a gestação recorrem ao abortamento clandestino, quase sempre praticado de forma insegura e com graves consequências para a saúde (Brasil, 2011).

A OMS define por *abortamento* a interrupção da gravidez até a 20ª, 22ª semana da gestação, com peso fetal menor que 500 gramas. Por *aborto* entende-se o produto da concepção eliminado durante a interrupção (WHO, 1992). O abortamento é considerado inseguro quando praticado em condições sanitárias precárias e inadequadas, ou quando realizado por pessoas não habilitadas ou com insuficiente capacitação técnica, ou em ambas as condições. Nesses casos, o abortamento relaciona-se com taxas elevadas de letalidade e de morbidade. Por outro lado, quando realizado em ambiente apropriado, com técnicas adequadas e por profissionais de saúde preparados, é considerado um procedimento seguro, com riscos muito pequenos se comparado a outros procedimentos obstétricos (WHO, 2003).

Na Conferência Internacional sobre População e Desenvolvimento (ICPD), realizada no Cairo em 1994, os governos dos países participantes reconheceram o abortamento inseguro como grave problema de saúde pública (United Nations, 1995). A Assembleia Geral das Nações Unidas estabeleceu ainda que, nas circunstâncias em que o abortamento não seja contrário à lei, os serviços de saúde devem ser capacitados e equipados para assegurar que esses procedimentos sejam seguros e acessíveis para as mulheres (United Nations, 1999).

Nesse sentido, o Ministério da Saúde normatizou, em 1998, os procedimentos a serem adotados por gestores e profissionais de saúde para o atendimento ao abortamento previsto em Lei (Brasil, 2011). Em 2005, foi publicada a Portaria MS/GM nº 1.508, estabelecendo os Procedimentos de Justificação e Autorização da Interrupção da Gravidez nos casos previstos no âmbito do Sistema Único de Saúde (SUS). Esses procedimentos devem ser adotados pelos serviços de saúde para a realização do abortamento decorrente de violência sexual e incluem cinco diferentes termos (Brasil, 2011).

O consentimento da adolescente e de seus representantes legais é imprescindível. O Código Civil brasileiro, de 2003, estabelece nos artigos 3º, 4º, 5º, 1631, 1690, 1728 e 1767 que a mulher com 18 anos de idade ou mais é considerada plenamente capaz de consentir sozinha. Antes dos 16 e dos 18 anos, o consentimento deve ser assistido pelos pais ou por um representante legal, que se manifestam e assinam o termo de consentimento para o abortamento *com a adolescente*. Quando houver conflito de interesses entre a adolescente e seus pais ou representantes legais, a vontade da adolescente deve ser respeitada. Caso ela não deseje realizar o abortamento e sua família o queira, ele não poderá ser praticado. Por outro lado, se a adolescente decidir realizá-lo contra a posição dos pais e a equipe de saúde considerá-la capaz de se conduzir pelos próprios meios, o artigo 142 do Estatuto da Criança e do Adolescente estabelece que "a Autoridade Judiciária dará curador especial à criança ou adolescente, sempre que os interesses destes colidirem com os dos pais ou responsável, ou quando carecer de representação ou assistência legal ainda que eventual" (Brasil, 2010; ECA, 1993).

O abortamento nos casos de gravidez decorrente de violência sexual não necessita de decisão judicial, ou da sentença final do processo, caso haja. Portanto, não se exige alvará ou autorização judicial para a realização do abortamento em casos de gravidez decorrente de violência sexual. O abortamento não está juridicamente vinculado à apresentação do Boletim de Ocorrência Policial e não há base legal para que os serviços de saúde neguem a ação caso a adolescente, por motivo justificável, não possa realizá-lo. O mesmo cabe para o Laudo do Exame de Corpo de Delito e Conjunção Carnal, do Instituto Médico Legal (Brasil, 2010).

Nos casos de gravidez decorrente de violência sexual que ingressem no serviço de saúde com mais de 22 semanas ou peso fetal maior que 500 gramas, a interrupção da gestação, como previsto na OMS, não pode ser tecnicamente realizada. Nessas situações, a adolescente e sua família devem ser esclarecidas da impossibilidade de atender à solicitação e aconselhadas a iniciar a assistência pré-natal. Devem, ainda, ser informadas das alternativas disponíveis após o nascimento, como a possibilidade de incluir a futura criança nascida no núcleo familiar ou colocá-la em procedimento regular de adoção (Brasil, 2010).

A anticoncepção de emergência (AE) consiste em medida crítica para evitar grande parte das gestações decorrentes de violência sexual. Deve ser prescrita a todas as crianças e adolescentes que já tenham iniciado ciclos menstruais e foram expostas à gravidez por meio de contato certo ou duvidoso com sêmen, independentemente do período do ciclo menstrual em que se encontrem. A medida é desnecessária se a adolescente estiver usando regularmente um método anticonceptivo eficaz no momento da violência sexual (Drezett, 2002).

A AE hormonal é o método de eleição devido ao seu baixo custo, à tolerabilidade, à eficácia e à ausência de contraindicações absolutas, utilizando compostos hormonais concentrados e por curto período de tempo (WHO, 1998). Todas as adolescentes podem usar a AE com segurança, mesmo aquelas que tenham contraindicações aos anticoncepcionais hormonais. A eficácia da AE é elevada, principalmente se administrada nas primeiras 12 horas após o estupro. Entre o 4º e o 5º dia após a violência sexual a AE ainda oferece alguma proteção, embora com taxa de falha expressivamente maior (Trussel, Rodríguez e Ellertson, 1998; Faúndes, Brache e Alvarez, 2003). A adolescente deve ser orientada que, na maioria das vezes, pouca ou nenhuma alteração significativa ocorrerá no ciclo menstrual. A AE não provoca sangramento imediato após o seu uso e cerca de 60% das adolescentes terão a menstruação seguinte dentro do período esperado, sem atrasos ou antecipações (WHO, 1998).

O mecanismo de ação da AE impede ou posterga a ovulação por vários dias, ao mesmo tempo que modifica o muco cervical, tornando-o espesso e hostil, o que impede a migração dos espermatozoides em direção ao óvulo. Não existem evidências científicas de que a AE exerça efeitos após a fecundação, de que atue impedindo a implantação, ou de que implique a eliminação precoce do embrião. No entanto, ainda persiste a falsa convicção de que a AE é abortiva, mesmo com ampla documentação científica que garante o contrário (Brache *et al.*, 2003; Faúndes, Brache e Alvarez, 2003; WHO, 1998).

DOENÇAS SEXUALMENTE TRANSMISSÍVEIS

Estudos indicam que entre 16% e 58% das pessoas que sofrem violência sexual são infectadas por doenças sexualmente transmissíveis (DSTs), com prevalência variável de diferentes agentes etiológicos (Jenny *et al.*, 1990). A ocorrência das DSTs em situações de abuso sexual depende de diferentes fatores, como o tipo e a frequência da exposição, lesões genitais, idade e suscetibilidade da vítima, condição da membrana himenal e presença de DST inflamatória ou úlcera genital no momento da violência (Brasil, 2006).

Esse risco aumenta quando a exposição é múltipla ou repetida, como ocorre no abuso sexual de crianças e adolescentes. Na Colômbia, entre 255 adolescentes em situação de exploração sexual em centros urbanos, observou-se prevalência de 31% de DST, com 8,6% dos testes positivos para o HIV (Pinzón-Rondón *et al.*, 2009). Nas situações envolvendo crianças e adolescentes, é comum que o autor se encontre em posição privilegiada na dinâmica abusiva, o que o preserva das consequências legais (Daneri *et al.*, 2008; Drezett *et al.*, 2011). Dessa forma, o abuso sexual pode se repetir por longo período, com desdobramentos que incluem maior chance de ocorrência de DST e gestação indesejada, bem como maior frequência de dano psíquico (Drezett *et al.*, 2004; Souza *et al.*, 2012).

As DSTs têm repercussões importantes na saúde sexual e reprodutiva, associando-se com a gestação ectópica e o câncer anogenital. Além disso, entre 10% e 40% das mulheres jovens e adolescentes com infecção não tratada pelo gonococo ou pela clamídia desenvolvem doença inflamatória pélvica (DIP), que, em quase 25% dos casos, pode acarretar em infertilidade (WHO, 2005).

O tipo de ato praticado no crime sexual não reserva apenas interesse como elemento da sexologia forense, mas determina o risco de ocorrência das DSTs. Segundo o Centers for Disease Control and Prevention (CDC), o risco de aquisição do HIV é da ordem de dez por 10 mil nas exposições vaginais receptivas, aumentando em cinco vezes quando a exposição é anal. O sexo oral exclusivo mostra risco dez vezes menor, calculado em um caso a cada 10 mil exposições (CDC, 2005).

Outro fator relevante para a aquisição das DSTs é o número de autores envolvidos na violência sexual. Há relatos da participação efetiva de dois ou mais agressores em 10% a 20% dos crimes sexuais praticados por desconhecidos em centros urbanos (Gilles, Van Loo e Rozenberg, 2010; Ramos, Medicci e Puccia, 2009; Riggs *et al.*, 2000; Oshikata, Bedone e Faúndes, 2005). Crianças e adolescentes portadoras de doença mental também são mais vulneráveis ao abuso sexual. O comprometimento da autonomia facilita que o abuso sexual se repita por muitos anos (Zanarini *et al.*, 1999). Portadores de transtornos psiquiátricos severos também estão mais suscetíveis a contrair o HIV em caso de violência sexual (Meel, 2006).

O diagnóstico de uma DST em crianças corrobora a queixa do abuso sexual ou motiva sua investigação mesmo quando não existe tal alegação (Bechtel, 2010). No Zimbábue, quase metade dos casos insuspeitados de abuso sexual na infância foi identificada partindo-se do diagnóstico inicial de uma DST (Meursing *et al.*, 1995). Na cidade de Manaus, quase 60% das meninas portadoras de DST apresentavam suspeita ou confirmação de abuso sexual (Ribas *et al.*, 2011).

Crianças que sofrem violência sexual apresentam maior vulnerabilidade para as DSTs, justificada pela imaturidade da anatomia e da fisiologia genital (Brasil, 2011). A infecção pela gonorreia ocorre entre 2,8% e 28% dos casos; o achado de clamídia, entre 1,2% e 26%; e a presença do tricomonas, em 1% a 22%. A sífilis pode ser encontrada entre 0,1% e 1,5% dos casos e o herpes genital, em 0,1% a 0,5% (Glaser, Hammerschlag e McCormack, 1989; Griffith *et al.*, 2010; Ingram *et al.*, 1992; Teerapong *et al.*, 2009). Mais da metade dessas crianças apresenta achados normais ou inespecíficos no exame clínico anogenital (Girardet *et al.*, 2009).

A prevalência de DST entre adolescentes brasileiras em situação de violência sexual é menos conhecida. Um estudo na cidade do Rio de Janeiro, realizado em um serviço de saúde para adolescentes em situação de vulnerabilidade, encontrou 13% das meninas de 11 a 14 anos com antecedente de abuso sexual e 6% em situação de exploração sexual. Em 22% dos casos foi detectada uma DST (Teixeira e Taquette, 2010).

A incidência de condiloma acuminado anogenital em crianças tem aumentado notavelmente nas últimas duas décadas, assim como o interesse em sua associação com o abuso sexual (Hammerschlag e Guillén, 2010). Verrugas anogenitais induzidas pelo HPV podem ser transmitidas por diferentes modalidades de abuso sexual, seja pelo contato orogenital, genital-genital, genital-anal, ou pela manipulação digital da vagina ou do ânus da criança (Syrjanen e Puranen, 2000). Estudo com crianças pré-púberes com condiloma anogenital concluiu que 28,6% adquiriram o HPV por transmissão vertical, 7,1% resultaram da autoinoculação de verrugas localizadas nas mãos e 4,8% se associaram ao abuso sexual. O modo de transmissão foi considerado inconclusivo em mais da metade dos casos, não sendo possível descartar relação com a violência sexual (Handley *et al.*, 1993).

A relação entre abuso sexual e infecção pelo HPV tem desfecho variável, com ocorrência entre 0,1% e 70% das crianças com verrugas genitais. Estudo retrospectivo com crianças de até 9 anos de idade encontrou 2,3% de casos de abuso sexual, quando submetidas aos procedimentos do sistema judiciário (Jones, Smith e Omar, 2007). Em outras pesquisas, a confirmação do abuso sexual alcançou 22% quando se associou à avaliação médica e social, e 70% quando se adotou a abordagem interdisciplinar (Jesus *et al.*, 2001; Kui, Xiu e Ning, 2003).

Em estudo com homens condenados por crimes sexuais contra crianças, 6,5% deles apresentaram sorologias positivas para a hepatite C e 13%, para a hepatite B (Giotakos *et al.*, 2003). No Brasil, desconhece-se a prevalência de autores de crimes sexuais portadores dessas infecções, embora a transmissão da hepatite B seja verificada em até 3% das vítimas de violência sexual (Brasil, 2006; Crowe *et al.*, 1996; Estreich, Forster e Robinson, 1990). Apesar de estar menos descrita na literatura e menos incluída nos estudos de incidência e prevalência, a hepatite C pode ser encontrada em percentuais semelhantes nessas mulheres (Griffith *et al.*, 2010).

Enquanto alguns autores não verificam casos de infecção pelo HIV entre pessoas que sofrem crimes sexuais, outros têm encontrado testes anti-HIV positivos entre 0,8% e 2,7% dos casos (Estreich, Forster e Robinson, 1990; Drezett, 2002). Esses percentuais são comparáveis ou superiores aos observados em outras formas de exposição sexual consentida, única e receptiva, ou em acidentes com material biológico infectante entre profissionais de saúde (Brasil, 2011).

Na África do Sul, os resultados dos testes anti-HIV positivos realizados por 1.435 vítimas de violência sexual mostraram aumento de 0,9% para 6,4% entre os anos de 2001 e 2005, com maior frequência de casos entre mulheres de 16 a 20 anos de idade (Meel e Kwizera, 2011). A infecção pelo HIV tem particular impacto em populações vulneráveis, como ocorre na violência sexual praticada largamente em países em conflito armado. Estima-se que cerca de 20 mil mulheres jovens e meninas em Uganda serão infectadas pelo HIV a cada ano como resultado do estupro, mesmo qualificado como grave crime de guerra (Kozaric-Kovacic *et al.*, 1995; Supervie, Halima e Blower, 2010).

CONVERGÊNCIA ENTRE DANOS PARA A SAÚDE FÍSICA E MENTAL

Em adolescentes, a prevalência, a comorbidade e o fator de risco para o Transtorno do Estresse Pós-Traumático (TEPT), para episódios de depressão maior e para abuso ou dependência de substâncias indicam a violência sexual como fator significativo de risco para todos os pares de comorbidades. Sustentam, ainda, a hipótese de que a exposição a uma forma de violência física ou sexual ou o testemunho de ato de violência aumentam o risco de ocorrência dessas três desordens e suas comorbidades (Kilpatrick *et al.*, 2003).

A relação entre violência sexual, saúde e comportamentos de risco parece indicar que vítimas de violência sexual apresentam maior possibilidade de comprometimento da saúde mental, baixa satisfação com a vida, limitação de atividades, tabagismo e consumo de bebida alcoólica. Essa associação entre saúde mental e física, comprometidas pela violência sexual, tem consequências que persistem ao longo do tempo (Choudhary, Coben e Bossarte, 2008).

Existem evidências de relação entre o antecedente de abuso sexual, o diagnóstico e a duração do transtorno de ansiedade, da depressão, de transtornos alimentares, do TEPT, de distúrbios do sono e da tentativa de suicídio. A associação entre abuso sexual e transtornos psiquiátricos mostra-se persistente, independentemente do sexo da vítima e da idade na qual o abuso ocorreu. Além disso, a violência sexual repercute em desordens somáticas, incluindo-se alteração funcional gastrointestinal, dor pélvica crônica, convulsões psicogênicas e dor crônica não específica (Chen *et al.*, 2010). Mulheres adultas que sofreram abuso sexual na infância mostraram maiores índices de TEPT e de transtornos alimentares. Além disso, há evidência de que o abuso sexual na infância aumenta o risco de sofrer violência sexual em idade adulta (Jonas *et al.*, 2011).

Estudo com mulheres que sofreram violência sexual mostra que 43% apresentam índices moderados ou severos do TEPT;

52,2%, depressão moderada ou severa; e 22,4%, índices moderados ou severos de sentimento de desesperança no primeiro mês após o evento. No sexto mês, esses valores decrescem para 21%, 20% e 10%, respectivamente, sugerindo que a recuperação pode demorar mais para algumas mulheres, por vezes por tempo indeterminado (Machado *et al.*, 2011). Além disso, aquelas que sofrem estupro apresentam evidente sentimento de medo, dinâmica que remete a sintomas característicos do TEPT. Entre esses temores, estão o de contaminação pelo vírus HIV, o de reencontrar o agressor, de sair ou ficar sozinha em casa, ou de relatar o ocorrido a familiares ou ao parceiro (Sudário, Almeida e Jorge, 2005).

Pessoas que sofreram violência sexual na infância apresentam maiores índices de transtornos alimentares e evidências de TEPT. Este, por sua vez, atua como mediador importante no relacionamento entre trauma sexual e transtornos alimentares. A excitação fisiológica e o isolamento social são os principais componentes de sua mediação (Holzer *et al.*, 2008). Mulheres com histórico de abuso sexual na infância também apresentam problemas com o consumo de álcool. Esses problemas são mais acentuados em mulheres revitimizadas do que naquelas com antecedente de violência sexual exclusivamente em idade adulta (Najdowski e Ullman, 2009). De forma semelhante, a violência sexual associa-se significativamente com transtornos alimentares (Fischer, Stojek e Hartzell, 2010).

A maioria dos estudos aponta que a violência sexual produz impacto na sexualidade. Mulheres que sofrem esse tipo de abuso podem apresentar maior insatisfação sexual, falta de desejo e dor nas relações. Em alguns casos, observa-se maior frequência de relações como tentativa de adquirir controle sobre a própria vida sexual. É comum a diminuição da satisfação sexual logo depois o estupro, retornando aos níveis prévios após alguns meses. Porém, mulheres que sofrem violência sexual mostram-se, em geral, menos satisfeitas sexualmente do que aquelas que não apresentam esse antecedente. É possível que se desenvolva o medo ou o desinteresse pelo sexo, perda total ou parcial do prazer ou indiferença por assuntos e atividades sexuais (Van Berlo e Ensink, 2000). Adolescentes com histórico de violência sexual podem apresentar medo de envolvimento com pessoas do sexo oposto, temor da prática sexual e medo de sofrer nova violência em futuro relacionamento (Rodrigues, Brino e Williams, 2006).

AÇÕES NOS SERVIÇOS DE SAÚDE

Estudos realizados em centros urbanos brasileiros indicam que parte expressiva das vítimas ingressa em serviços de saúde nas primeiras 72 horas da violência sexual, um dos principais critérios de elegibilidade para a indicação das profilaxias medicamentosas (Andrade *et al.*, 2001; Oshikata, Bedone e Faúndes, 2005; Ramos, Medicci e Puccia, 2009). Em um dos estudos, a articulação com os distritos policiais resultou no encaminhamento precoce de mais de 80% dos casos de violência sexual. Em outros dois, mais de 90% das mulheres ingressaram em prazo apropriado para a profilaxia das DSTs bacterianas e receberam a quimioprofilaxia para a infecção do HIV (Andrade *et al.*, *ibidem*; Oshikata, Bedone e Faúndes, *ibidem*; Ramos, Medicci e Puccia, *ibidem*).

Desde 1999, o Ministério da Saúde mantém normativa para a prevenção e redução dos danos e agravos da violência sexual. Crianças e adolescentes nessa situação necessitam de atenção imediata para várias condições clínicas, incluindo prevenção da gravidez indesejada e a profilaxia das doenças sexualmente transmissíveis (Brasil, 2011). Todavia, a medida fica comprometida em casos de exposição sexual crônica e repetida, situação comum em violência sexual intrafamiliar ou em crimes sexuais praticados contra crianças (Drezett *et al.*, 2004).

O atendimento à saúde de crianças e adolescentes em situação de violência sexual é complexo e exige instituições e equipes interdisciplinares preparadas para prover cuidados de acolhimento, prevenção, tratamento e reabilitação (Faúndes, Bedone e Pinto-Silva, 1997). Essas ações afirmativas de proteção, embora evidentes, ainda dependem de políticas públicas que modifiquem antigas práticas inadequadas nos serviços de saúde. Por exemplo, em Bruxelas, na Bélgica, recente avaliação dos serviços de emergência mostrou que apenas 20% das vítimas receberam cuidados considerados adequados após sofrer violência sexual (Gilles, Van Loo e Rozenberg, 2010).

Em agravo, o acompanhamento nos serviços de saúde costuma mostrar problemas de adesão desses pacientes, possivelmente influenciados pela falta de profissionais preparados, falhas no acolhimento, apoio insuficiente ou indisponibilidade de espaço que ofereça sigilo e privacidade (Brasil, 2006).

Profissionais de saúde precisam ser capacitados para o manejo clínico e psicológico de crianças e adolescentes em situação de violência sexual, coibindo manifestações ou julgamentos pessoais quanto ao ocorrido e a suas circunstâncias (Dunn e Gilchrist, 1993). Acredita-se que a negligência para com esses aspectos, particularmente os psicológicos, pode resultar na revitimização pelos serviços de saúde (Hymel e Jenny, 1997).

REFERÊNCIAS

Andrade, R. P. *et al.* "Características demográficas e intervalo para atendimento em mulheres vítimas de violência sexual". *Revista Brasileira de Ginecologia e Obstetrícia*, v. 23, n. 9, 2001, p. 583-87.

Atekson, B. M.; Calhoun, K. S.; Morris, K. T. "Victim resistance to rape: the relationship of previous victimization, demographics, and situational factors". *Archives of Sexual Behavior*, v. 18, n. 6, 1989, p. 497-507.

Azevedo, M. A.; Guerra, V. N. A. *Crianças vitimizadas: a síndrome do pequeno poder.* São Paulo: Iglu, 1989.

Bechtel, K. "Sexual abuse and sexually transmitted infections in children and adolescents". *Current Opinion in Pediatrics*, v. 22, n. 1, 2010, p. 94-99.

Beebe, D. K. "Sexual assault: the physician's role in prevention and treatment". *Journal of the Mississippi State Association*, v. 39, n. 10, 1998, p. 366-69.

Berenson, A. B.; San-Miguel, V. V.; Wilkinson, G. S. "Prevalence of physical and sexual assault in pregnant adolescents". *Journal of Adolescent Health*, v. 13, 1992, p. 466-69.

Biggs, M.; Stermac, L. E.; Divinsky, M. "Genital injuries following sexual assault of women with and without prior sexual intercourse experience". *Canadian Medical Association Journal*, v. 159, n. 1, 1998, p. 33-37.

Bowyer, L.; Dalton, M. E. "Female victims of rape and their genital injuries". *British Journal of Obstetrics and Gynaecology*, v. 104, n. 5, 1997, p. 617-20.

Brache, V. *et al. Efecto de la administración de levonorgestrel solo como anticoncepción de emergencia sobre la función ovulatoria.* Resúmenes de la XVIII Reunión de la Asociación Latinoamericana de Investigadores en Reproducción Humana. Cuba, 2003, p. 28-31.

Brasil. Ministério da Saúde. Secretaria de Vigilância em Saúde. Programa Nacional de DST e Aids. *Manual de controle das doenças sexualmente transmissíveis.* 4. ed. Brasília: Ministério da Saúde, 2006.

Brasil. Ministério da Saúde. Secretaria de Atenção à Saúde. Departamento de Ações Programáticas Estratégicas Área Técnica de Saúde da Mulher. *Aspectos jurídicos do atendimento às vítimas de violência sexual: perguntas e respostas para profissionais de saúde.* 2. ed. Brasília: Editora MS, 2010.

Brasil. Ministério da Saúde. Secretaria de Atenção à Saúde. Departamento de Ações Programáticas Estratégicas Área Técnica de Saúde da Mulher. *Prevenção e tratamento dos agravos resultantes da violência sexual contra mulheres e adolescentes: norma técnica.* 3. ed. Brasília: Editora MS, 2011.

Centers for Disease Control and Prevention. "Antiretroviral postexposure prophylaxis after sexual, injection-drug use, or other nonoccupational exposure to HIV in the United States. Recommendations from the U.S. Department of Health and Human Services". *MMWR*, v. 21, n. 54, 2005, p. 1-28.

Chen, L. P. *et al.* "Sexual abuse and lifetime diagnosis of psychiatric disorders: systematic review and meta-analysis". *Mayo Clinic Proceedings*, v. 85, n. 7, 2010, p. 618-29.

Choudhary, E.; Coben, J. H.; Bossarte, R. M. "Gender and time differences in the associations between sexual violence victimization, health outcomes, and risk behaviors". *American Journal of Men's Health*, v. 2, n. 3, 2008, p. 254-59.

Cohen, C.; Matsuda, N. E. "Crimes sexuais e sexologia forense: estudo analítico". *Revista Paulista de Medicina*, v. 109, n. 4, 1991, p. 157-64.

Crowe, C. *et al.* "A case of acute hepatitis B occurring four months after multiple rape". *International Journal of STD and AIDS*, v. 7, n. 2, 1996, p. 133-34.

Daneri, R. A. *et al.* "Sexual abuse in children". *Medicina Infantil*, v. 15, n. 4, 2008, p. 312-19.

Delmanto, C. *et al. Código Penal comentado.* 8. ed. São Paulo: Saraiva, 2010.

Drezett, J. "Post-exposure prophylaxis in raped women". IV International Conference on HIV Infection in Women and Children. Rio de Janeiro: Universidade Federal do Rio de Janeiro e Institute of Virology of Maryland, 2002. p. 20-22.

Drezett, J. *et al.* "Estudo de mecanismos e fatores relacionados com o abuso sexual em crianças e adolescentes do sexo feminino". *Journal of Pediatrics*, v. 77, n. 5, 2001, p. 431-39.

Drezett, J. *et al.* "Contribuição ao estudo do abuso sexual contra a adolescente: uma perspectiva de saúde sexual e reprodutiva e de violação de direitos humanos". *Adolescência & Saúde*, v. 1, n. 4, 2004, p. 31-39.

Drezett, J. *et al.* "Influência do exame médico-legal na responsabilização do autor da violência sexual contra adolescentes". *Revista Brasileira de Crescimento e Desenvolvimento Humano*, v. 21, n. 2, 2011, p. 189-97.

Dunn, S. F.; Gilchrist, V. J. "Sexual assault". *Primary Care*, v. 20, n. 2, 1993, p. 359-73.

Dunn, P. C.; Vail-Smith, K.; Knigth, S. M. "What date/acquaintance rape victims tell others: a study of college student recipients of disclosure". *The Journal of American College Health*, v. 47, n. 5, 1999, p. 213-19.

Epstein, H.; Jewkes. R. "The myth of the virgin rape myth". *Lancet*, v. 374, n. 9.699, 2009, p. 1419-20.

Estatuto da Criança e do Adolescente (ECA). São Paulo: Imprensa Oficial do Estado, 1993.

Estreich, S.; Forster, G. E.; Robinson, A. "Sexually transmitted diseases in rape victims". *Genitourinary Medicine*, v. 66, n. 6, 1990, p. 433-38.

Faúndes, A.; Bedone, A.; Pinto-Silva, J. L. "I Fórum interprofissional para a implementação do atendimento ao aborto previsto na lei: relatório final". *Femina*, v. 25, n. 1, 1997, p. 1-8.

Faúndes, A.; Brache, V.; Alvarez, F. "Emergency contraception – Clinical and ethical aspects". *Gynecology & Obstetrics*, v. 82, 2003, p. 297-395.

Faúndes, A. *et al.* "II Fórum interprofissional sobre o atendimento ao aborto previsto na lei". *Femina*, v. 26, n. 2, 1998, p. 134-38.

Ferris, L.; Sandercock, J. "The sensitivity of forensic tests for rape". *Medicine and Law*, v. 17, n. 3, 1998, p. 333-50.

Fischer, S.; Stojek, M.; Hartzell, E. "Effects of multiple forms of childhood abuse and adult sexual assault on current eating disorder symptoms". *Eating Behaviors*, v. 11, n. 3, 2010, p. 190-92.

Fleming, J. *et al.* "The long-term impact of childhood sexual abuse in Australian women". *Child Abuse & Neglect*, v. 23, n. 2, 1999, p. 145-59.

Gilbert, R. *et al.* "Burden and consequences of child maltreatment in high-income countries". *Lancet*, v. 373, n. 9.657, 2009, p. 68-81.

Gilles, C.; Van Loo, C.; Rozenberg, S. "Audit on the management of complainants of sexual assault at an emergency department". *European Journal of Obstetrics & Gynecology and reproductive biology*, v. 151, n. 2, 2010, p. 185-89.

Giotakos, O. *et al.* "Prevalence and risk factors of HIV, hepatitis B and hepatitis C in a forensic population of rapists and child molesters". *Epidemiology & Infection*, v. 130, n. 3, 2003, p. 497-500.

Girardet, R. G. *et al.* "The epidemiology of sexually transmitted infections in suspected child victims of sexual assault". *Pediatrics*, v. 124, n. 1, 2009, p. 79-86.

Glaser, J. B.; Hammerschlag, M. R.; McCormack, W. M. "Epidemiology of sexually transmitted diseases in rape victims". *The Journal of Infectious Diseases*, v. 11, n. 2, 1989, p. 246-54.

Griffith, W. F.; *et al.* "Sexual assault: a report on human immunodeficiency virus postexposure prophylaxis". *Obstetrics & Gynecology International*, 2010.

Hammerschlag, M. R.; Guillén, C. D. "Medical and legal implications of testing for sexually transmitted infections in children". *Clinical Microbiology Reviews*, v. 23, n. 3, 2010, p. 493-506.

Handley, J. *et al.* "Anogenital warts in prepubertal children: sexual abuse or not?" *International Journal of STD & AIDS*, v. 4, n. 5, 1993, p. 271-79.

Holmes, M. M. *et al.*; "Rape-related pregnancy: estimates and descriptive characteristics from a national sample of women". *American Journal of Obstetrics & Gynecology*, v. 175, n. 2, 1996, p. 320-24.

Holzer, S. H. *et al.* "Mediational significance of PTSD in the relationship of sexual trauma and eating disorders". *Child Abuse & Neglect*, v. 32, n. 5, 2008, p. 561-66.

Hymel, K. P.; Jenny, C. "Child sexual abuse". *Delaware Medical Journal*, v. 69, 1997, p. 415-29.

Ingram, D. L. *et al.* "Epidemiology of adult sexually transmitted disease agents in children being evaluated for sexual abuse". *The Pediatric Infectious Disease Journal*, v. 11, n. 11, 1992, p. 945-50.

International Planned Parenthood Federation (IPPF). *Lineamientos para el diagnósitico y tratamiento del abuso sexual en la infancia.* Chicago: American Medical Association, 1992.

______. *Estrategias para el tratamiento y prevención de la violencia sexual.* Chicago: American Medical Association, 1995.

Jenny, C. *et al.* "Sexually transmitted diseases in victims of rape". *New England Journal of Medicine*, v. 322, n. 11, 1990, p. 713-16.

Jesus, L. E. *et al.* "Anogenital warts in children: sexual abuse or unintentional contamination?" *Cadernos de Saúde Pública*, v. 17, n. 6, 2001, p. 1.383-91.

Jonas, S. *et al.* "Sexual abuse and psychiatric disorder in England: results from the 2007 Adult Psychiatric Morbidity Survey". *Psychology & Medicine*, v. 41, n. 4, 2011, p. 709-19.

Jones, V.; Smith, S. J.; Omar, H. A. "Nonsexual transmission of anogenital warts in children: a retrospective analysis". *Scientific World Journal*, v. 7, 2007, p. 1.896-99.

Kilpatrick, D. G. *et al.* "Violence and risk of PTSD, major depression, substance abuse/dependence, and comorbidity: results from the National Survey of Adolescents". *Journal of Consulting And Clinical Psychology*, v. 71, n. 4, 2003, p. 692-700.

Kozaric-Kovacic, D. *et al.* "Rape, torture, and traumatization of Bosnian and Croatian women: psychological sequelae". *American Journal of Orthopsychiatry*, v. 65, n. 3, 1995, p. 428-33.

Kui, L. L.; Xiu, H. Z.; Ning, L. Y. "Condyloma acuminatum and human papilloma virus infection in the oral mucosa of children". *Journal of Pediatric Dentistry*, v. 25, n. 2, 2003, p. 149-53.

Lourenço, M. B. R. *Corpo, sexualidade e violência sexual na modernidade: contributos para uma análise contextualizada da violência sexual na sociedade portuguesa.* São Paulo, 2001. Tese (doutorado em Serviço Social), Instituto Superior de Serviço Social de Lisboa/Pontifícia Universidade Católica de São Paulo, Lisboa/São Paulo, 2001.

Machado, C. L. *et al.* "Posttraumatic stress disorder, depression, and hopelessness in women who are victims of sexual violence". *International Journal of Gynecology & Obstetrics*, v. 113, n. 1, 2011, p. 58-62.

Meel, B. L. "HIV/AIDS, psychiatric disorder and sexual assault in Transkei: a case report". *Medicine, Science & the Law*, v. 46, n. 2, 2006, p. 181-83.

Meel, B. L.; Kwizera, E. "Prevalence of HIV in the Mthatha area of South Africa, as estimated from the testing of rape victims". *Medicine, Science & the Law*, v. 51, n. 2, 2011, p. 106-8.

Meursing, K. *et al.* "Child sexual abuse in Matabeleland, Zimbabwe". *Social Science & Medicine*, v. 41, n. 12, 1995, p. 1.693-704.

Muganyizi, P. S.; Kilewo, C.; Moshiro, C. "Rape against women: the magnitude, perpetrators and patterns of disclosure of events in Dar es Salaam, Tanzania". *African Journal of Reproductive Health*, v. 8, n. 3, 2004, p. 137-46.

Najdowski, C. J.; Ullman, S. E. "Prospective effects of sexual victimization on PTSD and problem drinking". *Addictive Behaviors*, v. 34, n. 11, 2009, p. 965-68.

Newton-Taylor, B.; Dewit, D.; Gliksman, L. "Prevalence and factors associated with physical and sexual assault of female university students in Ontario". *Health Care for Women International*, v. 19, n. 2, 1998, p. 155-64.

Oshikata, C. T.; Bedone, A. J.; Faúndes, A. "Atendimento de emergência a mulheres que sofreram violência sexual: características das mulheres e resultados até seis meses pós-agressão". *Cadernos de Saúde Pública*, v. 21, n. 1, 2005, p. 192-99.

Petter, L. M.; Whitehill, D. L. "Management of female sexual assault". *American Familiy Physician*, v, 58, n. 4, 1998, p. 920-26.

Pinzón-Rondón, A. M. *et al.* "Prevalencia y factores asociados a enfermedades de transmisión sexual en menores explotados sexualmente en Bogotá, Colombia". *Revista de Salud Pública*, v. 11, n. 3, 2009, p. 468-79.

Ramos, C. R. A.; Medicci, V. P. G.; Puccia, M. I. R. "Mulheres vitimadas sexualmente: perfil sociodemográfico e análise do atendimento em um centro de referência". *Journal of the Health Sciences Institute*, v. 27, n. 1, 2009, p. 22-27.

Ribas, C. B. *et al.* "Perfil clínico-epidemiológico das doenças sexualmente transmissíveis em crianças atendidas em um centro de referência na cidade de Manaus, Amazonas, Brasil". *Anais Brasileiros de Dermatologia*, v. 86, n. 1, 2011, p. 80-86.

Riggs, N. *et al.* "Analysis of 1,076 cases of sexual assault". *Annals of emergency Medicine*, v. 35, n. 4, 2000, p. 358-62.

Rodrigues, J. L.; Brino, R. F.; Williams, L. C. A. "Concepções de sexualidade entre adolescentes com e sem histórico de violência sexual". *Paideia*, v. 16, n. 34, 2006, p. 229-40.

Russel, D. *The secret trauma: incest in the lives of girls and women.* Nova York: Basic Books, 1986.

Sapp, M. V.; Vandeven, A. M. "Update on childhood sexual abuse". *Current Opinion in Pediatrics*, v. 17, n. 2, 2005, p. 258-64.

Schei, B. "Violence against women: reproductive consequences". In: Ottesen, B.; Tabor, A. *New insights in gynecology & obstetrics: research and practice.* Copenhague: Parthenon Publishing, 1997.

Souza, F. B. C. *et al.* "Aspectos psicológicos de mulheres que sofrem violência sexual". *Reprodução & Climatério*, v. 27, n. 3, 2012, p. 98-103.

Sudário, S.; Almeida, P. C.; Jorge, M. S. B. "Mulheres vítimas de estupro: contexto e enfrentamento dessa realidade". *Psicologia Social*, v. 17, n. 3, 2005, p. 80-86.

Supervie, V.; Halima, Y.; Blower, S. "Assessing the impact of mass rape on the incidence of HIV in conflict-affected countries". *AIDS*, v. 24, n. 18, 2010, p. 2.841-47.

Syrjanen, S.; Puranen, M. "Human papillomavirus infections in children; the potential role of maternal transmission". *Critical Review of Oral Biological Medicine*, v. 11, n. 2, 2000, p. 259-74.

Teerapong, S. *et al.* "Physical health consequences of sexual assault victims". *Journal of the Medical Association of Thailand*, v. 92, n. 7, 2009, p. 885-90.

Teixeira, S. A.; Taquette, S. R. "Violence and unsafe sexual practices in adolescents under 15 years of age". *Revista da Associação Médica Brasileira*, v. 56, n. 4, 2010, p. 440-46.

Trussell, J.; Rodríguez, G.; Ellertson, C. "New estimates of the effectiveness of the Yuzpe regimen of emergency contraception". *Contraception*, v. 57, 1998, p. 363-69.

Ulata-Mora, F.; Madrigal-Telini, S. "Maltrato a menores en una comunidad costarricense". *Boletín Médico del Hospital Infantil de México*, v. 96, 1991, p. 41-45.

Unicef. *Innocenti Digest 7. Early marriage child spouses.* Florença: Unicef, 2001.

United Nations. *Report of the International Conference on Population and Development, Cairo.* Nova York: United Nations, 1995.

______. *Key actions for the further implementation of the Programme of Action of the International Conference on Population and Development.* Nova York: United Nations, 1999.

Van Berlo, W.; Ensink, B. "Problems with sexuality after sexual assault". *Annual Review of Sex Research*, v. 11, 2000, p. 235-57.

Vertamatti, M. A. F. *et al.* "Factors associated to time of arrival at the health service after sexual violence". *HealthMED*, v. 6, n. 1, 2012, p. 37-41.

World Health Organization (WHO). *The prevention and management of unsafe abortion. Report of a technical working group.* Genebra: World Health Organization, 1992.

______. *Emergency contraception: a guide for service delivery.* Genebra: World Health Organization, 1998.

______. *World report on violence and health.* Genebra: World Health Organization, 2002.

______. *Safe abortion: technical and policy guidance for health systems.* Genebra: World Health Organization, 2003.

______. *Sexually transmitted and other reproductive tract infections: a guide to essential practice.* Genebra: World Health Organization, 2005.

Wyatt, G. E. *et al.* "The prevalence and circumstances of child sexual abuse: changes across a decade". *Child Abuse & Neglect*, v. 23, n. 1, 1999, p. 45-60.

Zanarini, M. C. *et al.* "Violence in the lives of adult borderline patients". *The Journal of Nervous and Mental Disease*, v. 187, n. 2, 1999, p. 65-71.

Zoucha-Jensen, J. M.; Coyne, A. "The effects of resistance strategies on rape". *American Journal of Public Health*, v. 83, n. 11, 1993, p. 633-34.

7 Interfaces da clínica psiquiátrica no atendimento a pacientes que sofreram abuso sexual

Edson Takeyama Miyahara

INTRODUÇÃO

Nestes 20 anos de existência do Centro de Referência às Vítimas da Violência do Instituto Sedes Sapientiae (CNRVV), a prática da psiquiatria passou por significativas transformações. Entre vários acontecimentos, dois são fundamentais e certamente produziram influências mútuas, seja pela concomitância seja por sua natureza. As queixas e formas de expressão de um paciente, traduzidas pelo médico como sintomas que conduzem a um diagnóstico, tornaram-se a principal tônica do *setting* de atendimento. Consequentemente, as principais ferramentas que norteavam tais condutas – o sistema diagnóstico americano Diagnostic and Statistical Manual of Mental Disorders (DSM) e o similar Classificação Internacional de Doenças (CID) – ganharam relevância. Na mesma direção, a terapêutica desses males por meio dos psicofármacos disseminou-se enormemente.

Tendo como pano de fundo esse momento histórico, o objetivo deste texto é relatar as experiências clínicas que realizei no atendimento a pacientes do CNRVV. Diante de alguns impasses, falo das escolhas que fiz, nem sempre de caso pensado, por vezes percebidas após ser realizadas, porém em permanente busca por certa coerência.

UMA PSIQUIATRIA NÃO SIMBÓLICA

Nem tudo se deu pela mera popularização do uso dos sistemas diagnósticos citados. O contexto de sua implantação e a guinada conceitual que promoveram estão na origem dessas mudanças.

A publicação da terceira versão do DSM, em período anterior ao celebrado por este texto, há exatos 33 anos, é o nosso ponto de partida. Desde essa época, a psiquiatria busca um terreno seguro que dê legitimidade aos diagnósticos que produz. São problemas teóricos próprios desse campo de conhecimento, e a produção desses sistemas diagnósticos corresponde a uma estratégia que tenta superar seus impasses e limites.

Sempre houve um questionamento por parte dos próprios psiquiatras a respeito de um dado diagnóstico estar referido a uma entidade realmente existente. Desde os primórdios da psiquiatria, quando um profissional fala de psicoses e neuroses, ou mais recentemente de transtornos, não tem como afirmar definitivamente se se trata de uma entidade palpável, passível de ser visualizada ou medida, ou se, pelo contrário, trata-se apenas de uma interpretação daquele que observa, podendo, portanto, estar equivocada. Essas questões constituem o campo da "validade dos diagnósticos".

Outro conjunto fundamental de questões refere-se à "confiabilidade dos diagnósticos". Como se sabe, é comum que, diante do mesmo paciente, dois psiquiatras diferentes cheguem a diagnósticos distintos. Por isso, definir critérios que evitem essas disparidades é outra das razões que levaram à construção desses sistemas norteadores.

A terceira versão do DSM tornou-se, assim, um marco que, ao radicalizar a precedência da biologia sobre outros fatores na origem dos problemas mentais, pôs fim ao abandono do conhecimento psicanalítico que permeava a formulação dos diagnósticos até então. Argumentava-se que eram formulações clínicas não demonstráveis em estudos controlados e, portanto, não científicos. Às críticas óbvias a esse posicionamento epistemológico tão restritivo, os mentores dessas formulações responderam que se tratava de um sistema "ateórico" e, por isso, sem compromisso com nenhuma formulação conceitual anterior. Nos anos que se seguiram, esse impasse não foi superado. Pela pouca disponibilidade em dialogar com as críticas, os idealizadores desses sistemas, em vez de agregar reformulações que pudessem adensar conceitualmente o modo de construção dos diagnósticos, fomentaram uma estagnação. Sem assumir as bases conceituais (teóricas, como não?) que sustentam suas formulações (alegadamente ateóricas), ao que parece só restou multiplicar a quantidade de diagnósticos. A cada nova versão o número de categorias aumenta, parecendo a muitos sem fim e sem rumo.

Outro argumento que sustentou a formulação se referia à impossibilidade de produzir ensaios controlados e comparáveis entre si, o que inviabilizava o avanço da farmacologia no tratamento das doenças mentais.

A bem da verdade, a pesquisa dos aspectos biológicos das afecções mentais realmente cabe aos pesquisadores de áreas afins à medicina (biólogos, químicos e físicos, por exemplo), e é aceitável que desenvolvam formulações adequadas aos seus problemas teóricos. Se esses referenciais, que consideram o sujeito em outras dimensões que não a biológica, criarem obstáculos a seu desenvolvimento teórico, compreende-se que busquem novas formas de abordar essas questões.

Quando esses sistemas reduziram o universo de sua atuação às manifestações psíquicas consideradas observáveis, foi feito um novo recorte do que seria avaliado quando a ação de determinado medicamento estivesse em estudo. Dito de outra maneira, as manifestações observáveis de determinado quadro clínico seriam reavaliadas após a utilização de certo medicamento e a supressão dos sintomas considerados indesejados.

Essas mesmas questões, se mantidas no estrito âmbito da pesquisa, poderiam ser consideradas interessantes e promissoras para formulação de um projeto. No entanto, quando colocadas na prática clínica, acabam por constituir um terreno de impasses e empobrecimento de recursos investigativos e terapêuticos.

O abandono de qualquer formulação não biológica rechaçou não apenas a psicanálise, mas também a psicopatologia fenomenológica e qualquer outra formulação teórica que buscasse lidar com os aspectos simbólicos das vivências psíquicas dos pacientes. Restrita à fisiologia conhecida, uma consulta psiquiátrica nesses moldes costuma esclarecer muito pouco o paciente sobre o que está acontecendo consigo. Esse paciente, depois de expor o conjunto de sensações e emoções que o perturbam, receberá uma explanação contendo alusões diversas a figuras como sinapses e neurotransmissores. Ato contínuo, será informado da existência de uma lista de medicamentos apropriados a seu problema.

Esse modelo de atendimento seria muito adequado ao consultório de um especialista que recebesse um paciente portador de diabetes, que quisesse ouvir uma explanação didática sobre a fisiologia da glicose, o funcionamento do pâncreas e a necessidade de reposição da insulina. Ocorre que as aflições de um paciente que procura um psiquiatra pedem outro tipo de registro. Não é crível que uma explicação biológica ajude um paciente que se queixa de ansiedade ou depressão a compreender o que está ocorrendo.

Do ponto de vista meramente pragmático, tanto para o paciente diabético quanto para o deprimido, se o tratamento for eficaz, as explicações talvez sejam dispensáveis. Para o indivíduo portador de diabetes, a insulina costuma ser plenamente capaz de devolvê-lo à sua vida anterior, mas para o outro é pouco provável que um antidepressivo seja capaz de fazer frente a todos os fatores que o levaram ao estado de depressão. No entanto, a prática atual da clínica psiquiátrica parece empobrecida e, talvez em decorrência disso, tem apostado muito na farmacoterapia. Se ela está falha, o que fazer? Mesmo quando não se trata de falha, mas quando o paciente se pergunta: "O que ocorre comigo?" ou "O que eu posso fazer?", o psiquiatra atual parece desprovido de recursos e, em decorrência disso, de disponibilidade para uma interlocução que leve o paciente a sentir-se verdadeiramente compreendido e inclinado a confiar nele.

PSICOFARMACOLOGIA EMPÍRICA

Uma farmacoterapia das afecções mentais verdadeiramente clínica e científica deveria ter como base um aprofundado e um claro conhecimento das origens biológicas desses transtornos. Possuindo esse saber e podendo observar ou pelo menos inferir a mecânica pela qual opera esse processo, o tratamento seria executado usando métodos objetivos. Aquilo que ocorre no dia a dia na clínica médica certamente é o modelo que a psiquiatria tanto persegue.

Assim, por exemplo, um paciente que esteja com febre, ardor ao urinar e aumento na frequência das micções deverá passar por um minucioso diagnóstico. A primeira etapa, com base na hipótese de uma infecção urinária, pode ser averiguada pela anamnese e pelo exame físico básico. As etapas seguintes da investigação, que deverão identificar o tipo de bactéria envolvida e que porções do sistema urinário (bexiga, rins) foram afetadas, são essenciais, pois cada configuração detectada corresponde a um tratamento específico. Para ter uma ideia, no campo da investigação bacteriana o atual conhecimento da biologia permitiu criar o antibiograma, que identifica a que antibióticos são vulneráveis e orienta com grande precisão o medicamento a ser utilizado.

Retomando nossas questões, até que ponto pode-se comparar o conhecimento disponível acerca das infecções urinárias com as depressões? Afinal, se o conhecimento no campo da psiquiatria tivesse avançado o suficiente, seria possível orientar o tratamento das afecções desse campo com a mesma consistência da observada no caso acima.

Em verdade, a distância que separa a psiquiatria da plena compreensão de seu objeto de estudo e trabalho deve ser proporcional à diferença de complexidade entre a fisiologia de um ser composto por uma única célula (como as bactérias) e a de nosso cérebro, composto por quase 100 bilhões de neurônios. Tamanha complexidade levou à criação de um ramo próprio do conhecimento, a neurociência, que congrega mais de uma dezena de áreas como medicina, química, linguística, entre outras. A produção de novos conhecimentos e o desenvolvimento conceitual no entendimento do cérebro e de seu funcionamento são imensos, mas o modo de funcionamento da mente como um todo e de suas formas de adoecimento continua essencialmente um mistério. O próprio conceito de mente continua não consensual e mais ainda o entendimento de suas disfuncionalidades.

Dessa forma, é possível compreender que, sem um conhecimento mais aprofundado sobre a natureza dos transtornos mentais e seu modo de funcionamento, desenvolver uma metodologia biológica para o seu diagnóstico torna-se um intransponível desafio, uma vez que não é possível desenvolver exames de sangue para, por exemplo, identificar a depressão, ou uma ressonância magnética para o diagnóstico de esquizofrenia – porque não se sabe pelo que procurar. A história recente mostra que, em meio a várias hipóteses não infecciosas, quando se comprovou a natureza viral da aids, os métodos de detecção não demoraram para ganhar escala industrial, permitindo um diagnóstico rápido e confiável para a população.

A antibioticoterapia das infecções urinárias pode ser considerada clínica na medida em que sua prática se dá pelo conhecimento da doença e de como o corpo reage sob essa condição. Já no tratamento da depressão, o conhecimento que se tem sobre a doença não é suficiente para desenvolver métodos biológicos de pesquisa de sua evolução; o modo de ação dos antidepressivos também não permite criar marcadores biológicos de verificação de sua eficácia. Algo como o acompanhamento da curva febril de um paciente que permite saber se a infecção está cedendo ou não.

É fato que estudos empíricos demonstraram há décadas que pacientes deprimidos se beneficiam sintomatologicamente do uso de compostos que foram denominados antidepressivos. Porém, o tratamento de cada paciente depende sempre da observação dos resultados *a posteriori* e, em caso de sucesso ou fracasso, não se tem como explicar por que ou como isso ocorreu. Portanto, a psicofarmacologia atual não é clínica, está em um estágio anterior, ou seja, responde a um modelo empírico, já que sempre depende da observação da experiência individual de cada sujeito que se submeteu ao processo de tratamento.

A CLÍNICA COM PACIENTES QUE SOFRERAM ABUSOS NA INFÂNCIA

É DENTRO DESSE QUADRO REFLEXIVO, que traz constantes desafios em diagnosticar e prescrever um tratamento farmacológico a contento para o sofrimento humano, que compartilho minha experiência como psiquiatra do CNRVV.

Minha atuação deu-se com pacientes adultos que sofreram violências físicas ou sexuais na infância, portanto anos após os eventos. Em muitos casos que acompanhei nesses anos, os eventos traumáticos tinham ficado como que adormecidos, literalmente esquecidos, até que foram despertados e retornaram abruptamente ao palco principal da vida desses pacientes. As sucessões de perplexidades nos relatos dos pacientes, nos quais um conjunto de sensações e comportamentos era descrito como que pertencendo a outra pessoa que não a eles mesmos, de tão estranhos que lhe pareciam, eram recorrentes. Concomitantemente, voltam as lembranças de fatos da infância, tão importantes quanto surpreendentemente esquecidos. Para alguns, o entendimento de que essas ocorrências estejam ligadas demora, enquanto para outros é imediata, como se se tratasse de uma perturbação antiga, só que até então ignorada.

Algo dessa ordem ocorreu com uma paciente que atendi alguns anos atrás. Patrícia (nome e dados biográficos alterados por questões de sigilo), 38 anos, era casada e tinha uma filha de 11 anos. Fora encaminhada ao CNRVV após a filha ser apanhada em circunstâncias sexuais com colegas, no banheiro da escola, com suspeitas de envolvimento de um adulto, funcionário da instituição. Patrícia foi indicada a participar de um grupo de orientação de pais. Após dois meses do início desse atendimento, passou por uma mudança repentina em seu comportamento. Tinha sido envolvida em um incidente no escritório em que trabalhava. Contrariando sua rotina de profissional competente e zelosa, fora responsabilizada por uma falha na conduta de um subordinado seu. O fato em si foi considerado banal, ela própria reconhecia. No entanto, terminou sendo repreendida reservadamente pelo dono da empresa. Sentiu-se injustiçada e muito ofendida com o tratamento que tinha recebido. Desde então, não conseguia mais realizar suas tarefas rotineiras no escritório. Ressentida, tinha ímpetos de agredir todos os envolvidos. Em conversa com seus colegas, admitia que sua reação emocional era desproporcional ao ocorrido, mas não sabia como evitá-la. Seguiram-se crises de ira e agitação no escritório. Quando passou a ter comportamento semelhante em casa, ameaçando, inclusive, a filha de agressão, solicitou uma consulta psiquiátrica no CNRVV. Já na primeira consulta, revela que sofreu abusos sexuais por parte do avô materno, já falecido, questão que, segundo ela, já fora apresentada ao grupo no qual era atendida no serviço. Relatou que após o incidente no escritório passou a ser assaltada por confusas imagens e sensações que sentia quando ficava sozinha na casa dos avós. Ela tinha entre 4 e 6 anos de idade – embora não tenha certeza – e, como seus pais trabalhavam, ficava na casa deles quase todos os dias da semana. O avô aproveitava os momentos em que ficava a sós com ela para assediá-la. Lembra-se de que era deixada nua e obrigada a realizar sexo oral.

A paciente mostrava-se particularmente perturbada com o próprio comportamento. Não se reconhecia. Eram atitudes explosivas, em princípio desproporcionais às ocorrências que desencadeavam tal comportamento. Passou a viver atormentada, temerosa que pudesse discutir com colegas de trabalho e familiares ou agredi-los verbalmente. Patrícia observava a si mesma, incrédula. Esses episódios de fúria eram entremeados por períodos cada vez mais longos de prostração. Sempre que era assaltada por *flashes* de memória das ocorrências de abuso, ficava nauseada por horas e só melhorava quando adormecia. Por essa razão, pedia doses cada vez maiores de sedativos. Experimentava sentimentos tão estranhos ao que conhecia de si mesma que lhe custava crer que continuava a ser a mesma pessoa. Em seus devaneios, as dúvidas assumiam formas assustadoras. Será que continuava a ser a profissional responsável, a esposa fiel e a mãe zelosa que se orgulhava de ser?

Começar essa abordagem pela psiquiatria dos manuais seguiria um arbítrio que pode ser explicado mas, no final das contas, não passaria de um simples arbítrio. Sempre escolho essa via porque me permite a versatilidade de abordar o que me parece prioritário na intensidade devida, com urgência ou não. Nesse caso, pela intensidade de seu sofrimento, era urgente reduzir sua dor para que ações essenciais fossem possíveis, tais como dormir, comer, pensar e sentir, que estavam impedidas havia semanas.

Seguindo os citados manuais, o fato de poder identificar um fator externo a que se pode imputar as suas manifestações enquadraria a paciente, sem muitas polêmicas, em um diagnóstico de Transtorno de Estresse Pós-Traumático (TEPT). Quanto ao trauma, como acontecimento já distante, é impossível alcançá-lo por qualquer meio que seja, mas existem medidas que podem atenuar o estresse decorrente desse trauma. Pode-se cogitar que, sem a ocorrência do trauma, talvez ela não tivesse qualquer outro problema diferente daqueles das pessoas em geral. Que seus comportamentos atuais são "reações normais a uma situação anormal".

Mas é necessário ir além dessas considerações, pois se mostram modestas, diante das demandas trazidas pela paciente, e insuficientes para dar sentido a uma prescrição de medicamentos que será muito mais do que um simples sedativo, conforme se verá logo a seguir. Aprofundar o entendimento do que se passa visa tanto orientar o que fazer quanto responder ao pleito da paciente de saber o que se passava com ela.

Em minhas observações iniciais sobre o caso, o que mais me chamou a atenção nessa paciente foi sua ira. Repentino e com direcionamento não muito claro, esse sentimento dominava a cena. Se havia choro, era de desolação, de arrependimento pelo mal causado em algum episódio de fúria. Parecia que um ser enjaulado havia se soltado. Selvagem, raivosa, ela era imprevisível. Criava uma imagem de si perturbadoramente desumana. Era urgente apontar o quanto essa construção era inverídica e destrutiva por si só.

Patrícia manteve-se em silêncio a respeito de uma violência enorme praticada por alguém que estava acima de qualquer suspeita, em quem se poderia ter uma confiança incondicional e que deveria promover um ambiente de segurança. Só que, nesse caso, a ameaça vinha de dentro; de *dentro da família*, que sua imaturidade deve ter transformado em *dentro de si*. É como se em sua alma confiante um dente da violência tivesse sido profundamente incrustrado. A identificação de tantas contradições e ambiguidades, penso, talvez ajude a clarear a essa paciente as razões para tamanha fúria incontida. Aquilo que pareceu um ser raivoso podia ser a representação da parte de si que reage, que se recusa a permanecer inerte, emudecida e muito menos esquecida. As imagens da violência retornavam, embaladas por um grito de indignação a denunciar a injustiça e a traição a que fora submetida. Sua crise catalisava o lançamento daqueles acontecimentos no espaço público, para quem quisesse ouvir e mesmo para quem não quisesse. Diante de tanta estridência, seria impossível ficar indiferente.

Como agravante, havia a questão de ter sido submetida a um ato que se repetiu inúmeras vezes. Essas ações, que estavam acima de sua capacidade de compreensão, tornaram a ocorrer de novo e de novo, alheias à sua vontade. Vontade ignorada, nem sequer reconhecida ou identificada, confundindo-a a ponto de não saber mais se tudo aquilo acontecia por vontade de seu avô ou dela também. Esse emaranhado confuso, semelhante à confusão que eclodiu com a crise, foi produzido no insidioso processo em que fora reduzida a um objeto; portanto, sem direitos e como razão única de existência a servidão. A confusão entre gostar desse avô, pai de sua mãe, e não gostar daquele que faz coisas que não compreende. Não saber se é bom ou ruim, se lhe dá prazer ou desprazer. Deve esquecer ou recordar? Quer esquecer ou recordar?

Ao que parece, concedido o direito à dúvida, a lista pode se tornar interminável: como confiar em suas próprias percepções e sentimentos? Ou em seu avô, ou em qualquer adulto? Como confiar em sua memória, que por tantos anos escondeu de si mesma esse segredo? Os questionamentos fervilhavam em sua mente.

Perceber-se cindida era uma de suas maiores fontes de angústia e sofrimento. Ao que parece, havia construído uma noção de si sobre um terreno fraturado. Com a movimentação deste, as construções desabaram, pelo menos parcialmente. Era preciso ter cautela onde pisar. Era compreensível que tivesse medo, era aceitável que estivesse desesperada, como estava, diante do desmoronamento de suas mais caras certezas.

As considerações subsequentes ao diagnóstico de TEPT, tendo referido sua ira, seu silêncio, suas confusões e seus questionamentos, são de grande valia por dar perspectiva de profundidade na compreensão do que estava ocorrendo com a paciente. Esse aprofundamento costuma ser importante, pois, se ficarmos presos a uma compreensão muito simples e mecânica do ocorrido, corremos o risco de, ao ficarmos sem espaço de manobra, colocar todas as expectativas e esperanças nos medicamentos.

Poder fazer uma incursão pelas cenas de vida de um paciente que geraram medo, angústia e desamparo – incursão essa que faça sentido para o paciente – permite-lhe sentir-se verdadeiramente compreendido em sua dor. É comum ver, nessas situações, uma mudança em sua expressão facial. Por vezes escancarado e por vezes sutil, mas é sempre confortador perceber um traço de familiaridade atravessar seu olhar e seus lábios, como se por um breve momento tivesse reencontrado alguém conhecido – no caso, ele mesmo.

Com o apresentado até aqui, espero ter esclarecido o que considero uma nuança importante em minha forma de clinicar: ao tratar dessa paciente, não foquei em medicar o defeito metabólico (uma insuficiência de neurotransmissores) nem em lidar com a insanidade. Como se viu, suas ações recentes eram reativas, mas legítimas. Não eram um mal em si, portanto não se tratava de remover ou suprimir seu modo de proceder, mas de modular a intensidade de suas percepções e o ritmo de suas produções psíquicas. Se bem-sucedidas, essas intervenções poderiam interferir indiretamente em suas ações; até porque, é bom que se esclareça, a *vontade* de qualquer ser humano é muito pouco modificável farmacologicamente.

Os psicofármacos agem, possivelmente, em mecanismos moduladores da função mental sobre o corpo do paciente. No processo diagnóstico que delineia um quadro patológico, pode-se pensar o conjunto de sintomas como a imagem negativa do corpo sobre o qual se assenta uma espécie de argila marcada por uma matriz: as protuberâncias e reentrâncias da psique. O manejo farmacológico de toda a complexidade descrita acima exige, na prática, uma boa dose de artesania, ou seja, disposição para experimentar, investigar e reavaliar permanentemente o que foi obtido.

O acompanhamento de Patrícia teve duas grandes vertentes de investimento. A primeira foi a do enfrentamento da dor psíquica em suas diversas formas, seja por causa das lembranças, pelo descontrole agressivo ou pelas perspectivas de ruína. A farmacoterapia teve grande importância por promover alívio, em sua ação direta, e por permitir indiretamente que ela fizesse uso daquilo que tinha preservado. Foi particularmente marcante sua percepção de que, com frequência, quando estava em situação desconfortável em sua vida social, ficava totalmente passiva, como se devesse apenas permanecer e suportar. Percebeu-se menos paralisada com o auxílio da medicação e criou uma estratégia provisória para si. Começou a dizer a si mesma "Passou" (... da tampa, como quem diz que não suporta mais) e saía do ambiente imediatamente, onde quer que estivesse. Recuperar certo grau de autonomia sobre si teve importante papel em sua evolução. Poder comemorar cada pequena conquista também foi muito estimulante, pois resgatou um tanto de sua esperança por uma condição melhor do que a que vivia naquele momento.

A segunda vertente, que, em verdade, se alternava permanentemente com a primeira, era representada pela frustração vivida sempre que ocorria um retrocesso em alguma conquista, fosse pela demora em ter alívio ou pelos problemas que se mostravam mais arraigados do que se imaginava. Os medicamentos não costumam ser a solução para suportá-la e superá-la; aliás, na maioria das vezes é trabalhoso, como foi nesse caso, para ambos (paciente e médico), não cair na tentação de aumentar a dose da medicação para ilusoriamente aliviar esse tipo de sofrimento. O enfrentamento deu-se compartilhando a angústia, lamentando o peso e seguindo em frente, num processo de elaboração e ressignificação da experiência abusiva vivida.

O atendimento seguiu por cerca de três anos, período ao longo do qual Patrícia pôde enfrentar de forma mais lúcida e fortalecida os trâmites relativos ao abuso sofrido pela filha, que também foram acompanhados pelo CNRVV. Após o desligamento do serviço, ela manteve contato por alguns anos mais, geralmente para dizer que estava bem.

CONSIDERAÇÕES FINAIS

Uma vez que a crítica à hipervalorização da farmacoterapia permeia todo este texto, seria possível pensar que o inverso é a solução. Que a terapia com medicamentos tivesse importância secundária ou que seria mais inteligente realizar uma espécie de "farmacoterapia psicodinamicamente orientada".

Tenho as referências psicodinâmicas como tributárias de minha prática clínica, orientando os rumos que tomei nos atendimentos e também em muitas ideias aqui expostas. A farmacoterapia que testemunhei em meu cotidiano clínico, no entanto, mostrou que não é redutível a ser pensada e tratada apenas como elemento subjetivo da psique. Sua parte física, real e concreta, por mais que também tenha representação simbólica, não pode ser reduzida. Ela segue leis próprias; portanto, compatibilizar um tratamento farmacológico em meio a um acompanhamento psicodinâmico e simbólico é um desafio constante e trabalhoso. Exige a paciência de um garimpeiro a procurar gemas valiosas em meio a permanente terra suja e também a atenção de um regente a encontrar melodia em meio a estranhos sons. Ressaltando essa metáfora, tanto quanto um instrumento harmônico que marca o ritmo e produz as texturas sonoras de fundo em uma música, a medicação lida com acelerações e desacelerações do funcionamento mental, proporcionando sensibilizações e principalmente dessensibilizações perceptivas. Já os encadeamentos simbólicos da psique são como a guitarra a produzir figuras melódicas de extremo valor estético, mas necessitadas de uma base para não se tornar tão somente uma beleza solitária.

Existe um aforismo muito ao gosto dos mais antigos que diz que ao médico é dado "curar às vezes, aliviar sempre que possível e confortar sempre". Esse dito já foi atribuído ao próprio Hipócrates, patrono da Medicina, mas historiadores mais recentes têm atribuído sua origem a alguma época na Idade Média. Acho oportuno resgatá-lo, pois retrata essa relação mais calcada em um compromisso entre médico e paciente do que em uma promessa de sucesso.

A meu ver, no atendimento a pacientes vítimas de violência, a premência de procurar com eles a inteligibilidade do que se passa a cada momento constitui tarefa das mais exigentes. Nesse sentido, minha crítica ao modo atual de clinicar volta-se para a cultura de resultado que permeia a farmacoterapia. Ao desmistificar o que se atribui em excesso aos fármacos, proponho uma clínica que sempre busque ampliar suas fronteiras para além do que estes podem oferecer. Uma clínica na qual, por transitarmos por terrenos desconhecidos, em geral com escassez de pontos de referência e onde, por vezes, todos os recursos parecem inúteis, só resta oferecer nossa presença, acreditando ainda assim que esse encontro possa representar alguma diferença para o sujeito que nos procura, em sofrimento.

REFERÊNCIAS

Abreu, J. L. P. *Introdução à psicopatologia compreensiva*. Rio de Janeiro: ABP, 2009.

Bergeret, J. *et. al. Psicopatologia: teoria e clínica*. Porto Alegre: Artmed, 2006.

Birman, J. *O sujeito na contemporaneidade: espaço, dor e desalento na atualidade*. Rio de Janeiro: Civilização Brasileira, 2012.

Burnett, A.; Thompson, K. "A melhora do bem-estar psicossocial de refugiados e pessoas que buscam asilo". In: Dotto *et al.* (orgs.). *Psicologia, violência e direitos humanos*. Conselho Regional de Psicologia da 6ª Região. São Paulo: Conselho Regional de Psicologia (CRPSP), 2011.

Ferenczi, S. "Confusão de língua entre os adultos e a criança". In: *Obras completas – Psicanálise IV*. São Paulo: Martins Fontes, 1992.

Ferreira, M. P. *Traumas não elaboráveis*. São Paulo: Zagodoni, 2011.

Mackinnon, R. A.; Michels, R.; Buckley, P. J. A. *Entrevista psiquiátrica na prática clínica*. Porto Alegre: Artmed, 2008.

Merskey, H. "Transtorno de estresse pós-traumático e neurose de guerra". In: Berrios, G. E. de; Porter, R. *Uma história da psiquiatria clínica*, v. III. São Paulo: Escuta, 2012.

Miguel, E. C.; Gentil, V.; Gattaz, W. F. *Clínica psiquiátrica*, v. 1. Barueri: Manole, 2011.

Saurí, J. J. *O que é diagnosticar em psiquiatria*. São Paulo: Escuta, 2001.

Uchitel, M. *Neurose traumática*. São Paulo: Casa do Psicólogo, 2011.

8 O atendimento ao agressor sexual

Irene Pires Antônio
Rosemary Peres Miyahara

O ATENDIMENTO AO AGRESSOR sexual é, sem dúvida, um dos aspectos das intervenções na área do abuso sexual contra crianças e adolescentes mais povoados por resistências, esquivas, visões estereotipadas e, por que não dizer, tabus. "Encarar o agressor sexual" é uma referência constante na fala dos profissionais mobilizados a pensar sobre as cenas temidas em seu *setting* de atuação. Quando colocam em xeque os contornos do "profissionalismo", expressam seus mais primitivos sentimentos de aversão e horror a esse personagem da trama familiar abusiva. Os depoimentos de alguns psicólogos insertos em serviços de referência à violência sexual contra crianças e adolescentes, traduzidos no trabalho de Marques (2006, p. 98), confirmam essa posição: "O psicólogo às vezes se torna muito violento, tem um discurso que acaba produzindo a violência, produzindo falas como: 'Põe no paredão esses caras! Manda matar!'"

Essa é uma realidade que se amplia ao cenário mundial. Gavin (2005), em artigo publicado na revista científica *The qualitative report* sobre uma pesquisa feita com estudantes da University of the West of England, no Reino Unido, discorre sobre a construção social da figura do agressor sexual de crianças. A autora, ao realizar uma revisão bibliográfica sobre o tema, constata o pensamento estigmatizado da opinião pública, retratado por termos como "maldoso", "desumano", "besta mortal", "homem velho mortal", "demônio mortal", "monstro", "animal" etc. Ela aponta também para estudos na área que mostram que, apesar da existência de propostas de tratamento, seja por terapia comportamental cognitiva seja por intervenção hormonal (a conhecida castração química), a tendência identificada como "narrativa dominante" é aquela que vê o abusador como um predador irrecuperável e propõe o encarceramento como única medida punitiva.

Vemo-nos aqui imbricados com o campo de análise das construções sociais que influenciam leituras, práticas profissionais e políticas públicas. Por isso, destacamos neste texto que, se não empreendermos esforços para criar "condições de possibilidade" (Bicalo *apud* Foucault, 1973) de colocar em evidência e análise as concepções e os discursos que norteiam nosso fazer profissional, dificilmente avançaremos em direção a compor o tratamento da família abusiva, com a inserção daqueles que figuram o lugar de abusadores.

O que temos acompanhado no cenário dos programas e projetos que abarcam essa questão em nosso país é que, apesar de muitas mobilizações sociais, capacitação dos atores da rede de proteção e ampliação do debate, o nicho que se refere às intervenções no abusador sexual é muito pouco explorado. Isso talvez se dê pela vigência do discurso dominante (Gavin, 2005) de indisponibilidade e irrecuperabilidade desses sujeitos.

Furniss (1993, p. 21) discute que muitos profissionais podem apresentar resistência ao tratamento do abusador por imaginarem que serão tidos como coniventes com a prática do abuso, ressaltando a confusão que se faz no sentido de que demonstrar compreensão por aquele que cometeu o abuso possa significar "desculpá-lo e acusar a criança". O autor enfatiza que é possível demover-se dessa ideia na medida em que nos dispomos a compreender a dinâmica que gera o abuso e a investir em programas de tratamento, o que não exclui a esfera de responsabilidade que circunscreve os aspectos legais da interação abusiva. Ele ressalta que "a distinção entre os elementos interacionais e estruturais da responsabilidade, participação e culpa no abuso sexual da criança permite-nos demonstrar empatia e tentar entender por que pais, padrastos e outros tornam-se capazes de cometer abuso sexual [...]" (Furniss, 1993, p. 21). Tal postura pode promover uma mudança no olhar de rejeição e facilitar a terapêutica dessas pessoas por meio de uma condução empática e compreensiva, que, no entanto, não perde de vista a noção de responsabilidade pelo abuso.

A literatura contemporânea já nos traz estudos reflexivos sobre o funcionamento psicodinâmico do abusador sexual, com indicações mais contundentes sobre a necessidade de inseri-los em programas de tratamento.

Glasser *et al.* (2001), citados por Sanderson (2005, p. 55), realizaram um estudo clínico no qual constataram que "35% dos abusadores sexuais do sexo masculino tiveram uma história de abuso sexual quando crianças e que a maioria deles foi abusada por um parente do sexo feminino".

Esber (2009), em seu estudo sobre autores de violência sexual contra crianças e adolescentes, realizou uma importante revisão na literatura internacional que confirma a história de abusos na vida pregressa desses sujeitos (Lambie *et al.*, 2002; Greenberg *et al.*, 2005; Stirpe e Stermac, 2003; Smallbone e McCabe, 2003).

Ferrari e Vecina (2002) apontam que as vivências de vitimizações na infância, quando não encontram um caminho de elaboração, podem transformar-se em poderosas "atuações inconscientes", no sentido de que o indivíduo frequentemente age colocando para fora seus conteúdos internos não processados. Ressaltam ainda que "tais vivências de vitimização ocorrida na infância, cercadas do emudecimento e da não elaboração, muitas vezes não se encontram acessíveis ao consciente ou precisam ser negadas como um mecanismo de evitação da dor" (Ferrari e Vecina, *ibidem*, p. 205). Abre-se assim o cenário da repetição de cenas violentas, no qual quem foi vítima assume o lugar de vitimizador.

Em alguns casos em que tivemos a oportunidade de discutir sobre o atendimento de pessoas que abusavam sexualmente de crianças, além da confirmação de histórias precedentes com os mais diferentes tipos de violência, foi possível perceber certa incidência de um vínculo simbiótico e hedonista com a figura materna permeando o universo psíquico dessas pessoas. Relatos de lembranças da infância, em que se sentiam olhados como "centro do mundo" pelas mães que exaltavam de um jeito fetichizado o "seu menino", não eram incomuns. Em uma ocasião, a equipe profissional teve de lidar com a "invasão" de uma senhora que blasfemava sobre as injúrias imputadas pela nora a seu filho. O discurso, segundo aqueles que assistiram a ele, bastante inflamado, dizia que ela sabia quem o havia criado e que ele jamais seria capaz de abusar sexualmente da enteada. Na discussão do caso, o terapeuta revela o depoimento emocionado de seu paciente: "Quando fui expulso de casa, por conta dessa história de abuso, minha mãe, que é a única mulher que sempre me apoiou e acreditou em mim, me recebeu com muito carinho. Naquela noite eu estava tão mal que só consegui dormir na cama dela".

Nossa leitura é que esses homens podem ter dificuldade de viver relações satisfatórias em termos afetivos e sexuais com mulheres maduras, pois encontram-se aprisionados no lugar narcísico do filho amado, no qual a estrutura do vínculo confunde ternura e erotização.

A questão central é que, de fato, seja pelos tabus que envolvem a figura do abusador seja pela dificuldade de acesso a informações sobre vivências psíquicas, vida pregressa, laços afetivos e desenvolvimento da sexualidade, a maior parte dos profissionais diz não se sentir preparada para atender a essa clientela. Alegam escassez de subsídios que possam nortear os investimentos nessa direção.

Percebemos que, mesmo num campo de muitos empecilhos, alguns esforços têm sido empenhados para aproximar-se desse universo. Em recente pesquisa, realizada com dez homens condenados por abuso sexual de crianças e adolescentes, Debona (2011, p. 15-18) retratou a limitação a conteúdos mais estruturais e emocionais no relato desses indivíduos. De seu conjunto de pesquisados, todos negaram a autoria do crime, embora se dissessem conformados em ter de pagar pelo que a sociedade lhes imputou. No entanto, pelo manejo hábil da entrevistadora, foi possível detectar algumas nuanças no funcionamento de seus sujeitos: "Meu pai achava um insulto falar disso [sexo] em casa" (C.B., 50 anos). "Sempre tive medo de mulheres. Não ter tido meu pai foi horrível!" (D.V., 40 anos). "Quem faz essas coisas [abuso sexual] é coisa do mal, que o capeta encarna. Acho que a pessoa não estava lúcida, a pessoa começa a viver e faz isso com ela [...] é um momento de fraqueza dessas pessoas [...] ela não tem coração, não tem família, não gosta nem dele" (J. G., 29 anos).

O contato com esses relatos coloca-nos diante de dinâmicas regredidas e autodepreciativas, pouco relacionadas ao estereótipo de monstro e homem mau veiculado no discurso cultural sobre a figura do abusador sexual. Por isso, enfatizamos a necessidade de ultrapassar a barreira de demonização desses sujeitos para que possamos, de fato, nos disponibilizar a pensar formas de tratar essa questão.

Sanderson (2005, p. 55-56) fala sobre o risco de dicotomizarmos a discussão a respeito do abuso sexual de crianças, estabelecendo os lugares de doente/demônio e normal/sadio, pois pode criar a falácia de "não se levar em consideração que as pessoas que procedem como cidadãos bons e sadios e parecem ser normais e sãos podem cometer abusos sexuais. E eles o fazem".

Miller (1994), que acredita na possibilidade de tratamento dos abusadores apenas dentro de um contexto de relacionamento não coercitivo e cuidadosamente construído, faz-nos refletir sobre a dificuldade de expressarmos qualquer lealdade em relação aos relatos, às histórias e aos segredos daqueles que abusam, relegando-os ao lugar de criminosos que só poderão modificar seu comportamento por meio de contenções químicas, comportamentais, educacionais ou sociais. O autor ainda nos adverte que, ao não ouvirmos a história do indivíduo que abusa, "silenciamos outra vez a 'criança intimamente ferida' [...]. É neste silêncio que replicamos antigos comportamentos familiares e depois interpretamos as respostas do indivíduo como patológicas" (Miller, 1994, p. 27).

Furniss e Sanderson também ressaltam a necessidade de identificar os diferentes eventos de vida que podem predispor uma pessoa à dinâmica abusiva como ponto de partida para delinear ações de tratamento e prevenção na área.

Posta a premissa que corroboramos sobre a necessidade de incluir o abusador sexual nos programas de atendimento, abre-se aqui o campo de discussão sobre *como* fazer essa intervenção. Mesmo tomando grande interesse por nosso intenso envolvimento com as ações de formação na área, não pretendemos neste momento discutir os aportes para uma "clínica do abusador sexual". Até porque essa é uma vertente merecedora e carente de um aprofundamento que não caberia neste texto. Deixamos aqui a ideia, que pode inspirar futuros estudos. O que ora nos propomos a trazer são as discussões a respeito das intervenções vigentes, ou seja, a terapia hormonal (castração química), a terapia comportamental cognitiva e o acompanhamento psicológico compulsório, todos eles insertos no *paradigma penal.* Essa questão muito nos interessa debater, pois, a nosso ver, tem se constituído como um dos grandes entraves para que os profissionais do campo psicossocial assumam como possível ou válida a tarefa de tratar essa população.

As interfaces entre os diferentes campos de saber que compõem a intervenção interdisciplinar na temática sobre a qual discutimos (o direito, a educação, a medicina, a psicologia e o serviço social) têm se configurado, tanto nas discussões sobre a prática como no debate acadêmico, como um terreno de tensões que merece dedicação e esforços em direção a um relacionamento mais harmônico.

Comecemos pelo encadeamento das ideias acerca do tratamento dos agressores sexuais, inseridos nos ditames da Justiça, para depois ampliarmos nossa reflexão a respeito do que tem sido abordado nos escritos recentes sobre o tema, como a *judiciarização* das relações cotidianas.

Sanderson (2005, p. 98), ao refletir sobre a ideia de confinamento prisional como forma de recuperação do comportamento abusivo, afirma que "trancar abusadores sexuais de crianças na prisão tem pouca ou nenhuma eficácia para encorajar a reforma ou habilitação. Ainda que as crianças estejam protegidas enquanto eles estão na prisão, não há garantias de que elas estarão seguras quando forem soltos". É interessante perceber que a proteção da criança como justificativa para manter os abusadores presos é uma máxima muito presente nas concepções dos profissionais sobre o assunto. Quando abordamos o tema em nossos cursos de formação, usamos como aquecimento para a discussão uma dinâmica em que, após assistirem a cenas do filme *O lenhador* (Nicole Kassell, 2004), os profissionais assumem os papéis de advogados de defesa e promotores que acusam o então réu, protagonista do filme, como se estivessem num tribunal. As cenas escolhidas retratam os contrapontos dessa questão. Na primeira, o protagonista ouve o discurso do policial responsável pela custódia de sua condicional, uma vez que o rapaz havia cumprido pena pelo crime de pedofilia, que diz não acreditar em sua recuperação. Na segunda, o protagonista investe sobre uma criança com a qual estabeleceu contato amistoso, solicitando a ela que sente em seu colo, numa manifestação clara de recaída no impulso abusivo. Quando a menina revela, chorando, que aceitara essa interação por já estar há anos envolvida no mesmo tipo de carinho com a figura paterna, o protagonista retrai-se com expressão de arrependimento e manda a criança embora. Na dinâmica, quando no papel de promotores, os profissionais traduzem as ideias de que até concordam com a indicação de tratamento, mas certos de que a única forma de garantir que as crianças estejam a salvo é manter os abusadores na cadeia.

Muito combatida também tem sido a proposta de castração química ou terapia hormonal desses indivíduos, como "alternativa segura" ao convívio social. Hachet (2005, p. 61), em um contundente artigo sobre a eficácia do tratamento psicanalítico sob prescrição judicial, ressalta que "se o agressor sexual é psiquicamente fixado em uma sexualidade infantil pré-genital, muito aquém da genitalidade, estamos em condições de nos interrogar sobre o valor das terapias hormonais, conhecidas como 'de castração química'". E, como foco que ilumina nossa discussão, concordamos plenamente com a autora (*ibidem*) quando nos alerta que "a sexualidade não é redutível à genitalidade. Representação subjetiva (libido, pulsão, apoio) e até mesmo construção mental, ao mesmo tempo que lugar de uma diferença anatômica, a sexualidade é fundamentalmente ligada ao laço social".

Tendo tais críticas o valor de concepções preponderantes na área, a proposta mais difundida como forma de intervenção em abusadores sexuais é a terapia comportamental cognitiva, também sugerida em programas de recuperação carcerária. Segundo Sanderson (2005), o Programa de Tratamento para Agressores Sexuais (SOTP, sigla em inglês) foi introduzido pela primeira vez em 1991, no sistema prisional britânico, como uma reação de pesquisadores (Sanderson *apud* McGuire, Priestley, 2005) à ideia do "nada funciona" (Sanderson *apud* Martinson, 2005), vigente na época. O programa enfoca aspectos tais como processos de tomadas de decisão, autoestima, autoafirmação e habilidades cognitivas. Tomando por base o princípio do relacionamento entre pensamento, sentimentos e comportamento (Sanderson *apud* McGuire, 2005), esse programa busca ajudar os abusadores sexuais a expor seus sentimentos e se libertar da raiva e ódio que geralmente têm por si próprios e a reduzir suas vivências de solidão, estimulando-os a buscar relacionamentos afetivos pertinentes. "Ele também encoraja os agressores sexuais a examinar o que fizeram e a mostrar remorso autêntico e empatia em relação a suas vítimas por meio de jogos de teatro" (Sanderson, *ibidem*, p. 100).

Furniss (1993) e Ferrari e Vecina (2002), quando abordam a temática, propõem o tratamento do sistema familiar abusivo, enfatizando a interpretação segundo a qual, na maioria dos casos, essa é uma desfuncionalidade gerada no interior do contexto social restrito – que é a família – e, por isso, ali deve ser abordada.

Furniss desenvolve um modelo em que diferentes formas de intervenção (terapia individual, de casal, do núcleo familiar) podem ser integradas, de acordo com a multiplicidade de questões que o movimento do sistema, antes estabelecido numa homeostase doentia, pode provocar. Ferrari e Vecina (2002, p. 203), que baseiam sua intervenção na teoria dos papéis de referencial psicodramático, fazem um significativo apontamento para aqueles que se propõem a ser terapeuta do indivíduo que abusa sexualmente, alertando-os que "considerar que estamos simplesmente *trabalhando com o(a) agressor(a)*, além de ser uma falácia – tendo em vista ser este um entre os muitos papéis que o indivíduo desempenha – é uma forma de reduzir a identidade humana a um só aspecto, alimentando estigmatizações e criando, cada vez mais, dificuldades para a ocorrência de mudanças".

Acreditamos que esse assinalamento é de vital importância se pensamos na efetividade das intervenções nesse *setting*. Outra recordação que trazemos para compartilhar é o depoimento consternado de um jovem terapeuta ao discutir com seus supervisores a dificuldade de "sair do lugar daquele que deveria controlar as possíveis recaídas de seu paciente". Esse profissional contou-nos que se deu conta de estar capturado nessa função a partir da fala do próprio paciente, que dizia: "Tenho a impressão de que, quando me pergunta como foi meu final de semana, você quer saber onde fui, o que eu fiz, só para controlar se estou indo atrás dos garotinhos; e que se eu começo a contar de outras coisas é como se eu estivesse fugindo de te falar sobre isso..." A despeito dos elementos transferenciais e inconscientes comunicados nessa fala, o terapeuta admite que, em grande parte, era justamente nessa direção que seus questionamentos iam. É exatamente com base nesse ponto, do "sentir-se capturado em funções que me são estranhas", trazido no relato acima e também no de outros que trabalham a interdisciplinaridade nas práticas profissionais, que gostaríamos de ampliar nossas reflexões sobre as interfaces da intervenção na rede de proteção à infância e à juventude em situação de abuso sexual, problematizando a prevalência das ações intermediadas pelo Poder Judiciário.

Segundo Cerruti e Rosa (2008), o discurso do Judiciário categoriza e operacionaliza uma visão sobre o sujeito, inserto em seus próprios códigos. Ao dirigir-se a um *dever-ser*, esse discurso enaltece o corolário de um eu ideal, de um homem capaz de responder sempre de forma adequada às normas instituídas. As autoras dizem-nos que "o campo jurídico então, ao estabelecer posições definidas – no caso aqui definindo *a priori* vítimas e culpados –, acaba por tornar opaca esta multiplicidade de sentidos para dar lugar a um único sentido, passível de ser generalizado" (*ibidem*, p. 12).

O que tem se colocado como ponto crucial nas discussões que enfocam encontros possíveis entre psicologia e Justiça é que esses saberes não se fechem no absolutismo de suas concepções e instrumentos de trabalho, mas se impliquem na criação de novas práticas, isto é, na busca de arranjos que não denotem o assujeitamento de um campo a outro. Acreditamos que os parâmetros do campo jurídico não necessariamente precisam ser vistos como opositores àqueles que regem o fazer do psicólogo – afinal, muitos investimentos têm somado na direção de uma composição que se pense harmônica na consecução do objetivo maior, que é a promoção de direitos.

A questão na qual esse mal-estar tem sido mais evidente é a que trata da "compulsoriedade do tratamento psicológico", certamente uma das inquietações mais frequentes nos *settings* de supervisão. É possível contornar a ausência de demanda? Interroga-se aqui, de forma explícita, o caráter fundamentalmente contraditório da terapia imposta.

Hachet (2005, p. 48), ao questionar se um tratamento psicoterápico é exequível para agressores sexuais no sistema prisional, argumenta a respeito da confusão e inversão de papéis e funções institucionais que marca esse terreno e institui o paradoxo de "inscrever uma lógica sem objeto, nem sujeito, nem demanda". A autora enfatiza que a configuração dos papéis da psiquiatria e do Judiciário deslocou-se de um contorno mais delimitado a uma confusão, até chegar a uma evidente inversão em que "o magistrado prescreve o tratamento como pena e o médico aplica a pena de tratamento" (*ibidem*). Com isso, ela é assertiva quando defende a necessidade premente de que os campos da psicologia e do Judiciário sejam discriminados, principalmente no que se refere à possibilidade de eficácia de um tratamento, alegando que "o objeto e o sujeito de tratamento devem ser novamente situados na singularidade e na especificidade de um encontro terapêutico, que não poderia ser reduzido, por um lado, a uma prática administrada sob coação e, por outro, sustentada por uma lógica de normalização fazendo impasse à realidade clínica que recusa submeter-se a isso" (*ibidem*, p. 62).

As equipes profissionais trazem frequentemente o absenteísmo, os abandonos, a hostilidade dos usuários à obrigatoriedade (de frequentar o serviço, posta pelo Judiciário) e as constantes solicitações por avaliações e relatórios como atravessamentos que ameaçam descaracterizar o fazer clínico. São tantas as variáveis do contexto institucional que tornam esse questionamento extremamente legítimo.

Manter um posicionamento que não se recuse a atender às solicitações de parcerias institucionais, mas contextualize suas respostas de forma a garantir as convicções éticas que permeiam sua prática profissional, é o que nos indica Bicalho. O autor aponta que, agindo assim, o profissional estaria "demonstrando sua capacidade em ser crítico para avaliar o que é solicitado, e questionar até que ponto o pedido supera suas possibilidades, para que possa pensar em outras práticas, outros fazeres mais condizentes com seus preceitos éticos" (2009, p. 7).

A disposição e, por que não dizer, a coragem de olhar para além dos atos abusivos e de propiciar a emergência do sujeito singular com suas fragilidades e história de vida têm sido os grandes desafios dos profissionais que lidam com a violência sexual, principalmente daqueles que hoje se mobilizam em direção ao atendimento do agressor.

Tomando como base os pontos que procuramos refletir neste artigo, é possível apreender o quão permeado por impasses e inquietações é esse campo de intervenção. Todavia, uma de nossas maiores inspirações no papel de supervisão é perceber também a efervescência de transformação desses espaços, onde podemos expressar, compartilhar e vibrar toda a sensibilidade dos que escolhem e acolhem essa temática.

Como acreditamos que a experiência compartilhada e a construção coletiva favorecem a alteração do campo simbólico, temos a firme convicção de que o quadro de resistências ou reticências ao atendimento do agressor sexual está mudando. Ressaltamos que parte significativa da mudança passa pela incansável disposição desses profissionais, em permanente busca de repertórios existenciais para ancorar e direcionar o caminhar nesse terreno permeado por paradoxos.

RELATO DE UM CASO

O primeiro agressor sexual que atendi foi Rodrigo (nome fictício), 60 anos, viúvo, com três filhos adultos (duas filhas e um filho), exímio profissional, excelente pai e ótimo vizinho. Solidário e querido por todos, ele abusou sexualmente de várias crianças ao longo da vida, todas da vizinhança, cujos pais confiavam cegamente nele como pessoa responsável e séria, mas também carinhosa e bondosa. No início, quando o paciente me contou isso, reconheço que tive vontade de jogá-lo pela janela; mas o fato é que a vontade passou e pouco depois fiquei feliz por não tê-lo feito e poder, mais tarde, durante a supervisão, pensar sobre o incômodo que o atendimento ainda me causava.

Rodrigo procurou espontaneamente o atendimento após ouvir uma palestra proferida por um dos nossos psicólogos do Centro de Referência às Vítimas da Violência do Instituto Sedes Sapientiae (CNRVV) sobre abuso sexual. Contou que, ao ouvir o discurso com claros exemplos dos efeitos psíquicos dos abusos sexuais praticados contra crianças, tomou-se de espanto por duas razões: nunca imaginou que abusos sexuais trouxessem tantas consequências, tão intensas e danosas – aliás, nunca imaginou que o que ele chamava de "carinhos" (o que fez em tantas crianças) pudesse ser violência sexual –, e nunca se viu ou imaginou como "agressor sexual".

Até o momento daquela palestra entendia que abuso sexual não existia. "Eu não entendia desse jeito, que esse negócio que é passar a mão, dar beijo, mandar pegar aqui e ali, fosse violência sexual, abuso sexual." Para Rodrigo violência sexual seria o ato praticado de maneira violenta por um "estuprador", que submetia a vítima à relação sexual à força, sempre com uso de alguma arma, e, não raras vezes, assassinava sua vítima e abandonava o corpo em um matagal ou coisa do gênero. "Nunca descobriram o que eu fazia com as crianças, até porque eu nunca fiz nada violento. Eu sempre fui considerado por todos que me conhecem um cara muito bacana, muito legal." E era assim que ele também se percebia.

Além de ser solidário e atencioso com os adultos à sua volta, com as crianças era um homem carinhoso, que dava pequenas guloseimas ou algumas moedas para que comprassem o que quisessem comer. Convidava-as para ir à sua casa, deixava que mexessem em tudo, que ligassem a televisão, o som, e presenteava-as com esses pequenos mimos, ao mesmo tempo que as acariciava e pedia que o acariciassem. Ao final, todos pareciam felizes e

Rodrigo convidava-as a retornar, o que acontecia em outro dia. Por ter sempre se percebido como uma pessoa carinhosa, mas, após ouvir a palestra, ter se percebido como agressor, tinha vindo ao CNRVV para entender quem era ele: o bom moço ou o monstro.

Nascido em uma cidade do interior do Nordeste, sempre detestou o nome que a mãe lhe dera, pois era o único na cidade a tê-lo e ficava sempre em evidência, sem poder se camuflar quando fazia qualquer tipo de "arte". "Numa cidade em que todo mundo é José ou João, só tinha um Rodrigo. Quando algum José aprontava alguma coisa, até que descobrissem de qual José se estava falando, o menino já estava longe; mas quando diziam 'Foi o Rodrigo'... Só podia ser eu." Já na idade adulta, havia conseguido permanecer "camuflado" quanto aos "carinhos" dados, sem que descobrissem o que de fato fazia com as crianças.

Nas sessões seguintes, Rodrigo disse que se sentia muito disposto a buscar respostas para o desejo sexual que sentia por crianças, bem como para seu modo de agir com elas. "Eu sei que a gente tem um monte de 'compartimentos' na cabeça, e que é onde a gente guarda tudo que já aconteceu e tudo que já fizemos. Eu quero muito abrir os meus compartimentos." Dizia ter certeza de que alguns estavam emperrados e de que outros ele preferia não abrir, mas ainda assim se sentia disposto a tentar.

Ele trouxe alguns pontos que se repetiram ao longo de um ano e meio de psicoterapia semanal. Não faltava e não atrasava. Um avanço que teve foi modificar a percepção inicial de "cara bacana" para, com o transcorrer dos meses, e não sem sofrimento, um homem sedutor que agredia sexualmente as crianças.

Angustiavam-no os seguintes assuntos: a origem de seus pais; o suicídio de sua única irmã; o desejo sexual por crianças; o autoritarismo de sua mãe, com sua consequente submissão a ela; e a não aceitação da sua idade (tinha uma imagem corporal de si mesmo como um menino de 12 ou 13 anos).

Descrevia sempre seu pai como um homem muito agressivo, que castigava os filhos de maneira violenta e não aceitava que retrucassem qualquer coisa, fazendo que ele e a irmã fossem totalmente submissos a ele. A mãe, até a morte do pai, era também extremamente submissa, porém tornou-se dominadora com Rodrigo após o falecimento do marido. Rodrigo dizia: "Eu me sinto largado no universo. Não sei nada sobre a minha mãe. Não sei nada sobre meu pai. Ter convivido com pai e mãe não me ajudou em nada. Eu sou de que família? Eu me sinto perdido no mundo". Sentia-se perdido em seu mundo exterior e interior, pois também não conseguia entender a razão de seus sentimentos para com as crianças.

Quanto à sua irmã, Rodrigo também tinha uma história confusa e sem explicação. Ele gostava muito dela e os dois costumavam brincar escondidos, pois seus pais diziam que brincadeira não levava a nada, sendo o correto apenas trabalhar, ainda que fossem crianças. Assim, acordavam de madrugada e trabalhavam na roça o dia inteiro. Frequentaram por pouco tempo a escola, porém sabiam ler e escrever, e, embora ambos gostassem muito de aprender, seus pais não lhes permitiram continuar a estudar. Praticamente não falavam com ninguém nem recebiam visitas.

Ainda adolescente, sua irmã foi convidada a trabalhar na casa da filha de uma senhora, vizinha deles. A filha dessa senhora residia em outra cidade e precisava de uma empregada. A família era conhecida dos pais de Rodrigo desde criança. Quando estava completando o segundo mês de trabalho, a senhora apareceu na casa de Rodrigo dizendo que havia encontrado sua irmã morta. A menina havia se suicidado, bebendo veneno. Deixou um bilhete em que pedia que seu salário fosse entregue aos pais. A senhora disse que a menina não saía de casa, não conhecera ninguém e não tinha ideia de por que havia se suicidado. Mais um fato que angustiava Rodrigo, mais um fato que ele não entendia.

Numa cidade sem recursos, seus pais apenas conseguiram trazer a filha para ser enterrada. Seu pai, em seguida, "por tristeza", pois era muito apegado à filha, deixou de comer e em menos de um mês também faleceu. Sua mãe, auxiliada pela antiga patroa da filha, veio com Rodrigo para São Paulo, para trabalhar na casa de outra senhora, na tentativa de esquecer tudo e recomeçar. "Vamos recomeçar do zero. Vou recomeçar só com você", dizia a minha mãe.

Quando trouxe esse relato na sessão, Rodrigo interpretou-o como sua mãe querendo recomeçar só com ele por não haver mais ninguém da família. Meses depois, ele trouxe novamente essa mesma frase, sem se dar conta de que seu tom de voz era o de uma namorada dizendo ao namorado que viveriam um para o outro e que não admitia a existência de mais ninguém.

Sua mãe o proibia de namorar, dizendo que não havia mulher à altura dele (ao que parece, a mãe entendia que não havia possibilidade de "concorrência", mas Rodrigo não percebia isso). "Acho que dei uns beijos rápidos numa menina, logo que eu cheguei aqui, quando tinha uns 12 ou 13 anos... mas desisti. Se minha mãe me pegasse olhando para alguma menina, já me punha pra dentro de casa, me batendo... Ela não era fácil. Ela era autoritária, controladora." Rodrigo não percebia o quanto a mãe era mais do que isso: a mãe que ele trazia para a sessão era uma mulher/namorada/esposa ciumenta e descontrolada que não admitia ser traída e, portanto, não dava espaço para que o "marido/namorado" tivesse alguma oportunidade de fazer isso.

Se Rodrigo não olhava para moças que eram suas vizinhas, elas também não olhavam para ele, pois os escândalos que sua mãe dava quando percebia algo eram do conhecimento de todos. "Uns [vizinhos e vizinhas] achavam graça, caçoavam de mim. Outros diziam que minha mãe era louca." Quando perguntado durante as sessões sobre o que ele achava daquilo, Rodrigo respondia rapidamente, rindo "Ela era braaaaaava!", e já engatava outro relato, rindo ainda mais e não dando chance para que algo fosse pontuado. Qualquer colocação como "Parece que você acha graça no que o deixa muito nervoso", "Você acha graça naquilo que traz muita angústia e é incompreensível" e "Sua mãe se comportava como uma namorada muito ciumenta" era respondida por ele, seguida de outros risos, como "É" ou "Humm", sempre engatando outro relato longuíssimo. A afirmação "Você não me ouviu" ficava perdida entre vários outros risos.

Ele enfrentou a mãe depois dos 18 anos, quando quis voltar a estudar. Apesar das brigas, fez supletivo e concluiu o segundo grau. Conseguiu empregos melhores e ganhou mais. "Valeu a pena." Também a enfrentou duas vezes na tentativa de namorar, porém ela fez escândalos tão grandes, xingou, humilhou e destratou as moças de tal forma que elas terminaram o namoro. "Não durou nem duas semanas. Acho que eu tinha uns 20 e poucos anos. Perdi a virgindade com uma prostituta. Os colegas do trabalho que me levaram. Eu gostei e não gostei... mas gostei. Eu voltei lá [nessa prostituta] umas vezes... morria de medo de que minha mãe descobrisse... me sentia culpado." Sobre essa culpa que sentira, e ainda sentia naquele momento, Rodrigo não conseguia falar: ficava tenso, ria, tinha ataques de tosse.

Aos 30 anos, arrumou outra namorada e enfrentou a mãe, pois a moça disse que não deixaria que a mãe dele se intrometesse. E assim foi. As duas brigavam, uma xingava a outra, era um escândalo. Três meses depois, a namorada disse que se casariam, ainda que a mãe dele esperneasse e dissesse que isso não aconteceria. Casaram-se e passaram a viver na mesma casa em que ele morava com a mãe. As brigas entre as duas eram diárias. "Morar em outra casa eu não ia ter coragem... Minha mãe ficava dizendo que eu ia abandonar ela..."

Mas quem era essa "destemida" namorada que se tornou esposa de Rodrigo? "Era uma moça que apareceu por lá. Ela trabalhava e alugou um cômodo na casa de uma vizinha. Era toda sorrisos. A vizinha já tinha contado como minha mãe era, mas ela nem ligou." "Valente?", perguntei. "Ôôôô! Mais que isso! Era igualzinha à minha mãe! Tão brava quanto!" ("Bingo!", pensei.) E disse: "*I-gual-zi-nha*!" Mas ele não percebeu o quanto era "igualzinha".

Ele não sabia quase nada a respeito da esposa. Os pais dela eram de outro estado e já haviam morrido. Ela tinha dois irmãos que moravam em outras cidades, mas nunca os via.

Um ano depois do casamento, a mãe de Rodrigo morreu, em decorrência de problemas de saúde. Ele teve os três filhos e poucos anos depois sua esposa morreu, também por problemas de saúde. Assim, ele passou a vida trabalhando e criando os filhos.

Os abusos praticados começaram depois da morte da mãe. Eram contatos corporais rápidos e escassos. Depois que a esposa morreu, os episódios passaram a ser mais intensos e frequentes (carícias). As crianças eram seduzidas por seu jeito carinhoso e divertido, e também pelos mimos e pelas moedas que ele lhes dava. Rodrigo ficava bastante constrangido quando falava sobre o assunto e visivelmente procurava evitá-lo, mas ainda assim ocasionalmente falava sobre isso.

Já próximo das últimas sessões, Rodrigo contou, novamente rindo, um episódio de briga entre a mãe e a esposa, enfatizando o quanto as duas eram bravas. Porém, em dado momento, trouxe algo que nunca havia dito: "As duas eram bravas. Mas minha mãe era mais, tanto é que filhos só pude ter depois que ela morreu. Como que ia ter filhos? Nós três dormíamos na cama de casal!"

"Como disse?", eu perguntei, com cara de espanto. Tenho certeza de que não consegui evitar essa expressão. "É, dormíamos os três: minha mãe, eu no meio e minha esposa. Não dava pra ter filhos, né? Não dava pra fazer nada naquela cama!", falou rindo muito.

"Os três na cama de casal? Desde que se casaram? Como era isso?", eu questionei. "É, os três na mesma cama. Eu já dormia na cama de casal com a minha mãe, desde antes de casar!", e ria mais ainda. "Minha esposa sabia disso. E também sabia que iria continuar assim depois de casados."

"Você já dormia com a sua mãe na cama de casal?", perguntei eu, tendo certeza de que meu tom de voz não era dos mais neutros e adequados. "É, já dormia na cama de casal desde… sei lá...", respondeu rindo novamente. A sessão estava no fim. Despedimo-nos.

Na sessão seguinte, Rodrigo chegou muito atrasado, o que nunca havia acontecido. Iniciou dizendo que havia pensado no que contara e tinha ficado surpreso por não se lembrar de que dormia com a mãe na cama de casal havia tanto tempo. E isso o incomodava. Olhou o relógio e viu que a sessão estava para terminar. Levantou-se e despediu-se, desculpando-se pelo atraso. Rodrigo não podia me escutar. Abriu-se um compartimento grande demais em sua mente e ele não sabia como lidar com aquilo. Faltou em três sessões, sem justificar a ausência. Isso nunca havia ocorrido.

Veio em mais quatro sessões, chegando sempre muito atrasado. Falava compulsivamente e ao final das sessões mostrava-se deprimido e sem energia. Contou ter se lembrado de que, quando tinha 9 anos, sua mãe, sem nenhuma explicação, mandou que o marido fosse dormir na sala, na cama de Rodrigo, e que ele fosse dormir com ela, na cama de casal. Na sala, também dormia sua irmã, em outra cama de solteiro. Assim, passaram a dormir da seguinte forma: ele e a mãe na cama de casal, no quarto, e a irmã e o pai na sala, cada um em uma cama de solteiro. Nunca entendeu a razão para sua mãe ter adotado esse comportamento. Segundo ele, foi a partir daí que o pai se tornou ainda mais apegado à filha – tanto que quando ela se suicidou ele morrera de "tristeza" praticamente em seguida. Recordou que o pai tinha cara de "tristeza e de braveza" nas primeiras noites em que foi dormir na sala, mas depois essa expressão passou, ou Rodrigo não lhe deu mais atenção. Não se lembrava de como ou se a irmã reagiu, mas no começo achava tudo muito esquisito.

Ao recordar essas cenas e essas noites, sentia-se muito incomodado. Lembrava sentir o calor do corpo da mãe de maneira "ruim" e terem ficado muito juntos na cama. Ao mesmo tempo que não queria mais se lembrar disso, pensava que era preciso, ou, ainda, que lembrava porque as cenas não saíam da sua cabeça.

Rodrigo, antes de iniciar os atendimentos, após ter ouvido a palestra que motivou sua procura, pesquisou um pouco sobre abuso sexual. Leu sobre a possibilidade de ele ter cometido o ato com crianças por ter sofrido algum tipo de abuso na infância. Desde o começo, muito tranquilo e empenhado, dissera que nunca havia sofrido nenhum tipo de abuso. "Nenhum menino, nenhum rapaz, nenhum homem nunca chegou nem perto de fazer qualquer coisa assim comigo. Nem mesmo desse jeito que eu fiz com as crianças, dando agrados." Porém, nunca lhe ocorreu que os abusos pudessem ter vindo por parte da mãe. Se isso realmente ocorreu, não foi possível trabalhar essa situação ou qualquer outra, pois Rodrigo deixou de ir aos atendimentos, ainda que tenhamos tentado trazê-lo de volta, com a certeza de que muito havia ainda a ser trabalhado.

O caso apresentado ilustra bem a intrincada dinâmica familiar em condições de abuso sexual: o isolamento social da família de Rodrigo; a ausência de outros laços familiares, que reforçaram o isolamento; a falta de comunicação entre seus pais, ele e a irmã quanto a suas origens; a falta de percepção de Rodrigo sobre o tipo de relacionamento que sua mãe estabeleceu com ele; o impedimento que ele namorasse etc.

A experiência de atendimento de Rodrigo mostrou-me que abrir um espaço para ouvir sua história de vida levou-o a lembrar dos abusos que sofrera. Mesmo que o tratamento não tenha apresentado um caráter "conclusivo", trouxe a ele respostas sobre a origem de seu comportamento sexualmente abusivo e as memórias aversivas sobre estar no lugar de "vítima", levando a acreditar que tais percepções podem de fato incidir terapeuticamente na reformulação do padrão repetitivo dos ciclos abusivos de sua vida.

REFERÊNCIAS

Bicalho, P. P. G. *Psicopatologia e justiça: a busca por possibilidades de encontros.* In: Encontro Estadual dos Serviços de Psicologia das Instituições de Ensino Superior de Santa Catarina: Possibilidades, Limites e Desafios, n. 1, 2009, Florianópolis. Disponível em: <http://www.crpsc.org.br/publicacoes/dados/arquivos/palestras/palestra_PedroBicalho.pdf>. Acesso em: 8 set. 2014.

Cerruti, M. Q.; Debieux Rosa, M. "Em busca de novas abordagens para a violência de gênero: a desconstrução da vítima". *Revista Mal-Estar e Subjetividade*, v. VIII, n. 4, dez. 2008, p. 1.047-76.

Debona, T. R. *Narrativas reflexivas de ofensores sexuais intrafamiliares em detenção: uma visão psicodramática sistêmica.* Artigo apresentado à coordenação de pós-graduação da Pontifícia Universidade Católica de Goiás como pré-requisito para obtenção do título de Psicoterapeuta Psicodramático Construtivista de Casais, Famílias e Grupo. São Paulo, 2011.

Esber, K. M. *Autores de violência sexual contra crianças e adolescentes.* Goiânia: Cânone, 2009.

Ferrari, D. C. A. "Definição de abuso na infância e na adolescência". In: Ferrari, D. C. A.; Vecina, T. C. C. (orgs.). *O fim do silêncio na violência familiar.* São Paulo: Ágora, 2002, p. 81-94.

Ferrari, D. C. A.; Vecina, T. C. C. (orgs.). *O fim do silêncio na violência familiar.* São Paulo: Ágora, 2002.

Furniss, T. *Abuso sexual da criança: uma abordagem multidisciplinar, manejo, terapia e intervenção legal integrados.* Porto Alegre: Artes Médicas, 1993.

Gavin, H. *The social construction of the child sex offender explored by narrative: the qualitative report.* 2005. Disponível em: <http://www.nova.edu/ssss/QR/QR10-3/gavin.pdf>. Acesso em: 23 mar. 2011.

Hachet, A. "Agressores sexuais: é possível um tratamento psicanalítico sob prescrição judicial?" *Ágora*, jan. 2005, v. 8, n. 1, p. 47-62.

Marques, M. S. *A escuta ao abuso sexual: o psicólogo e o sistema de garantia de direitos da criança e do adolescente sob a visão da psicanálise.* Dissertação (mestrado em Psicologia Social), Pontifícia Universidade Católica de São Paulo, São Paulo (SP), 2006.

Miller, D. "Incesto: o centro da escuridão". In: Imber-Black, E. (org.). *Os segredos na família e na terapia familiar.* São Paulo: Artmed, 1994.

Sanderson, C. *Abuso sexual em crianças.* São Paulo: M. Books, 2005.

9 A área de prevenção da violência contra crianças e adolescentes do Centro de Referência às Vítimas de Violência do Instituto Sedes Sapientiae

Beatriz Dias Braga Lorencini
Dalka Chaves de Almeida Ferrari

O TRABALHO DE PREVENÇÃO primária e secundária realizado pelo Centro de Referência às Vítimas de Violência do Instituto Sedes Sapientiae (CNRVV) é feito por meio da implantação de polos de prevenção e pelo Programa "Piar em ninho virtual".

Os polos de prevenção permitem realizar um trabalho de amplo alcance. Eles têm seu início com a realização de atividades, principalmente dentro da organização social, e são ampliados para outras instituições e espaços da comunidade, formando um núcleo de referência nas questões relacionadas à violência doméstica e sexual.

Seu objetivo geral é disseminar o conhecimento da doutrina de proteção integral, no que se refere ao enfrentamento ético e crítico do fenômeno da violência doméstica e sexual contra crianças e adolescentes, visando diminuir a vulnerabilidade deles diante das agressões e promovendo, assim, maior proteção e desenvolvimento integral.

Seus objetivos específicos são:

- Sensibilizar crianças e adolescentes de 7 a 18 anos, pais e profissionais para que sejam multiplicadores de informações sobre gênero, cidadania, desenvolvimento de crianças e adolescentes, sexualidade, tabus, crenças e valores a respeito de relacionamentos e comportamentos sexuais, consciência de limites e deveres, violência doméstica e sexual e legislação.
- Instrumentalizar os profissionais para que possam identificar, notificar, encaminhar e acompanhar crianças e adolescentes

em situações de suspeita ou confirmação de violência doméstica e sexual.

- Incentivar a criação de mecanismos de interlocução, articulação e integração em uma rede intra e interinstitucional.
- Incentivar adolescentes, pais e profissionais a criar ou participar de espaços de discussão sobre essas práticas onde elas possam ser questionadas e aperfeiçoadas.
- Subsidiar a formulação de políticas públicas.

ESTRATÉGIAS

As estratégias são implantadas a partir da realização de aulas, supervisões, fóruns de debates com profissionais em sua sede de trabalho e oficinas de prevenção à violência doméstica (VD) e à violência sexual (VS) com crianças e adolescentes, pais/responsáveis e profissionais, em polos de prevenção em diversas regiões do município e da Grande São Paulo.

A disseminação dos polos de prevenção à violência doméstica e sexual, que constituem hoje uma rede, tem como objetivos:

- Ampliar o número de polos.
- Estimular a formulação de políticas públicas com essa finalidade.
- Desenvolver ações de prevenção em instituições.
- Potencializar a articulação intra e interinstitucional.
- Formar redes de serviços de atendimento e proteção à infância e juventude, visando impedir a produção e a reprodução da violência.
- Promover a participação da população nos processos de construção das ações em prol da criança e do adolescente, refletindo, opinando e ressaltando aspectos importantes e prioritários.

A organização de um sistema de atendimento, prevenção e responsabilização do agressor é mais eficaz quando as redes de notificação e de proteção estão articuladas. Tais redes são fruto de parcerias com organizações governamentais e da sociedade civil, como escolas, postos de bombeiros, postos de saúde e secretarias de governo.

A proposta de intervenção deve visar a todos esses sistemas, ou seja, evitar os fatores de risco e promover os fatores de proteção, levando em conta as interações entre o microssistema (criança--agressor), o mesossistema (família) e o macrossistema (as redes de apoio social e a cultura em geral) (Wurtele e Miller-Perrin, 1992).

Exemplos de temas mais trabalhados nas oficinas de prevenção com crianças e adolescentes:

- Formas de relacionamento de meninos e meninas em diferentes situações.
- Violência nas relações familiares: o que é e como reconhecê-la e pedir ajuda.
- Colocação de limites e disciplinamento.
- Sexualidade nas suas diferentes fases.
- Abuso sexual contra crianças e adolescentes: o que é e como reconhecê-la e pedir ajuda.
- Estatuto da Criança e do Adolescente (ECA).
- Conselho Tutelar.

Exemplos de temas mais trabalhados nas oficinas de prevenção com pais e profissionais:

- Relacionamento entre pais e filhos.
- Desenvolvimento físico e psicossocial de crianças e adolescentes.
- Colocação de limites na educação dos filhos.
- Violência física.
- Violência doméstica (física, sexual, psicológica e negligência).
- Desenvolvimento sexual.
- Violência sexual.
- O Estatuto da Criança e do Adolescente (ECA) na proteção integral de crianças e adolescentes.

A cidadania de crianças e adolescentes pressupõe a atuação de um conjunto articulado de políticas, programas e serviços que formam uma rede de proteção integral aos direitos e de atenção a suas necessidades básicas e/ou especiais, dividida em:

- Rede de proteção social básica – atende às necessidades básicas das crianças e dos adolescentes, do ponto de vista da prevenção.
- Rede de proteção especial – intervém para interromper o ciclo da violência.

Um exemplo de rede de proteção básica é a rede de polos de prevenção que o CNRVV organizou e supervisiona desde 2004, constituída por 22 instituições governamentais e não governamentais que desenvolvem atividades de mobilização e articulação, conscientizando seu público-alvo (crianças, adolescentes, familiares e técnicos da instituição) a atuar na prevenção primária e secundária.

A Organização Mundial de Saúde (OMS) reconhece a prevenção como o meio mais eficaz de combate à violência doméstica. Ela recomenda uma ação em três níveis:

- *Primário* – São dirigidas estratégias ao conjunto da população com o objetivo de reduzir a incidência da violência ou o índice de ocorrência de novos casos.
- *Secundário* – Envolve a identificação precoce da chamada "população de risco pessoal social", o que permite o início de ações específicas a essa população.
- *Terciário* – Voltadas para diminuir as consequências relacionadas ao fenômeno depois que ele ocorreu, tais ações se dão nos serviços de proteção às vítimas de violência.

Os polos integram-se à rede de proteção social básica em suas comunidades na medida em que conhecem os sinais de alerta e encaminham os casos de violência detectados para a rede de proteção especial – constituída, entre outros, pela Comissão Municipal de Enfrentamento da Violência Sexual contra Crianças e Adolescentes (Cmesca), pelo Centro de Referência Especializado de Assistência Social (Creas), por secretarias de governo, organizações não governamentais (ONGs) e pelos Serviços de Proteção às Vítimas de Violência (SPVVs) em São Paulo.

AÇÕES DA REDE DE POLOS DE PREVENÇÃO

O CNRVV desenvolve no projeto Rede de Polos de Prevenção à Violência Doméstica e Sexual ações nas regiões dos polos já implantados, tais como palestras e fóruns sobre o enfrentamento das situações de violência e de abuso e exploração sexual de crianças e adolescentes (Esca). No Instituto Sedes Sapientiae, o CNRVV e os polos desenvolvem as atividades apresentadas a seguir.

ATIVIDADE I – SUPERVISÃO MENSAL

Os profissionais que passaram por processo de capacitação e supervisão anteriormente recebem acompanhamento e supervisão das ações que foram desenvolvidas nos polos de prevenção à violência, ao abuso e à Esca. É destinado um tempo para a troca de experiência e discussão com profissionais convidados e dirigentes das organizações para analisar as dificuldades nos encaminhamentos dos casos de violência nas redes locais e públicas que contemplem essas necessidades. Atualmente, o trabalho de supervisão da rede de polos tem abordado temas trazidos pelos seus integrantes, além de procurar fortalecer a discriminação entre fatores de risco e fatores de proteção, considerando que todas as organizações presentes integram as redes regionais de apoio social e cultural que compõem o macrossistema socioassistencial cultural do município de São Paulo. Assim, diferentes temas vêm sendo abordados, tais como: visão da criança como propriedade dos adultos (fator de risco) em oposição ao seu uso como fonte de satisfação sexual (fator de proteção); demora da Justiça em responsabilizar os agressores (fator de risco) em contraponto a um rápido e consistente julgamento pela Justiça dos agressores (fator de proteção); falta de redes de apoio para a família (fator de risco) contrapondo à oferta de rede de apoio social para a família (fator de proteção); diferentes mitos sobre a sexualidade da criança e do adolescente (fator de risco) em contraposição ao real desenvolvimento da sexualidade de crianças e adolescentes (fator de proteção).

A seguir, a relação de instituições que integram a atual rede de polos de prevenção:

- Assistência Social Santo Antônio (ASSA).
- Aliança de Misericórdia.
- Projeto Arrastão.
- Sociedade Beneficente Caminhando para o Futuro.
- Associação Educacional e Assistencial Casa do Zezinho.
- Centro Comunitário Castelinho.
- Círculos dos Trabalhadores Cristãos da Vila Prudente.
- Coordenação Regional das Obras de Promoção Humana (CROPH).
- Liga das Senhoras Católicas de São Paulo – Complexo Educacional Educandário Dom Duarte.
- Fórum de Prevenção a Violência de São Miguel.
- Programa Social Gotas de Flor com Amor – Abrigo Anália Franco.
- Obra Social Santa Clara e São Francisco.
- Associação Cultural Comunitária Pró-Morato.

ATIVIDADE II – FÓRUNS MENSAIS DE DEBATE, REALIZADOS NO INSTITUTO SEDES SAPIENTIAE

Trata-se de uma atividade temática com o objetivo de aprofundar os temas relativos à violência e exploração sexual contra crianças e adolescentes (Esca), bem como de articulá-los de forma ampliada.

É dirigida aos profissionais dos polos e aberta ao público, envolvendo, em sua maioria, profissionais das diversas regiões do município de São Paulo, da Grande São Paulo e de outros locais.

PROJETO PIAR

O CNRVV iniciou em 2013 o projeto "Piar em ninho virtual: Proteção da Infância e Adolescência em Rede – Realizações Juvenis na Copa do Mundo de 2014". Trata-se de uma parceria entre o Childhood Brasil, o Instituto Sedes Sapientiae – CNRVV – e o projeto "Sexualidade, Cultura e Prevenção: Programa de Prevenção (PSC)".

Em um primeiro momento, o projeto "Piar em ninho virtual" propôs a sensibilização e conscientização, na região Sul da cidade de São Paulo, de jovens para que possam identificar sinais de risco, buscar proteção (pedir, "piar"), acionar mecanismos de amparo ao fluxo da rede de proteção local e desenvolver ações de prevenção. Em segundo lugar, por meio de ferramentas específicas e virtuais, como as redes sociais, o projeto objetivou tornar os participantes, que são crianças e adolescentes, multiplicadores virtuais do enfrentamento da violência, do abuso e da exploração sexual contra crianças e adolescentes por uma Copa do Mundo sem violência. No decorrer do projeto, o foco foi ampliado para os megaeventos em geral.

Em setembro de 2013, deu-se início às ações com o grupo de jovens. O local de trabalho foi o CEU Vila Rubi – Jornalista Alexandre Kadunk, hoje também um polo de prevenção que soma ações na rede de proteção de crianças e adolescentes. O grupo foi formado por instituições que fazem parte da Rede de Enfrentamento da Violência da Capela do Socorro e de Parelheiros. Foi possível obter a participação de 40 jovens de forma direta e de 2 mil de forma indireta. É importante lembrar que cada jovem capacitado se torna um multiplicador em potencial, que consegue disseminar os conteúdos trabalhados e transformar o entorno no qual convive e participa.

Antes do início da intervenção, por meio de ações preventivas, foi aplicado um questionário (presente no final deste capítulo) para obter informações sobre a realidade vivida pelos jovens da região. Em seguida, por seis meses, foram realizados encontros temáticos nos quais, em um primeiro momento, a equipe de coordenadores do projeto participou ativamente na elaboração de palestras e atividades. Porém, a partir do terceiro encontro, após os jovens realizarem atividades intermódulos, eles tomaram a frente das atividades e mostraram que conseguem desempenhar com muita desenvoltura suas tarefas, em consonância com o Plano Nacional de Enfrentamento da Violência, Abuso e Exploração Sexual de Crianças e Adolescentes, em especial o eixo do protagonismo juvenil. Crianças, adolescentes e jovens produziram filmes, cartazes, jograis, peças de teatro, tabelas sobre os tipos de violência e suas especificidades, textos e logotipos do projeto, além de desenhos e histórias que podem ser conferidos na página virtual e na cartilha com endereços de acesso mencionados neste capítulo.

Os temas trabalhados durante as oficinas foram: a) Família: questões atuais e conflitos mais comuns; b) Sexualidade: questões cotidianas e temidas diante do abuso e da exploração sexual; c) Drogas e suas repercussões; d) Questões de gênero; e) Sistema de Garantia de Direitos e Rede de Proteção; e f) Atualidade das relações interpessoais, o consumo e as relações de "trocas atuais".

Em um dos encontros, foi elaborado o logo do projeto, que, por si só, já transmite a mensagem da criança, do adolescente ou do jovem que vivencia no cotidiano situações de violência, abuso e exploração.

Durante a implantação do projeto, uma página virtual[1] foi construída e uma cartilha[2] foi desenvolvida. Os dois meios de comunicação foram inteiramente construídos e elaborados pelos jovens do

1. http://www.facebook.com/projetopiar

2. http://www.sedes.org.br/Centros/cartilha_PIAR.pdf

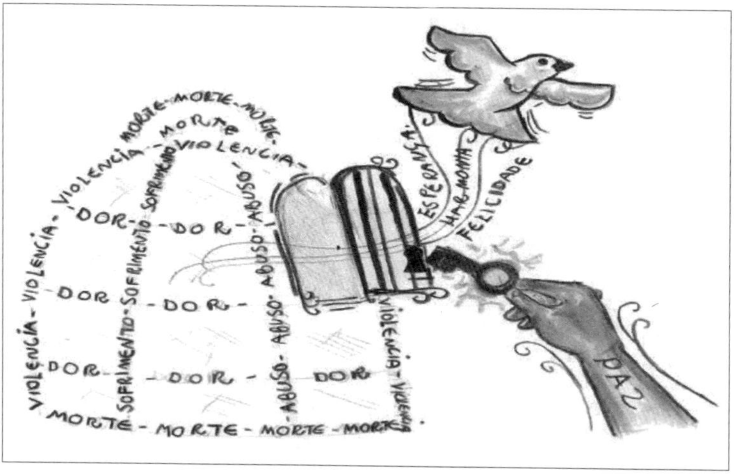

Figura 1. Logotipo do Piar.

Figura 2. Capa da cartilha.

projeto, o que estabeleceu uma linguagem direta e acessível a outras crianças e jovens que precisam de apoio e informações sobre o tema.

Veja o texto que os jovens colaboradores construíram para convite de leitura e apreciação da cartilha:

> Nós, multiplicadores do projeto Piar, temos responsabilidade de transmitir informações sobre os tipos de violência e alguns métodos de proteção e prevenção. Viemos para desenvolver diálogos, tirar dúvidas e saber como nos proteger da violência. Juntos podemos trazer melhorias para a nossa sociedade.
>
> O projeto Piar viabilizou a criação desta cartilha, tendo como objetivo proporcionar aos pais e amigos das crianças e dos adolescentes o contato com um tema importante que é a violência contra crianças e adolescentes, tendo assim o compromisso educativo de abordar esse assunto tão sério.
>
> Nesta cartilha apresentamos algumas informações de como se proteger, quais os tipos de violência mais comuns, e de certa forma interativa abrir e chamar atenção das crianças e de seus responsáveis.
>
> Esperamos alcançar públicos que já passaram por esse tipo de violência, tanto crianças como adultos que, quando crianças, sofreram esse tipo de trauma, bem como estimular a prevenção para outros que possam se aliar a nós neste enfrentamento.

Figura 3. Página virtual.

Com a utilização das ferramentas virtuais, vimo-nos com a missão de esclarecer com maiores detalhes as novas formas de abuso de crianças e adolescentes que ocorrem no meio virtual, notadamente: *sexting*: união das palavras em inglês "*sex*" (sexo) com "*texting*" (envio de mensagens), é uma expressão de abuso sexual recente que consiste no envolvimento de adolescentes, jovens ou adultos pelo uso de celulares, e-mail, salas de bate--papo, comunicadores instantâneos e sites de relacionamento para enviar fotos sensuais e mensagens de texto eróticas ou com convites sexuais para conhecidos. Algumas vezes essa prática, ao cair na rede, pode configurar abuso ou exploração sexual, a depender da forma como será utilizada. *Sexcasting*: consiste na troca de mensagens sexuais em serviços de conversas instantâneas; *sextosión*: configura-se a partir do *sexting*. É o uso de chantagens com fotografias ou vídeos da criança ou do adolescente sem roupa ou em relações íntimas que foram compartilhados por *sexting*, com fins de exploração sexual. Por fim, *grooming*: caracterizado pela ação de um adulto ao se aproximar de crianças ou adolescentes, via internet, por meio de *chats* ou redes sociais, com o objetivo de praticar abuso ou exploração sexual. (Para conhecer o trabalho de quem combate essa prática, acesse o site www.telasamigas.com.)

Em março de 2014, o questionário do primeiro processo diagnóstico do grupo foi reaplicado. Após seis meses de trabalho, veja o que ocorreu:

- Setembro de 2013: marco zero – resultado em cinza-escuro.
- Março de 2014: reaplicação do questionário após seis meses – resultado em cinza-claro.

A partir da análise desses gráficos, constatou-se que, quando as crianças, os adolescentes e os jovens são cuidados e respeitados como cidadãos de direitos, têm a autoestima elevada e eles passam a acreditar em seus próprios valores. Quando confiam

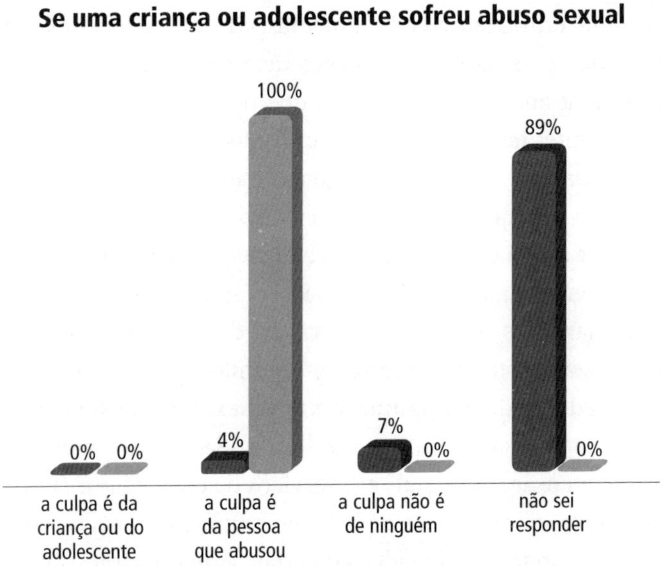

Figura 4. Se uma criança ou adolescente sofreu abuso sexual.

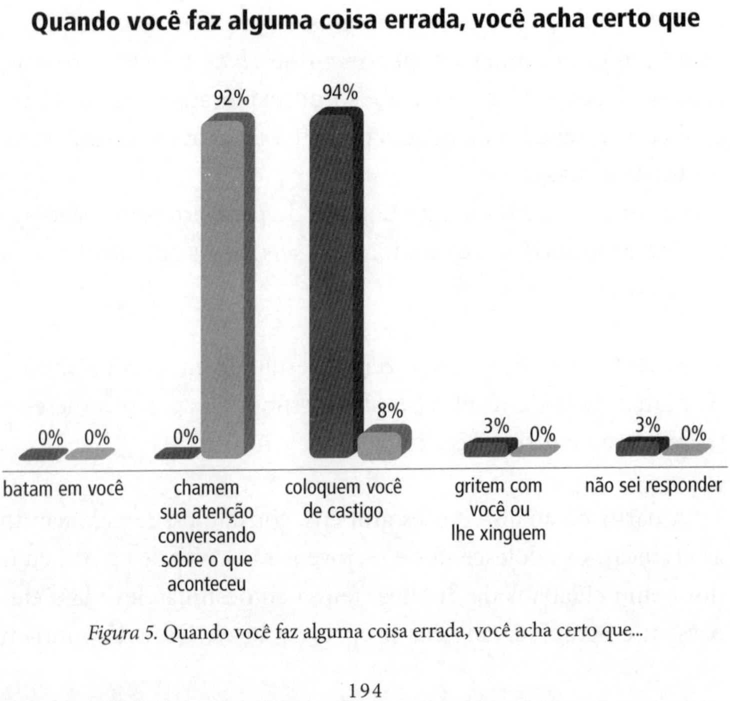

Figura 5. Quando você faz alguma coisa errada, você acha certo que...

em si mesmos, adquirem fé nas próprias percepções, melhoram a capacidade de autodefesa e aumentam o repertório para lidar com situações que representam risco.

Prevenir é pensar no futuro e ter como perspectiva a qualidade de vida. A prevenção é conhecida como o meio mais eficaz de combate à violência doméstica. E, como todos nós sabemos, a paz começa em casa! Por meio dessa iniciativa, já demos o pontapé inicial. Agora, depende de nós! Vamos levar esse impulso adiante e exigir mudanças que façam diferença na vida das crianças e dos adolescentes, mas sem perder de vista que cada um de nós, com certeza, almeja mudanças imediatas e exige uma rede de proteção coesa que prestigie nossos jovens, preste atendimento de qualidade e batalhe pela sua inserção na sociedade como cidadãos que merecem todo o nosso respeito.

QUESTIONÁRIO PARA CRIANÇAS E ADOLESCENTES*

1. O que você faria se alguém lhe xingasse, humilhasse ou "colocasse você para baixo"?

- [ ] ficaria com vergonha e não faria nada
- [ ] responderia xingando ou bateria nele
- [ ] contaria para minha professora, minha mãe ou meu pai
- [ ] diria para ele que não gosto de ser tratado assim
- [ ] não sei o que faria

2. O que você faria se um desconhecido pedisse para entrar em sua casa?

- [ ] não sei o que faria
- [ ] abriria a porta e deixaria entrar

* Questionário originalmente utilizado na implantação de polos de prevenção, em parceria do CNRVV com a Fundação Abrinq, em 2004, e posteriormente adaptado para o projeto "Piar em ninho virtual: Proteção da Infância e Adolescência em Rede – Realizações Juvenis na Copa do Mundo de 2014" em Parceria do CNRVV/SCP – Projeto Sexualidade, Cultura e Prevenção com a Childhood Brasil, em 2013.

- ☐ avisaria para minha mãe, pai ou outra pessoa maior do que eu
- ☐ não abriria a porta

3. O que você faria se um desconhecido quisesse lhe dar um doce ou um presente?

- ☐ recusaria, diria que não quero
- ☐ aceitaria, comeria o doce
- ☐ perguntaria para minha mãe, pai ou algum adulto conhecido se posso aceitar
- ☐ teria medo de dizer que não quero e deixar a pessoa aborrecida

4. O que você faria se alguém que você conhece te machucasse?

- ☐ "sairia fora" e contaria para alguém mais velho
- ☐ não faria nada
- ☐ ficaria com medo
- ☐ diria para ele que não quero que ele me machuque mais
- ☐ bateria e machucaria ele também

5. O que você faria se alguém que você conhece tocasse o seu corpo e você primeiro gostasse, mas depois não gostasse mais?

- ☐ não saberia o que fazer
- ☐ diria para me deixar em paz e tentaria "sair fora"
- ☐ contaria para minha mãe, meu pai ou minha professora
- ☐ deixaria que continuasse para que não ficasse aborrecido comigo

6. O que você faria se alguém quisesse olhar ou tocar as suas partes íntimas (as partes do corpo que ficam cobertas pela sunga, maiô ou biquíni)?

- ☐ diria para não olhar ou tocar em mim
- ☐ não saberia o que fazer
- ☐ procuraria minha mãe, pai ou algum adulto conhecido e contaria
- ☐ teria medo de contar para meus pais

7. As pessoas que abusam sexualmente de crianças e adolescentes são

- ☐ pessoas desconhecidas e com cara estranha
- ☐ pessoas conhecidas e próximas
- ☐ pessoas desconhecidas e com cara de boazinhas
- ☐ podem ser pessoas conhecidas ou desconhecidas
- ☐ não sei responder

8. Se uma criança ou adolescente sofreu abuso sexual

- ☐ a culpa é da criança ou do adolescente
- ☐ a culpa é da pessoa que abusou
- ☐ a culpa não é de ninguém
- ☐ não sei responder

9. Quando você faz alguma coisa errada, você acha certo que

- ☐ batam em você
- ☐ chamem sua atenção conversando sobre o que aconteceu
- ☐ coloquem você de castigo
- ☐ gritem com você ou lhe xinguem
- ☐ não sei responder

10. A quem você recorre quando está triste ou com raiva de seus pais?

- ☐ não conto para ninguém
- ☐ conto para um adulto ou para a professora
- ☐ conto para um amigo ou irmão
- ☐ conto para familiares mais velhos (tios, avós, padrinhos etc.)

11. Seu pai ou sua mãe batem em você?

- ☐ sempre
- ☐ só às vezes
- ☐ nunca bateram em mim

12. Você conhece algum lugar que cuida de crianças e adolescentes que sofreram abuso sexual ou violência física?

☐ sim

☐ não

☐ se sim, quais seriam?____

____

____

13. Assinale o que você conhece

☐ ECA

☐ Conselho Tutelar

☐ Direitos da criança e do adolescente no que diz respeito ao abuso e à exploração sexual

☐ Rede de Enfrentamento

☐ Disque 100 – Faça Bonito

☐ Outros____

____

____

☐ Não conheço nenhum

14. Você saberia o que fazer para encaminhar uma criança ou jovem que tenha sofrido violência, abuso ou tenha vivido situações de exploração sexual?

☐ sim

☐ não

☐ se sim, o que faria?____

____

____

CONSIDERAÇÕES FINAIS

O grande desafio apontado é que as ações governamentais, instrumentalizadas por diretrizes ministeriais e secretariais, atentem para a inclusão do tema violência contra crianças e adolescentes nas pautas de discussão curriculares e de instituições que tenham sob sua responsabilidade a intervenção na infância e juventude. Assim, nesse momento, é prioritário que a política pública se volte para o enfrentamento a todas as formas de violência sexual contra crianças e adolescentes que podem advir dos contratos firmados pelas obras do Programa de Aceleração do Crescimento (PAC) e da preparação para a Copa do Mundo 2014 e as Olimpíadas de 2016, com vistas à redução do impacto social dessas obras nas diversas formas de violação de direitos de jovens.

A ruptura com os velhos padrões e a construção de uma nova cultura de amparo e obediência aos direitos humanos implicam, além de denunciar permanentemente a quebra do respeito, proteger e construir as relações de trocas afetivas e de aprendizagem, coibir os abusos, enfrentar as ameaças, resguardar os vulneráveis e as testemunhas, tratar as vítimas e seus familiares, tratar e responsabilizar os agressores e favorecer a não repetição do fenômeno da violência contra crianças e adolescentes (física, psicológica, negligência, sexual...). Cabe enfatizar que proteger crianças e adolescentes é uma responsabilidade de todos os adultos e, como tal, da família, da sociedade e do Estado.

"Só quando todos estiverem esclarecidos e envolvidos na proteção de crianças e adolescentes é que será transmitida uma mensagem clara e unificada de que a *sociedade brasileira não tolerará o abuso sexual de crianças*." (Sanderson, 2005, p. xiii, grifo nosso)

REFERÊNCIAS

Centro de Referência às Vítimas de Violência do Instituto Sedes Sapientiae (CNRVV). *O fim da omissão – Implantação de polos de prevenção à violência doméstica.* São Paulo: Fundação Abrinq, 2004. Disponível em: <http://www.sedes.org.br>. Acesso em: 8 set. 2014.

______. *Reconstrução de vidas: como prevenir e enfrentar a violência doméstica, o abuso e a exploração sexual de crianças e adolescentes*. São Paulo: Smads, 2008. Disponível em: <http://www.sedes.org.br>. Acesso em: 8 set. 2014.

______. *Piar em ninho virtual - Ação no presente, reação no futuro*. São Paulo: Câmara Municipal de São Paulo, 2014.

Ferrari, D. C. A.; Vecina, T. C. C. (orgs.). *O fim do silêncio na violência familiar - Teoria e prática*. 3. ed. São Paulo: Ágora, 2002.

Sanderson, C. *Abuso sexual em crianças - Fortalecendo pais e professores para proteger crianças de abusos sexuais*. São Paulo: M. Books, 2005.

Sexting España. *Telas Amigas*. Disponível em: <http://www.telasamigas.com/outros-sites/sexting-es.shtm>. Acesso em: 8 set. 2014.

Wurtele, S.; Miller-Perrin, C. *Preventing child sexual abuse: sharing the responsability*. Nebrasca: University of Nebraska Press, 1992.

10 A experiência da sala de espera no Centro de Referência às Vítimas de Violência do Instituto Sedes Sapientiae

Beatriz Dias Braga Lorencini

HISTÓRICO

O PROJETO DA SALA de espera nasceu para dar conta da crescente demanda de atendimentos realizados pelo Centro de Referência às Vítimas de Violência do Instituto Sedes Sapientiae (CNRVV), oferecendo um espaço de acolhimento para diminuir as intercorrências que prejudicavam o bom funcionamento institucional e colocavam em risco os próprios pacientes.

Em março de 1996, a partir de um convênio estabelecido com a Secretaria Estadual de Assistência e Desenvolvimento Social (Seads), o CNRVV, na época denominado Núcleo de Referência às Vítimas de Violência (NRVV) – um núcleo da clínica psicológica do Instituto Sedes Sapientiae –, já existia há dois anos e atendia sete grupos de crianças, adolescentes e pais ou responsáveis, muitos deles simultaneamente. Isso significa que um grande número de pessoas circulava pelo pequeno *hall*, onde os demais pacientes da clínica habitualmente aguardavam pelo atendimento.

O movimento de pacientes entrando e saindo das sessões de psicoterapia acabava por gerar nas crianças de diferentes faixas etárias, que tinham de esperar os pais ou responsáveis saírem do atendimento, aparente ansiedade por falta de um acompanhante que cuidasse delas. Em outros momentos, ocorriam situações que poderiam lhes representar algum risco. Citarei alguns exemplos: certo dia, uma criança ateou fogo no elevador. Em outra situação, duas crianças afastaram-se da sala de espera (que era comum a todos os usuários da clínica e não tinha supervisão) e foram encontradas em uma sala de atendimento, entre almofadas; quando a terapeuta as chamou para o atendimento psicossocial, recebeu como resposta: "Agora não. Estamos tendo uma conversa de homem pra homem". Aconteceu também de um adolescente fugir após o atendimento: ele foi até a sala dos funcionários do Instituto Sedes Sapientiae, serviu-se de chá com bolachas e foi embora para o abrigo, sem a companhia do educador. Assim, para diminuir essas intercorrências que prejudicavam o bom funcionamento institucional, o CNRVV decidiu criar a sala de espera especialmente para crianças e adolescentes na qual elas seriam acolhidas e supervisionadas durante sua permanência em nosso serviço.

O ACOLHIMENTO NA SALA DE ESPERA

O atendimento a vítimas de violência vai além do *setting* terapêutico. Ter um ponto de encontro para crianças, adolescentes e seus familiares é a garantia de um espaço físico, um local determinado onde todos se encontram por um tempo antes ou no final das sessões.

No início, a sala de espera era um pequeno cômodo próximo à sala habitual, onde foram disponibilizados brinquedos para entreter as crianças. Essa sala ficava aberta e os próprios pais ou responsáveis acompanhavam as crianças e os adolescentes. Com o aumento da demanda de atendimento, o número de grupos de crianças, adolescentes e pais ou responsáveis aumentou. A partir dos anos 2000, o NRVV, a convite da diretoria, passou a integrar a instância de centros do instituto e tornou-se o Centro de Referência às Vítimas de Violência, ocupando uma área independente do prédio. Assim, a pequena sala de espera também foi ampliada, tendo como referência os princípios teóricos e técnicos de uma brinquedoteca.

O objetivo de nossa primeira proposta foi estimular o desenvolvimento integral das crianças, valorizando o brincar, possibilitando à criança o acesso a vários tipos de atividades lúdicas, enriquecendo as relações familiares (por meio da participação dos adultos nas atividades infantis) e a troca (emprestar brinquedos), e desenvolvendo hábitos de responsabilidade e cooperação entre as crianças e entre elas e os adultos... Enfim, pôr em prática os princípios de Winnicott (1971, p. 163) sobre o brincar, que dizia que "a brincadeira fornece uma organização para iniciação de relações emocionais e assim propicia o desenvolvimento de contatos sociais".

O espaço foi organizado com armários, quadro de avisos, quadro-negro, mesas, cadeiras e bancos, porém seria preciso alguém que permanecesse exclusivamente nessa sala. Optou-se por um profissional - na função de educador - que tinha por atribuição acolher as crianças e os adolescentes com seus pais ou responsáveis.

Ao abrir a oportunidade de estágio, enfatizou-se que o candidato iria ser supervisionado. O estagiário deveria anotar como foi o dia a dia com os usuários que estiveram no CNRVV e, junto com o supervisor, utilizar estratégias para lidar com as situações corriqueiras que poderiam envolver as crianças, como a disputa por algum objeto, o manejo ante os impasses de relacionamento entre pais ou responsáveis com seus filhos ou dependentes e, ainda, condutas que necessitassem de uma abordagem mais específica, tais como aquelas já descritas por vários estudiosos como comuns na dinâmica de quem vivencia situações violentas.

As dúvidas mais frequentes trazidas pelos estagiários envolviam a revelação do abuso e seus sintomas, tais como a masturbação e conversas de cunho sexual. Como lidar com tais assuntos? Diante de uma revelação de violência, como escutar e fazer que esse tema seja tratado no momento e local adequados e não na sala de espera? Os estagiários eram orientados a demonstrar empatia, mas não curiosidade, pois quando não há perguntas a criança ou o adolescente explicita o que aconteceu, sente a proximidade do profissional e encerra o relato. Na maioria das vezes, são as perguntas de esclarecimento que geram confusão, pois podem fazer que determinados temas sejam indevidamente abordados na sala de espera. A respeito da masturbação, a orientação foi de desmontar a cena com naturalidade, oferecendo um brinquedo ou propondo uma atividade sem, contudo, aplicar atitudes de censura. Essa postura oferece uma saída adequada, já que protege a criança e fortalece o papel do profissional na medida em que demonstra assertividade no encaminhamento das questões que envolvem sexualidade. Com isso, o profissional, a criança e o adolescente vão transformando os padrões de relacionamento aos poucos, o que viabiliza o retorno para o próximo encontro. Evita-se, assim, que a sala de espera fique estigmatizada, já que os acontecimentos do encontro anterior foram enfrentados com a neutralidade necessária para não gerar situações constrangedoras que poderiam solicitar mais tempo para ser elaboradas. Em suma, em tais situações, a firmeza e a objetividade do educador são ferramentas essenciais.

Existem, também, momentos em que as crianças e os adolescentes que estão na sala de espera testam os educadores ou até mesmo tentam reeditar situações envolvendo a violência. Chegam a sugerir por meio de palavras ou atitudes que o profissional forme com ele um par complementar (vítima/agressor). Nesse cenário, o usuário, a criança ou o adolescente desafia o educador, que, a seu turno, por não ter instrumentos suficientes, ou ainda não estar familiarizado com a dinâmica da violência, cai em contradição, abandonando a postura de respeito e acolhimento adotada até então. Com o apoio da supervisão e os conhecimentos que a prática da atividade oferece, o estagiário desenvolve um repertório variado para encaminhar esses impasses sem comprometer sua relação com os usuários. Essa supervisão ocorre semanalmente. Em casos de emergência, os estagiários sempre tiveram a prerrogativa de solicitar a presença do supervisor no momento em que fosse relevante lançar mão de um olhar especializado perante o impasse vivido.

O CNRVV realizava reuniões de equipe para discutir casos, nas quais dava notícias das observações feitas pelos educadores, como, por exemplo, o fato de os pais ou responsáveis não permitirem que as crianças brincassem livremente, impedindo-as de utilizar algum brinquedo ou material e questionando suas habilidades. Tal situação parecia uma disputa da atenção dos educadores e também demonstrava falta de paciência, repreendendo as crianças de forma sutil ou explícita. Assim, esses pais reproduziam no espaço da sala de espera a mesma dinâmica violenta vivida em seus lares, sem respeitar o espaço lúdico das crianças. Cabe assinalar aqui que no CNRVV tanto crianças quanto pais e responsáveis são encaminhados para atendimentos após a triagem.

A partir dessas reflexões, decidiu-se que os pais ou responsáveis deveriam ser estimulados a deixar seus filhos no espaço monitorado enquanto aguardavam na sala de espera habitual. Com essa atitude, houve melhora na qualidade dos vínculos. Foi possível estruturar melhor o funcionamento da sala de espera, pois o limite dá segurança e sistematiza o modo como cada um se comporta.

O trabalho do profissional que atua na sala de espera logo se mostrou fundamental e insubstituível. Entretanto, ficava cada vez mais clara a necessidade de um treinamento específico, já que a dinâmica das famílias em situação de violência possui particularidades que precisam ser compreendidas, elaboradas e trabalhadas. Aqui, leva-se em conta uma vertente pedagógica para ampliar o uso de ferramentas adequadas e um planejamento detalhado das ações.

Uma das medidas adotadas foi a ampliação das habilidades do profissional que ficaria na sala de espera. Como pré-requisito, o educador deveria ser alguém acolhedor, empático e que desenvolvesse trabalhos artísticos. A possibilidade de entrar em contato com materiais e técnicas novas em atividades individuais ou coletivas desencadeou mudanças na convivência entre crianças, profissionais e seus familiares.

O Natal é uma festa historicamente comemorada no CNRVV. O objetivo é fechar o ano com um evento que faça referência ao período de convivência e interação estabelecidas entre o serviço e seus usuários. Em princípio, no final do ano, o grupo de pais ou responsáveis reunia-se e organizava a festa. Cada um trazia um prato de salgado, doce ou bebida e a reunião acontecia em um clima no qual os usuários colocavam suas melhores roupas e traziam a família completa, pois, para muitos, era o único evento de um ano inteiro. A vida social era retomada e exercitada ali. Depois de algum tempo, as crianças e os adolescentes passaram a sugerir que seus aniversários também fossem comemorados. Dos aniversários passaram para o Dia das Crianças e, assim, para todas as festas anuais, como o carnaval, a Páscoa, o Dia Nacional do Combate ao Abuso e à Exploração Sexual e a festa junina, que eram comemoradas com objetos confeccionados pelo educador ou pelas próprias crianças. Essas datas, além de referendadas, são trabalhadas do ponto de vista da nossa cultura de maneira informal. São informações, histórias e curiosidades que ficam fixadas nas paredes da sala de espera.

Com o tempo, os usuários passaram a ser os responsáveis pela organização da festa de final de ano. Antes mesmo de definirmos a data, o grupo de pais ou responsáveis já dividia as tarefas e se prontificava a colaborar com o que tinham de melhor.

COMO ESTÁ A SALA DE ESPERA HOJE

Hoje, a sala de espera tem como foco o desenvolvimento do protagonismo e da autonomia das crianças e dos adolescentes. De acordo com Macedo (2005, p. 28), "ter autonomia é ser responsável, como parte e como todo, em uma relação".

Quando as crianças e os jovens são ouvidos e valorizados, apoderam-se do fato de que são "seres de direitos". O acesso a esse conhecimento contribui para que as crianças e os adolescentes reconheçam a si mesmos, fortaleçam sua autoestima e se sintam seguros na recuperação dos valores que foram deixados de lado no momento em que os atos de violência passaram a fazer parte do seu dia a dia. A utilização desses referenciais no funcionamento da sala de espera faz que os usuários do serviço entendam a função de cada etapa do atendimento, promove mudanças de atitude e o reconhecimento de onde e em qual momento as questões que dizem respeito à psicoterapia serão verbalizadas e encaminhadas.

Para Ribas (2012), "em qualquer etapa do seu desenvolvimento, ao contrário do que em geral acreditamos, meninos e meninas são capazes de opinar de forma compatível com seu momento de vida e de assumir mais responsabilidades nas decisões". Ao enfrentar desafios, os jovens ampliam a capacidade de tomar mais decisões e tornam-se a cada dia mais independentes e responsáveis.

Na sala de espera, a ênfase é no trabalho com a autonomia e na crença de que crianças e adolescentes são seres em fase peculiar de desenvolvimento que, independentemente das circunstâncias, possuem enorme potencial a ser explorado. Levam-se em conta a capacidade daquele ser humano de realizar as atividades desenvolvidas e as adequações que podem ser feitas para favorecer seu crescimento, estimulando o poder criativo existente em cada um. Cunha (2001, p. 91) aponta que "a educação informal como é exercida na brinquedoteca provoca transformações profundas porque acontece naturalmente. As formas de convivência democrática encorajam a autonomia e estimulam o amadurecimento emocional".

Instrumentalizar o sujeito para um novo modo de estar no mundo diminui os impactos provocados pela violência. Os usuários que frequentam o CNRVV estão muito envolvidos no histórico da violência que os levou ao atendimento. É nesse sentido que o trabalho da sala de espera oferece uma alternativa para saídas mais criativas. A proposta é que, ao deixar a sala de espera, a criança ou o adolescente leve consigo o que produziu (um boneco, um quadro, um móbile, um carrinho, um jogo, uma casinha, uma bola, uma flor, uma máscara, um chapéu...) e assim ofereça uma alternativa às palavras e atitudes abusivas frequentes no seu contexto familiar. Com o objeto na mão, o assunto muda. Não raras vezes, o responsável, ao buscá-lo, pode ter curiosidade sobre o objeto confeccionado e até ser presenteado com ele. Esse cenário já demonstra um passo em direção às mudanças de comportamento.

Inevitável aqui mencionar o conceito de "objeto intermediário", introduzido na teoria e na prática psicodramática[1] por Rojas-Bermudez (1970). Por seu intermédio, é possível restabelecer a comunicação que foi interrompida. Qualquer objeto que facilite, amplie ou modifique a comunicação torna-se um intermediário. Sua forma e seu material podem ser os mais variados: música, papel, figura, desenho ou uma diversidade de técnicas que favoreçam a comunicação (verbal e não verbal), como também a expressão dos sentimentos.

A criança ou o adolescente que vivencia as atividades pode experimentar diversas alternativas para chegar a um mesmo lugar, pois a construção de um brinquedo enriquece o brincar e ainda mostra dedicação de quem o confeccionou. Os materiais utilizados oferecem diferentes saídas. Quando o jovem consegue elaborar por si só uma vivência em contexto violento, é provável que, nesse momento, esteja quase superando sua falta de repertório para lidar com as situações que envolvem violência, a ponto de deixá-lo impotente e sem condições de reagir. Pelo desenvolvimento de suas competências (habilidades), ele pode trocar o sofrimento pela alegria do conhecer. Para Puttini (1997, p. 141),

---

1. Psicodrama: teoria criada por Jacob Levi Moreno (1889-1974).

o "conhecimento e a ciência das contradições na nossa vida nos possibilitam criar novas formas de representar o mundo, construindo novas ideias que resultam em novos saberes e novos fazeres". É a partir da concretização das atividades que aparecem novas possibilidades de respostas para situações vividas costumeiramente.

A CRIANÇA, O ADOLESCENTE, O GRUPO E SUAS PRODUÇÕES

Dentro desse clima de participação, na sala de espera ocorrem pelo menos duas propostas de trabalho: a coletiva e a individual. Como exemplo de trabalhos coletivos, houve a construção de um painel de uma cidade (Foto 3), um teatro de sombras e a confecção de um forro de papel para cobrir a mesa de atividades (Foto 4). Nas propostas coletivas, os participantes podem elaborar suas confecções a partir da observação do que já existe. Já os trabalhos individuais (Fotos 1 e 2) proporcionam retorno imediato à criança. Geralmente, ela começa e termina uma atividade no mesmo dia. Os trabalhos podem ser levados para casa ou deixados para uma exposição, decisão tomada pela criança. Os objetos são construídos com materiais que ela tenha facilidade de encontrar no seu dia a dia, como copos descartáveis, folhas de papel A4, rolos de papel higiênico, barbante, durex, jornais, fita crepe, garrafas PET, bolinhas de gude, entre outros. Essa proposta amadureceu após, em uma atividade com dobraduras, uma folha A4 ter se transformado em um copo. A princípio, parecia que sua utilidade seria muito limitada. Alguns até chegaram a atribuir-lhe o título de "sem graça". Porém, na semana seguinte, uma das crianças que deu esse conceito à atividade chegou muito contente com o resultado da multiplicação que ela conseguiu realizar. Ela disse: "Vocês nem vão acreditar! Eu fui com a escola passear no Parque da Cantareira. Chegando lá, tinha muita mina d'água e todos queriam tomar daquela água. A fila era grande e com a mão pegávamos pouca água. Eu me lembrei do copo de papel. Perguntei aos professores que estavam com a gente se eles haviam trazido folha de papel. Eles deram uma a cada aluno e eu ensinei a fazer o copo. Cada um construiu seu copo e pôde tomar bastante água! Agora eu vi para que serve!"

Tal experiência e relato ampliaram as perspectivas da criança. O benefício é notório no momento em que o jovem percebe o fazer e o introduz em seu cotidiano. Enquanto ele ensinava o grupo a confeccionar aquele copo de água, quem sabe ali estivesse surgindo o papel de um aluno que consegue incluir outras qualidades nos grupos dos quais participa. Muitas vezes, só se consegue vivenciar novos papéis quando há outros modelos para colocar em prática o aprendizado. É importante sinalizar que conhecer o processo denota desenvolver maior autonomia, a qual traz novas perspectivas de atuação. Cada jovem ou cada criança torna-se um cidadão livre e, a partir do próprio meio e de suas possibilidades, consegue executar no dia a dia seu poder criativo e espontâneo. Transformar a folha de papel em copo na frente do grupo de alunos e professores da escola abriu para o jovem um espaço, com novas possibilidades de acontecer, e reforçou a constatação da forte necessidade que todos têm de ser aceitos pelo grupo. Crianças e adolescentes, em especial, precisam disso para desenvolver a autoconfiança e sentir que são amados e respeitados. Cunha (2001, p. 35) aponta que "o brinquedo artesanal comove pela sua singeleza. Na construção destes brinquedos, parece que fica impregnada a dedicação das pessoas que fizeram".

Outro recorte traz a inclusão do jovem como observador da realidade e com contribuições para o desenvolvimento de medidas e aperfeiçoamento das instituições das quais participa. Em outra ocasião, a proposta foi trabalhar com massinha (farinha, água e sal). A busca de diversidade nas atividades envolve também o trabalho com os sentidos. Surge, então, a possibilidade de uma interseção entre os meios nos quais esses jovens convivem e a atividade que é desenvolvida. Terminada a atividade, uma jovem disse: "Estamos cheios de farinha vencida no abrigo... Vou dar a ideia de eles fazerem essa massinha com todas as crianças!" Pegou a receita e levou-a consigo. Para essa adolescente, essa resposta é diferente daquelas apresentadas nos últimos dias. Até então, nenhuma das propostas oferecidas gerou interesse. Ela queria ficar em seu canto, às vezes lia ou só observava, enquanto as outras crianças e adolescentes interagiam entre si e com as atividades. Diante do que foi descrito, Puttini e Lima (1998) apontam que "devemos tomar consciência e acreditar nas pequenas mudanças, no pequeno mundo – micropolar, para atingir mudanças estruturais – o macropoder. As pequenas transformações podem gerar influências e mudanças profundas".

SOBRE A METODOLOGIA UTILIZADA NA SALA DE ESPERA

NO TRABALHO DA SALA de espera, a aprendizagem é valorizada como um direito. Para Macedo (2005, p. 56), "valorizar a aprendizagem como um direito nosso é maravilhoso, porque nos convida ao aperfeiçoamento, à expressão de pensamentos, de sentimentos, de aspirações, de crenças, de hipóteses, de experiência". Nesse sentido, procurou-se incluir nas atividades o despertar de competências já presentes na vida de cada criança e de cada jovem, mas que, em virtude dos maus-tratos, do abandono e da violência nas suas mais variadas modalidades, foram deixadas de lado. Entre essas competências estão a disciplina, que canaliza nossas energias em favor de um objetivo ou tarefa, e a autonomia.

O investimento em autonomia e disciplina acaba por englobar outras qualidades que, com o passar do tempo, podem ser cultivadas. Porém, para iniciar, é importante resgatar a função da disciplina. Para Macedo (*ibidem*, p. 46), a disciplina "tem valor de sobrevivência, que significa a alegria pela tarefa realizada e ainda que o ser ativo ensina-nos a disciplina da responsabilidade".

Ao falar de disciplina e autonomia, é importante apontar que na sala de espera as atividades são desenvolvidas com base em um processo no qual os usuários passam pelas três principais etapas de elaboração de um objeto: o princípio, o meio e o fim. Ou seja, cada usuário tem acesso a todo o processo de construção dos objetos confeccionados. Muitas vezes, as crianças e os adolescentes sentem-se incapazes por nunca terem finalizado uma tarefa. Na sala de espera, esse passo é uma missão. Quando veem o resultado do que conseguiram produzir com organização e disciplina, a criança e o adolescente soltam uma exclamação: "Eu nem acredito... fui eu que fiz!" E à medida que repetem a experiência, já com maior autonomia, modificam o jeito de se dedicar e aos poucos conseguem perceber a grandiosidade do que é adquirir um novo conhecimento. Macedo (2005, p. 93) fala que "a aventura do conhecimento é compartilhada, portanto reúne ao mesmo tempo interesses psicológicos, biológicos, sociológicos, antropológicos, linguísticos, artísticos e culturais".

Para levar adiante as ações propostas, é fundamental que o trabalho da sala de espera seja planejado. Macedo (*ibidem*, p. 86) menciona que o planejamento "é um trabalho no presente que nos prepara para o futuro que queremos ver acontecer, senão se reduz a uma atividade burocrática". Outra qualidade do planejamento é o fortalecimento do profissional que está na sala de espera. Ao planejar, ele demonstra ser responsável; com isso, novos atributos passam a acompanhar esse profissional, entre eles a capacidade de liderança e coordenação.

É importante mencionar que esse planejamento é informal e serve para dar o "pontapé inicial" no trabalho desenvolvido na sala de espera e gerar uma atmosfera acolhedora. Cunha (2001, p. 83) aponta que "o importante é manter o entusiasmo e o clima de criatividade, trazendo novidades e mobilizando a vontade de participar". O planejamento também colabora na operacionalização das tarefas a serem elaboradas. Assim, uma das estratégias adotadas pelo educador é já dar início às atividades propostas, mesmo que ainda nenhum usuário esteja na sala de espera. A partir dessa ação, o usuário talvez manifeste curiosidade com relação ao que o educador está realizando e ele mesmo comece e termine a confecção do próprio trabalho. Muitas vezes, o movimento que existe na sala de espera pode ser um primeiro chamado para que, um tempo depois, a criança ou o adolescente se interesse por outra atividade ou até mesmo sugira novos jogos, brincadeiras ou artesanato que possa ensinar ou se arriscar na confecção.

Também é importante mencionar que a sala de espera tem como missão ser o foco dos usuários desse local. Vale lembrar que o CNRVV é um centro que tem sua sede dentro do Instituto Sedes Sapientiae, um prédio com vários andares, salas, cozinha, elevador, garagem, outros centros e departamentos. Além dos atendimentos, há outras atividades paralelas, como aulas, palestras, reuniões, atendimentos clínicos, entre outros. Por isso, a sala de espera desempenha um papel importante no serviço de proteção.

Quando se levam em conta as atribuições que foram mencionadas acima, é preciso pensar nas características requeridas do profissional para atuar na sala de espera. Apesar de não ser exclusivamente uma brinquedoteca, a sala de espera em muitos momentos pode lembrar esse espaço, e o perfil do profissional que trabalha ali é muito semelhante ao de um brinquedista. Cunha (2001, p. 74) menciona que "esta profissão, à qual não se chega através de um diploma, mas por convicção, requer um sólido otimismo". Porém, além de otimismo, quem trabalha na sala de espera precisa ter sensibilidade, entusiasmo, determinação e competência.

Quanto à supervisão do trabalho, os encontros continuam sendo semanais, já que, pelo hábito de avaliar o que acontece na sala de espera, é possível manter as atividades bem recebidas pelos usuários e, ainda, dar outra direção ao que precisa melhorar. Nesse espaço são discutidos, também, os problemas que dizem respeito às crianças e à participação de cada uma no seu meio social. Essas reuniões evitam que o trabalho caia na rotina e asseguram a qualidade das intervenções. As trocas proporcionam crescimento individual a todos os participantes do grupo, oferecendo a cada um a oportunidade de conhecer melhor seu desempenho no papel. Ainda é importante dizer que a equipe realiza grupos de estudo, durante os quais são discutidos assuntos referentes ao desenvolvimento infantil (peça importante para compreender como os seres humanos se transformam) e ao planejamento das atividades, assim como são elaboradas dinâmicas relativas aos contextos nos quais a violência doméstica fez e faz presente.

O movimento e as transformações na sala de espera são contínuos. Por reproduzir um ambiente similar ao de uma brinquedoteca, a sala de espera oferece à criança, segundo Cunha (2001, p. 89), "uma rara oportunidade de compensar as desvantagens socioculturais", e ainda fomenta a produção de conhecimento com uma riqueza que só é possível observar com a prática.

Figura 1. Atividades variadas (produções individuais).

Figura 2. Painel com colagem e pintura (produções individuais).

Figura 3. "A cidade" (produção coletiva).

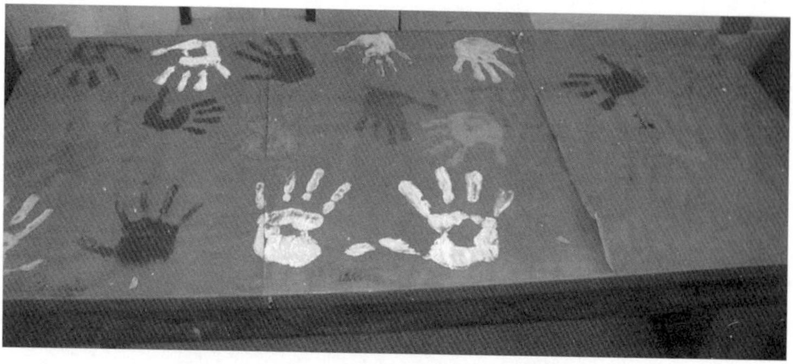

Figura 4. "A mão e suas marcas" (produção coletiva).

* Atividades elaboradas pela arte-educadora Janaina Mara Teixeira Nunes

REFERÊNCIAS

Cunha, N. *Brinquedoteca: um mergulho no brincar.* São Paulo: Vetor, 2001.

Ferrari, D. C. A.; Vecina, T. C. C. (orgs.). *O fim do silêncio na violência familiar.* São Paulo: Ágora, 2002.

Macedo, L. de. *Ensaios pedagógicos: como construir uma escola para todos?* Porto Alegre: Artmed, 2005.

Puttini, E. F.; Lima, L. M. S. (orgs.). *Ações educativas: vivências com psicodrama na prática pedagógica.* São Paulo: Ágora, 1997.

Ribas, R. *Proteção dos direitos sexuais a partir da perspectiva do público-sujeito.* Texto referência Pair – Programa de Ações Integradas e Referenciais de Enfrentamento à Violência Infantojuvenil no Território Brasileiro, 2012.

Rojas-Bermudez, J. G. *Introdução ao psicodrama.* São Paulo: Mestre Jou, 1980.

Winnicott, D. W. *A criança e o seu mundo.* Rio de Janeiro: Zahar, 1971.

11 A elaboração de relatórios psicológicos para a Justiça

Lílian Aparecida de Brito Alves

O OBJETIVO DO PRESENTE texto é propor reflexões sobre o desafio e a possibilidade de estabelecer critérios e referências na elaboração de relatórios psicológicos para prestação de informações sobre os atendimentos psicossociais realizados por profissionais do Centro de Referência às Vítimas de Violência (CNRVV). Esses relatórios são enviados aos parceiros que compõem o Sistema de Garantia de Direitos da Criança e do Adolescente, que articula e integra as instâncias públicas governamentais e da sociedade civil na promoção, na defesa e no controle para a efetivação dos direitos humanos da criança e do adolescente, conforme disciplinado pela Resolução nº 113 do Conanda, recentemente alterada pela Resolução nº 117.

Para refletirmos sobre critérios para elaboração de relatórios psicológicos, utilizamos como base a Resolução do Conselho Federal de Psicologia (CFP) nº 007/2003 – *Manual de elaboração de documentos decorrentes de avaliações psicológicas* – documento de referência para a atuação do psicólogo dentro das políticas públicas elaborados pelo Crepop e pela Portaria nº 46/2010/Smads, que dispõe sobre a Tipificação da Rede Socioassistencial do Município de São Paulo. Propomos analisar as seguintes questões: o que é importante informar? Como serão utilizadas essas informações? Qual a finalidade do documento específico?

Além disso, propomo-nos a refletir sobre os riscos de representações éticas junto ao Conselho de Classe contra psicólogos que atuam em serviços de atendimento às famílias em situação de violência, que frequentemente recebem solicitações da Justiça para elaborar pareceres sobre a veracidade dos relatos e históricos dos casos. As representações éticas ocorrem quando aqueles citados pelos relatórios se sentem prejudicados pelo psicólogo que assina o documento, contestando o afirmado por meio de advogado de defesa, no Conselho da profissão.

ATUAÇÃO DO PSICÓLOGO NO SERVIÇO DE PROTEÇÃO SOCIAL ÀS CRIANÇAS E ADOLESCENTES VÍTIMAS DE VIOLÊNCIA

O CNRVV, como organização atuante na Rede de Proteção Social, é conveniado ao Centro de Referência de Assistência Social (Cras) ou ao Centro de Referência Especializado de Assistência Social (Creas), instâncias da Secretaria de Assistência Social responsáveis pela implementação do Serviço de Proteção Social às Crianças e Adolescentes Vítimas de Violência, que tem como objetivo o atendimento a usuários e famílias com direitos ameaçados ou violados. Esse público, por vivenciar situações de maior complexidade, requer acompanhamento psicossocial, e a intervenção, em geral, deve ser conjunta com órgãos do Poder Judiciário, da Segurança Pública, do Ministério Público e dos Conselhos Tutelares.

Dentro desse contexto, é previsto na Portaria (nº 46/2010/ Smads, p. 84) que o Serviço de Proteção Social deve oferecer um conjunto de procedimentos técnicos especializados, por meio do atendimento social. Também é necessário um atendimento psicossocial, em perspectiva interdisciplinar e de articulação intersetorial, às crianças e aos adolescentes vítimas de violência doméstica, abuso ou exploração sexual, bem como aos seus familiares e, quando possível, ao agressor, proporcionando-lhes condições para o fortalecimento da autoestima, a superação da situação de violação de direitos e a reparação da violência vivida.

Para Amorim (Crepop, 2009, p. 44), no campo da assistência social, as ações do psicólogo, especialmente no Serviço de Enfrentamento à Violência Sexual contra Crianças e Adolescentes e suas Famílias, requerem embasamento teórico bem definido, que possibilite adequada leitura da situação e dos sujeitos nela envolvidos; planejamento, que norteará as ações em cada caso; registro, que possibilite o contínuo estudo das situações; e avaliação sistemática, que visa constatar a adequação das ações sugeridas pelo Centro de Referência Técnica em Psicologia e Políticas Públicas (Crepop).

Segundo documento de referências técnicas elaborado pelo Crepop (2009), braço do Conselho Federal de Psicologia (CFP) que regulamenta a atuação do psicólogo dentro das políticas públicas, a avaliação psicológica tem como objetivo compreender a situação de violência e dimensionar seus impactos sobre a criança ou o adolescente e a família. Além disso, possibilita ao profissional verificar qual intervenção propor: abordagem psicossocial ou psicoterapia, outras avaliações, entrevistas ou processos diagnósticos.

No que refere ao atendimento psicossocial, o documento *Orientações técnicas: Centro de Referência Especializado de Assistência Social – Creas* (Brasil, 2011) compreende que ele deve ser ofertado de forma continuada, de acordo com as demandas apresentadas, o que envolve atendimentos individuais, familiares e em grupo, orientação jurídico-social, visitas domiciliares, entre outras estratégias de intervenção. O atendimento deve ser construído em conjunto com cada família e indivíduo, apontando as estratégias a serem adotadas, e o encaminhamento e a periodicidade dos atendimentos, proporcionando escuta qualificada, reflexão e construção de novas possibilidades de interação aos familiares no contexto social e no enfrentamento das situações de violação. Ainda está previsto que toda demanda que requeira atenção psicoterapêutica seja encaminhada às unidades de saúde especializadas no atendimento de crianças e adolescentes, pois esta é uma atribuição da política pública de saúde (Crepop, 2009).

Tais ações específicas devem ser planejadas para que a intervenção seja bem-sucedida. Para isso, é imprescindível o envolvimento de toda a rede local de atenção à infância e à adolescência, sendo necessária a adoção de uma prática de atendimento articulada e integrada com outros profissionais e serviços (saúde, educação, Justiça) para que os encaminhamentos sejam efetivos e a família, devidamente acompanhada. Entretanto, apesar dos esforços realizados em nosso cotidiano de trabalho, encontramos muitas dificuldades para ampliar as possibilidades de atendimento às famílias no enfrentamento dos riscos sociais, em consonância com o cumprimento das diretrizes previstas no Plano Municipal de Enfrentamento da Violência, Abuso e Exploração Sexual contra Crianças e Adolescentes. Entre os problemas podemos destacar: a insuficiência de serviços especializados; a burocracia dos encaminhamentos, devido à desarticulação dos diferentes setores que compõem a rede de referência; a falta de profissionais; e um fluxo ainda em construção que compromete o devido acolhimento do público encaminhado. Ressaltamos ainda a morosidade do Judiciário e a precariedade nos atendimentos dos Conselhos Tutelares para requisitar prestação de serviços e atender a solicitações de acompanhamento, pois ainda contam com profissionais sem uma formação específica para lidar com essa temática.

Além disso, para atender à demanda de encaminhamentos psicoterapêuticos, temos percebido no fluxo da rede de saúde a falta de vagas para atendimento, longas listas de espera e poucos psicólogos nas Unidades Básicas de Saúde (UBSs) ou, quando há, despreparados para atender as vítimas de violência. Diante dessa situação e da urgência do tema, temos recebido encaminhamentos de UBS principalmente para situações com hipótese ou confirmação de violência sexual. Essas dificuldades são discutidas em reuniões técnicas ou em fóruns de debates realizados para o estabelecimento de parcerias. Um indicador que corrobora esse cenário é o levantamento interno de fontes encaminhadoras dos casos em acompanhamento. Atualmente, na unidade do CNRVV que atende à região do Butantã, temos os seguintes dados: 38% dos casos foram encaminhados pelos Conselhos Tutelares; 19% da saúde, sendo nossa segunda maior fonte encaminhadora; 14% de instituições existentes nas comunidades; 9% do Cras - Butantã; 6% vindas da educação; 6% do Poder Judiciário/Ministério Público; 5% vindas de Serviços de Acolhimento; e 3% são de busca espontânea (família). Acreditamos que alguns desses impasses poderiam ser minimizados com uma maior e diversificada oferta de programas de atendimento em saúde e com a participação dos profissionais em encontros de formação sobre a temática.

A PRODUÇÃO DE DOCUMENTOS ESCRITOS: CONVICÇÕES ÉTICAS E DELIMITAÇÃO DE CAMPOS DE ATUAÇÃO

É dentro desse contexto de enfrentamento à violência doméstica, ao abuso e à exploração sexual contra crianças e adolescentes que se circunscreve a questão da produção de documentos escritos sobre os desafios e impasses frequentemente suscitados em reuniões de estudo e discussão de casos. Entre eles podemos destacar: requisições de delegacias, para que elaboremos relatórios que instruam inquérito policial; solicitações de laudos psicológicos vindas do Poder Judiciário; e as consequentes preocupações da equipe sobre como os profissionais parceiros da rede têm entendido o papel desses documentos no processo de intervenção junto às crianças e aos adolescentes em situação de violência.

Ainda nesse conjunto de preocupações, temos a ansiedade e as solicitações de mães ou responsáveis pela criança ou pelo adolescente que esperam por um documento que afirme ter havido ou não o abuso, o que auxilia no processo jurídico e no ensejo de poder, enfim, condenar o agressor. Diante desse cenário, muitas vezes, os profissionais tendem a manter um posicionamento de resistência, críticos aos cuidados necessários para avaliar o que expor, não porque se recusem a atender às solicitações, mas porque precisam ponderá-las com base em suas convicções éticas, respeitando as delimitações do campo de atuação profissional. Como indica Bicalho (2009, p. 7),

> trata-se de uma subversão da demanda, demonstrando sua capacidade em ser crítico para avaliar o que é solicitado, e questionar até que ponto o pedido supera suas possibilidades, para que possa pensar em outras práticas, outros fazeres mais condizentes com seus preceitos éticos.

Nos processos de avaliação dos casos que acompanhamos, uma das maiores preocupações refere-se ao princípio ético sobre o sigilo profissional, no que concerne à exposição de informações que a criança ou o adolescente confiou dizer nos atendimentos, seja em reuniões com profissionais da rede parceira seja na construção de relatórios enviados ao Poder Judiciário.

Arantes (2008), ao discorrer sobre as relações entre as práticas da Psicologia e do Direito, aponta que as perguntas feitas pelo psicólogo à criança não pretendem esclarecer a "verdade real" ou a "verdade verdadeira dos fatos". Nas práticas psi, fantasias, erros, lapsos, esquecimentos, sonhos, silêncios e contradições não são entendidos como opostos à verdade. No atendimento, a escuta do psicólogo é orientada pelas demandas e pelos desejos da criança e não pelas necessidades do processo.

Outro dilema frequente enfoca as repercussões que o relatório pode desencadear na vida da criança ou do adolescente e na de suas famílias, na medida em que tem o poder de determinar o destino das pessoas e contribuir para o esclarecimento da situação e o encaminhamento, se for o caso, da família a programas de proteção. Com isso, podemos perceber que, dada a complexidade do conteúdo a ser desenvolvido e redigido, é responsabilidade do profissional dispor de todos os cuidados necessários para produzir relatórios, pois eles terão desdobramentos para os envolvidos que exigem cautela e consistência nas fundamentações e posições assumidas.

Vale ressaltar que o Código de Ética Profissional do psicólogo estabelece, no artigo 1º, que são deveres fundamentais dos psicólogos informar, a quem de direito, os resultados decorrentes da prestação de serviços psicológicos, transmitindo somente o que for necessário para a tomada de decisões que afetem o usuário ou o beneficiário; orientar a quem de direito sobre os encaminhamentos apropriados, a partir da prestação de serviços psicológicos; e fornecer, sempre que solicitados, os documentos pertinentes ao bom termo do trabalho. Contudo, também estabelece o artigo 9º que é dever do psicólogo respeitar o sigilo profissional a fim de proteger, por meio da confidencialidade, a intimidade das pessoas, grupos ou organizações a que tenha acesso no exercício profissional. Em situações que se configure conflito entre as exigências decorrentes do artigo 9º e as afirmações dos princípios fundamentais do Código de Ética, excetuando-se os casos previstos em lei, o psicólogo poderá decidir pela quebra de sigilo, baseando sua decisão na busca do menor prejuízo, como enfatiza o artigo 10, parágrafo único: "Em caso de quebra do sigilo previsto no *caput* deste artigo, o psicólogo deverá restringir-se a prestar as informações estritamente necessárias".

Outra preocupação discutida em equipe diz respeito aos cuidados a serem tomados para evitar representações éticas junto ao Conselho de Classe, principalmente em casos de suspeitas de abuso sexual, visto que a maioria dos exames sexológicos feitos pelo Instituto Médico Legal (IML) tem resultados negativos por inexistência de vestígios, sobretudo quando são realizados após 72 horas da ocorrência. Não havendo provas nos autos do processo, os relatórios de atendimento psicossocial emitidos podem também não apresentar dados suficientes para confirmar a denúncia, tendo somente como informar indícios de abuso sexual. Aqui se evidencia a difícil tarefa do profissional, pois na elaboração de relatórios, ao expressar conclusões por meio dos dados colhidos e analisados nos atendimentos psicossociais, o "fato informado" e a "verificação desses" não são atestados, como nos solicita o Poder Judiciário. Ao mesmo tempo, torna-se imprescindível a assertividade de indicações, principalmente em casos de situações de riscos, com argumentos fundamentados para assegurar a devida proteção da criança e do adolescente que tiveram seus direitos violados.

Percebemos que, apesar de termos um *Manual de elaboração de documentos decorrentes de avaliações psicológicas*, ainda são muitos os desafios e riscos de denúncias éticas enfrentados por psicólogos no âmbito da produção de relatórios para a Justiça.

No intuito de evitar tais riscos, alguns critérios devem ser considerados na estrutura do relatório, devendo-se distinguir quem o solicita, o objetivo, quem atendeu e quem foi atendido, metodologias utilizadas, dados obtidos, encaminhamentos feitos e prognósticos. Além disso, as afirmações referidas no documento devem ser respaldadas por referências bibliográficas e indicações conceituais específicas, compondo os elementos mínimos recomendados pela Resolução CFP nº 007/2003 a fim de diminuir a possibilidade de ter o trabalho questionado ou protestado eticamente.

Conforme afirmou a presidente da Comissão de Ética do CRP-SP em 2003, Elisa Zaneratto Rosa (2003), "ao não fundamentar adequadamente sua posição, não deixando claro qual a metodologia utilizada para chegar à conclusão apresentada, o psicólogo deixa dúvidas e provoca mal-estar".

Shine (2009), em sua pesquisa que teve como foco a análise de documentos produzidos por psicólogos para o Poder Judiciário, identificou que os laudos foram considerados falhos por serem alheios às regras do discurso científico, não respeitarem as regras da lógica formal e da prática científica e fazerem afirmações de pessoas não avaliadas. Sendo assim, consideramos imprescindível, para resguardar e respaldar a instituição, que se incluam falas de diferentes membros da mesma família para observar a dinâmica familiar, atendendo, ao menos uma vez, ambos os pais ou responsáveis da criança ou adolescente e, quando possível, o ofensor, além de solicitar uma Declaração de Consentimento dos Pais para o atendimento.

Quando um psicólogo é denunciado ao CRP, é contatado, sendo-lhe solicitado apresentar uma "defesa prévia" das acusações que lhe foram feitas por escrito. Se considerado culpado por falta de ética, o profissional receberá as penalidades previstas no Código CFP, podendo ser: advertência, multa, censura pública, suspensão ou cassação do exercício profissional.

LAUDOS OU RELATÓRIOS DE ATENDIMENTOS PSICOSSOCIAIS?

Para subsidiar o presente debate, começamos apresentando algumas considerações conceituais sobre laudo e relatório psicológico.

Para a Justiça, o laudo ou relatório psicológico é considerado uma prova técnica, instrumento que dará acesso à verdade com o poder de determinar o destino das pessoas, uma vez que ele poderá fornecer subsídios para a decisão judicial. Para a psicologia, segundo Shine (2009, p. 11), ele deveria ser uma forma de chamar a atenção às necessidades psicológicas das crianças e dos adolescentes envolvidos em situação de violência doméstica, abuso ou exploração sexual.

Silva (2003, p. 177, *apud* Granjeiro e Costa, 2008) afirma que o Poder Judiciário entende que o parecer fornecido pelo psicólogo funciona como um "operador da verdade, que irá apenas constar quais fatos e quais argumentos são verdadeiros e quais evidências servem realmente como provas". O Crepop (2010, p. 40) indica um contraponto a esse respeito, orientando que "o parecer psicológico é apenas mais uma informação entre as muitas que compõem um processo, cabendo ao juiz, a partir da avaliação de todos os dados disponíveis na peça processual e do disposto no sistema de leis que regem a sociedade, julgar".

Sobre a discussão entre fornecer um laudo ou um relatório de atendimento psicossocial, há algumas considerações que enfocam a diferenciação entre os dois tipos de documentos. Segundo Granjeiro e Costa (2008, p. 168, *apud* Cesca, 2004), "o envio de um relatório – e não de um laudo – é um grito silencioso" do setor psicossocial pela maior integração entre o Direito e a Psicologia, enfatizando que os diferentes campos de trabalho devem circunscrever a produção de documentos ao enfoque de sua atuação profissional.

Segundo o dicionário Aurélio (1999), laudo é uma "peça escrita, fundamentada, na qual os peritos expõem as observações e estudos que fizeram e registram as conclusões da perícia". Visto que laudo é um documento feito por peritos nomeados pela Justiça que busca subsidiar o juiz na "busca da verdade", entendemos que o que se pode esperar de um estudo psicossocial é o fornecimento de um relatório. Esse relatório deve conter informações sobre os dados colhidos e analisados, à luz de um instrumental técnico (entrevistas, dinâmicas, testes psicológicos, observação, exame psíquico, intervenção verbal) e teoricamente embasado pelo profissional, com o intuito de propiciar melhor entendimento da situação da criança ou do adolescente vítima de violência e de seus familiares, levando-se em consideração o contexto social, econômico, histórico e cultural dessas famílias, assegurando informar estados psicológicos e aspectos relevantes quanto à gravidade e aos riscos envolvidos para que demais órgãos competentes possam intervir na garantia dos direitos da criança ou do adolescente.

Além do que já foi apontado, ainda temos os relatórios rejeitados por serem considerados "insatisfatórios", seja por não conterem as informações esperadas pelos requisitantes, tais como parecer conclusivo sobre se houve ou não abuso sexual para subsidiar o processo judicial, seja quanto à qualidade dos documentos escritos, por apresentar linguagem pouco esclarecedora e não objetiva no que se espera como resposta aos quesitos formulados.

Diante do exposto, entre as reflexões mais suscitadas destacam-se: o que é necessário e suficiente descrever no relatório psicológico de um atendimento psicossocial para atender a requisições feitas, com estas muitas vezes não dizendo respeito ao foco de trabalho do psicólogo, que é o tratamento das sequelas psicológicas trazidas pela experiência abusiva? Como ser fiel às crianças, aos adolescentes e a seus familiares atendidos retratados no relatório sem tornar o material longo e pouco objetivo? Como garantir que sua utilização seja reservada e ética?

Na perspectiva de atender a questionamentos dessa ordem, o Conselho Federal de Psicologia (CFP) criou o *Manual de elaboração de documentos decorrentes de avaliações psicológicas* – Resolução nº 007/2003, que tem como objetivo orientar o profissional na confecção de documentos, fornecendo os subsídios éticos e técnicos necessários. Além de apontar as formas de redação de documentos, o Manual apresenta parâmetros importantes para a elaboração de laudos ou relatórios psicológicos, reduzindo a ocorrência de falhas éticas.

Vale ressaltar que nos Serviços de Proteção Social, o relatório produzido deve ter como referência o Plano Individual de Atendimento (PIA) ou familiar e deve considerar os condicionantes históricos e sociais e seus efeitos na constituição dos sujeitos, trazendo para reflexão os aspectos subjetivos que influenciam na relação do indivíduo com seu contexto social e, por vezes, constituem dinâmica de violações (Crepop, 2012, p. 77). Delimita-se e discrimina-se assim uma forma de comunicação escrita condizente com um serviço de atendimento psicossocial. O relatório não deve ser confundido com "laudos periciais" ou outros documentos com finalidade investigativa, que "constituem atribuição das equipes interprofissionais dos órgãos do sistema de defesa e responsabilização" (Brasil, 2011, p. 43 e 70).

Nesse sentido, Dalka Ferrari (2007) reforça a necessidade de o psicólogo dispor de conhecimento e consciência de que há outra instância capaz de cumprir o papel de investigação, sem, contudo nos furtarmos da responsabilidade da notificação: "Se ele insistir em intervir e não notificar, o caso pode assumir contornos mais graves, tanto para a criança quanto para o profissional".

Inicialmente, para refletir sobre a elaboração de relatório, o profissional deverá avaliar o que é solicitado e informar o que quer comunicar, sem julgamentos morais ou considerações que não façam parte da finalidade do documento, questionando até que ponto o pedido vai além das suas possibilidades de posicionar-se eticamente. Complementando tal informação, o documento do Crepop – Varas de Família (2010) também nos alerta:

> Na confecção dos documentos escritos, deve-se ter cuidado quanto ao uso de termos, expressões e conceitos que muitas vezes só têm sentido, ou são próprios de uma disciplina. Da mesma forma, se compreende que não é necessário reproduzir em relatórios, laudos ou pareceres frases ditas pelos sujeitos, em uma tentativa de justificar a argumentação utilizada, ou de provar a veracidade do que está sendo apresentado, pois as palavras não possuem a mesma materialidade para o Direito e para a Psicologia.

Postas as questões fundamentais sobre o conteúdo, seguimos nossa discussão enfocando a forma de apresentação escrita dos documentos aqui colocados em análise. Tomamos como base o mesmo Manual do CFP (2003), anteriormente citado, e seus princípios norteadores. Sobre a linguagem escrita, ele orienta que deve ser precisa, clara, inteligível e concisa, ou seja, deve se restringir pontualmente às informações que se fizerem necessárias, recusando qualquer tipo de consideração que não tenha relação com a finalidade do documento específico e apresentando sequência ou ordenamento adequado dos conteúdos. Essa "economia verbal" requer do psicólogo a atenção para alcançar o equilíbrio entre uma redação lacônica e o exagero de uma redação prolixa. O Manual (2003) ainda enfatiza que o psicólogo deve estar atento aos princípios éticos na elaboração de documentos decorrentes de avaliação psicológica, principalmente no que se refere aos

> cuidados em relação aos deveres do psicólogo nas suas relações com a pessoa atendida, ao sigilo profissional, às relações com a justiça e ao alcance das informações – identificando riscos e compromissos em relação à utilização das informações presentes nos documentos em sua dimensão de relações de poder.

Essa indicação ética contraria argumentações segundo as quais, quando se trata de laudo, relatório ou parecer a ser encaminhado ao Judiciário, o psicólogo deve relatar tudo que ouviu ou de que tem conhecimento, sendo o dever fundamental do psicólogo "informar, a quem de direito, os resultados decorrentes da prestação de serviços psicológicos, transmitindo somente o que for necessário para a tomada de decisões" (CFP, 2005, p. 3). Há de se esclarecer também que os relatórios de avaliação ou acompanhamento psicológico não são de natureza definitiva, devendo ser considerados dinâmicos e pontuais.

Quanto à *finalidade do relatório*, é importante apresentar os procedimentos e as conclusões geradas pelo processo de avaliação, relatando os encaminhamentos, as intervenções, o diagnóstico, o prognóstico e a evolução do caso, orientação e sugestão de projeto terapêutico, limitando-se a fornecer somente as informações necessárias e relacionadas à demanda, solicitação ou petição. O que podemos inferir de toda essa discussão é que, no que se refere à finalidade, o laudo pericial e o relatório psicossocial podem apresentar objetivos parecidos. Contudo, o relatório tem, por assim dizer, direito à dúvida, ao questionamento, a lançar luz sobre uma maior necessidade de investigação. A grande questão é como o Poder Judiciário tem reagido a essa premissa.

No que se refere à *análise*, o psicólogo deve fazer uma exposição descritiva, de forma metódica, objetiva e fiel dos dados colhidos e das situações vividas que estejam relacionados à demanda em sua complexidade. Ele não deve fazer afirmações sem se sustentar em fatos ou teorias. Talvez um dos maiores desafios na elaboração de um relatório psicológico seja o de apresentar uma linguagem clara e precisa, especialmente quando se referir aos dados de natureza subjetiva.

Na *conclusão* o psicólogo deverá expor o resultado ou as considerações a respeito de sua análise, com base nas referências que subsidiaram o trabalho, além das sugestões e projetos de trabalho que contemplem a complexidade das variáveis envolvidas durante o processo.

A título mais de fomento do que de conclusão sobre esse campo de debate, principalmente por reconhecermos a fertilidade e as inquietações que permeiam as práticas profissionais da produção de documentos escritos, entendemos que o que é possível oferecer sobre o atendimento psicossocial de crianças e adolescentes vítimas de violência em um serviço de proteção social é um relatório psicológico descritivo, mais ou menos minucioso, com os dados colhidos e analisados durante os atendimentos, com aquilo que foi ouvido e observado, apontando situações de riscos, vulnerabilidade e condições psicológicas, sociais, políticas e culturais da família, visando que os órgãos competentes possam intervir na proteção e garantia dos direitos da criança ou do adolescente. Como se trata de um trabalho interdisciplinar, o relatório deve ser elaborado por profissionais dos diferentes campos envolvidos, guardando as delimitações em expressões de sua área de conhecimento feitas separadamente e levando em consideração atribuições privativas de cada profissão, conforme ementa da Resolução CFESS nº 557/2009. Cabe destacar que tal documento deverá ser apenas um elemento informativo dentro do processo judicial, que pode ou não colaborar na decisão do juiz e na penalização do ofensor.

Por fim, consideramos imprescindível que se assuma um compromisso ético-político na avaliação dos dados a serem mensurados em relatórios psicológicos de atendimentos psicossociais, ressaltando que, quanto melhor for a instrumentalização teórica e técnica, mais fácil será impor-se profissionalmente. E, terminando com o pensamento de Chauí (1998), enfatizamos que "a ação ética extrapola a moral em si, relacionando-se à consciência responsável, à liberdade, à autonomia de decisões, à defesa dos direitos humanos e da cidadania".

REFERÊNCIAS

Arantes, E. M. M. *Mediante quais práticas a psicologia e o direito pretendem discutir a relação? Anotações sobre o mal-estar.* In: Coimbra, L. A.; Nascimento M. L. (orgs.). *Pivetes: encontro entre a psicologia e o judiciário.* Curitiba: Juruá, 2008, p. 131-48. Disponível em: <http://www.crprj.org.br/documentos/2007artigo-esther-arantes.pdf>. Acesso em: 9 set. 2014.

Bicalho, P. P. G. *Psicopatologia e justiça: a busca por possibilidades de encontros.* In: Encontro Estadual dos Serviços de Psicologia das Instituições de Ensino Superior de Santa Catarina: Possibilidades, Limites e Desafios, n. 1, 2009, Florianópolis. Disponível em: <http://www.crpsc.org.br/publicacoes/dados/arquivos/palestras/palestra_PedroBicalho.pdf>. Acesso em: 9 set. 2014.

Cesca, T. B. (2004). "O papel do psicólogo na violência intrafamiliar: possíveis articulações". *Psicologia Social* [online], v. 16, n. 3, 2004, p. 41-44. Disponível em: <http://www.scielo.br/scielo.php?script=sci_pdf&pid=S0102-71822004000300006&lng=en&nrm=iso&tlng=pt>. Acesso em: 9 set. 2014.

Crepop. "Serviço de Proteção Social a Crianças e Adolescentes Vítimas de Violência, Abuso e Exploração Sexual e suas Famílias: referências para a atuação do psicólogo". *Conselho Federal de Psicologia.* Brasília: CFP, 2009.

CRP-SP. *Manual de elaboração de documentos decorrentes de avaliações psicológicas.* Resolução CFP nº 007/2003. Disponível em: <http://www.crpsp.org.br/portal/orientacao/resolucoes_cfp/fr_cfp_007-03_manual_elabor_doc.aspx>. Acesso em: 9 set. 2014.

______. "Referências técnicas para atuação do psicólogo em varas de família". *Conselho Federal de Psicologia.* Brasília: CFP, 2010.

______. "Referências técnicas para a atuação das(os) psicólogas(os) no Centro de Referência Especializado de Assistência Social - Creas". *Conselho Federal de Psicologia.* Brasília: CFP, 2012.

Ferrari, D. "Questões éticas". *PSI*, n. 150, mar. 2007. Disponível em: <http://www.crpsp.org.br/portal/comunicacao/jornal_crp/150/frames/fr_questoes_eticas.aspx>.

Granjeiro, I. A. C. L.; Costa, L. F. "O estudo psicossocial forense como subsídio para a decisão judicial na situação de abuso sexual". *Psicologia: teoria e pesquisa*. v. 24, n. 2, Brasília, jun. 2008. Disponível em: <http://www.scielo.br/scielo.php?pid=S0102-37722008000200005&script=sci_arttext>. Acesso em: 9 set. 2014.

Holanda, A. B. *Novo dicionário Aurélio*. Rio de Janeiro: Nova Fronteira, 1999.

Rosa, E. Z. "Documentos escritos: uma boa relação evita denúncias no CRP-SP". PSI, n. 137, set. 2003. Disponível em: <http://www.crpsp.org.br/portal/comunicacao/jornal_crp/137/frames/fr_questoes_eticas.aspx>.

Portaria nº 46/2010/Smads. "Dispõe sobre a tipificação da rede socioassistencial do Município de São Paulo e a regulação de parceria operada por meio de convênios". Disponível em: <http://www.prefeitura.sp.gov.br/cidade/secretarias/upload/chamadas/046_portaria_1298488134.pdf>. Acesso em: 9 set. 2014.

Resolução Cfess nº 557/2009. Disponível em: <http://www.cfess.org.br/arquivos/Resolucao_CFESS_557-2009.pdf>. Acesso em: 9 set. 2014.

Shine, S. K. *Andando no fio da navalha: riscos e armadilhas na confecção de laudos psicológicos para a justiça*. Tese (doutorado em Psicologia), Instituto de Psicologia da Universidade de São Paulo, São Paulo (SP) 2009.

Silva, D. M. P. *Psicologia jurídica no processo civil brasileiro: a interface da psicologia com direitos nas questões de família e infância*. São Paulo: Casa do Psicólogo, 2003.

12 Práticas profissionais na rede de proteção à infância e à juventude: o risco da tutela moral e da produção de estigma

Rosemary Peres Miyahara

O relato de cenas abusivas geralmente mobiliza sentidos e valores que refletem o imaginário socialmente construído do sujeito que o escuta e a consequente repercussão em sua forma de interagir com a situação. A experiência tem nos trazido, como um quadro persistente de reação a esse impacto, posturas que oscilam entre a defesa que imobiliza e o furor condenatório que muitas vezes expõe indevidamente os envolvidos. Isso nos coloca na inquietante situação de revitimização dessas famílias, por omissão ou por ações muitas vezes permeadas por saberes dogmatizados dos atores sociais da dita rede de proteção à infância e à juventude.

Muitos são os dilemas e as fragilidades levantados pelos profissionais que trabalham com o abuso sexual intrafamiliar nos contextos de formação e supervisão. Cabe aqui situá-los como analisadores (Lourau, 2004) que sinalizam pontos de reflexão e intervenção que possam "distinguir e interrogar naturalizações de sentido de práticas e discursos" (Fernández, 2010, p. 17).

As principais questões que ora categorizamos como *morais, éticas e psicológicas* aparecem em posturas que denotam uma intensa preocupação quanto à contaminação do tema, em que se teme que o abuso sexual aconteça ou esteja acontecendo com os próprios familiares; a rejeição do padrão relacional erotizado da criança abusada; a hipersensibilização com a situação das vítimas, orientando posturas tutelares e assistencialistas; a tensão em circunscrever a situação do adolescente como sujeito de direitos sexuais (Melo, 2008); a atribuição de significados e sentidos para as situações de abuso com base em práticas discursivas do "notório saber", do "especialista", do "acadêmico", sem aprofundamento reflexivo que privilegie as singularidades dos sujeitos envolvidos.

No campo das questões *técnicas e institucionais*, as inquietações surgem quando a discussão gira em torno da obrigatoriedade da notificação e da compulsoriedade do tratamento psicológico, da busca de parcerias que resguardem a ética na condução dos casos, da delimitação do lugar da clínica, seja psicanalítica ou de outro referencial teórico, nas interfaces com as diferentes demandas das instituições que integram a rede de proteção.

Uma tensão mais caracterizada aparece nas divergências entre os serviços de intervenção psicossocial e os representantes do Judiciário. As discussões sobre perícia psicológica, relatório de acompanhamento terapêutico, instrumentos e objetivos da avaliação que atestem a veracidade das histórias de abuso trazidas pelas crianças, adolescentes e suas famílias – apresentadas de forma bastante consistente por Lilian Aparecida de Brito Alves no corpo deste livro; as dimensões da "verdade" nos campos jurídico e psíquico, conforme questionamentos trazidos por Arantes (2008), Caffé (2003) e Miranda Junior (2009); até a pertinência e os prejuízos da intimação dos profissionais para o depoimento em juízo acirram posicionamentos que, muitas vezes, desqualificam a intervenção intersetorial, por trazerem constantes desconfortos no que se refere à falta de visões compartilhadas do que venha a ser o fazer profissional de psicólogos, assistentes sociais e operadores do direito, plausíveis na temática em questão.

As interfaces entre os diferentes campos do saber que compõem a intervenção interdisciplinar na temática da violência sexual (o Direito, a Educação, a Medicina, a Psicologia e o Serviço Social) têm se configurado como um terreno de tensões que merece dedicação e esforços em direção a relacionamentos mais harmônicos. Muitas vezes é difícil para juízes, promotores e advogados validar formas simbólicas ou representativas de retratar uma experiência vivida, sendo essas as principais ferramentas analíticas do campo psi. Em certa ocasião, uma psicóloga trouxe à reunião de supervisão sua indignação com a colocação do juiz de que nenhum técnico havia afirmado categoricamente que a criança sofrera abuso sexual por parte da figura paterna e por isso autorizaria seu desacolhimento. A psicóloga argumentara que a fala dessa criança estaria representada em seus desenhos e em suas brincadeiras.

Caffé (2003, p. 81), em seu contundente trabalho sobre o tema, ratifica essa questão, apontando-nos que a prevalência no Judiciário é a busca por verdades objetivas, acompanhadas de provas, "sem o que são descartadas, ignoradas, não possuem credibilidade". Do mesmo modo, Miranda Júnior (2009, p. 115), em sua tese *O psicanalista no tribunal de família*, afirma que "o discurso jurídico busca a produção de uma verdade interna ao seu sistema e, para isso, em alguns casos, convoca o saber científico a fim de provar a relação ou correlação entre alguns fatos inseridos nas categorias jurídicas articuladas [...]".

É evidente que um diálogo profícuo entre os profissionais que compõem a rede de enfrentamento à violência contra crianças e adolescentes deve ser colocado em primazia quando pensamos em intervenções eficientes e eficazes. A missão que se coloca para os serviços de atenção psicológica e social é a possibilidade de mudar o endereçamento do tratamento, determinado por uma composição de litígio e por estratégias de convencimento ou esclarecimento trazidas pelo escopo da proteção; ou seja, na relação terapêutica, é necessário tentar estabelecer uma aliança que abra espaço para o sujeito ali presente e se desprenda desse dualismo imaginário de um mundo onde existem apenas vítimas e agressores. Concomitantemente a esse investimento, e como forma de garanti-lo, o profissional precisa manter um posicionamento de resistência em que não necessariamente se recuse a atender às solicitações do trabalho em parceria interinstitucional (Varas de Infância e Juventude,

Conselho Tutelar, instituições de acolhimento, escolas etc.), mas contextualize suas respostas tendo como base inalienável as convicções éticas que sustentam seu campo de atuação.

Os profissionais trazem também como tensão cotidiana a dificuldade de inserir os usuários nas instituições de saúde, educação, abrigamento etc., preocupando-se com a vulnerabilidade dessas famílias como mais um elemento de sobrecarga. Eles relatam ainda sua insegurança quanto à inexistência de dispositivos institucionais de proteção para lidar com ameaças reais ou potenciais inerentes à interdição e à judiciarização das situações abusivas. Por fim, apontam a falta ou inconstância de recursos para formação, supervisão e apoio psíquico, suportes considerados essenciais ao trabalho contínuo com esse tema.

Acreditamos que o estímulo a um debate sobre as práticas discursivas que constroem sentidos e saberes como "premissas inquestionáveis", norteadoras de intervenções profissionais, possa abrir novos horizontes e perspectivas na área. Nosso intuito é contribuir para a problematização do olhar e a escuta de profissionais que integram a rede de proteção à infância e à juventude, principalmente no que se refere à ideia de patologização das relações familiares que acaba por suscitar, de um lado, posturas resistentes e omissas e, de outro, movimentos exacerbados de condenação e interdição, sem uma análise mais contundente da situação que se apresenta.

A partir dessa contextualização, resgatamos alguns dos incontáveis registros mnêmicos e escritos de situações que acompanhamos como professora, supervisora ou participante de eventos sobre o tema, para público mais amplo, envolvendo profissionais e usuários de instituições de atendimento a crianças e adolescentes em situação de violência de diferentes regiões de nosso país. Procuramos universalizar as cenas, despi-las de particularidades, de modo a transversalizar a análise e não identificar seus protagonistas como únicos operadores das problemáticas apresentadas. Assim, reforçamos também os cuidados éticos nessa reflexão.

Procuramos selecionar, neste vasto material, o que nosso olhar considerou como situações emblemáticas por traduzirem, ao mesmo tempo, a complexidade do debate de posições divergentes, os encaminhamentos possíveis e os ecos reiterados dos diferentes contextos socioculturais em que as práticas profissionais estavam insertas. O leitor poderá então acompanhar as tensões entre as visões dos diferentes profissionais que compõem a rede de proteção (conselheiros tutelares, técnicos das Varas de Infância e Juventude, educadores de abrigo e trabalhadores de serviços de atendimento psicossocial, por exemplo) a respeito de seu objeto de trabalho, função e leitura das condições socioeconomicamente desfavorecidas – ou seja, "pobreza econômica ou educacional" carregada de discriminação e preconceito, em que o exercício do poder, pautado na desigualdade, determina o destino de vidas ditas "desregradas". Nesses contextos, muitas vezes essas concepções classificam vivências de sexualidade como "normais" ou "patológicas", passíveis de intervenção (interdição, penalização e tratamento), desconsiderando de forma categórica o sujeito da experiência e os impasses e impactos vividos pelos profissionais no *setting* de atendimento quando, lidando com as demandas dos usuários, sentem-se convocados subjetivamente sobre o tema.

Cabe ressaltar que os relatos, aqui apresentados como cenários, incitam o debate proposto com a única intenção crítica de apontar para a construção, para o movimento em busca de caminhos e potência e, assim, contribuir para o trabalho dos que cotidianamente lidam com questões semelhantes.

O JUDICIÁRIO E A INTERVENÇÃO PSICOSSOCIAL: CONSELHO TUTELAR, LAUDOS E RELATÓRIOS, INTERDIÇÃO AO PODER FAMILIAR

O primeiro relato traz o confronto entre um homem, acusado de ser o abusador sexual de oito meninos entre 9 e 14 anos de idade, e o conselheiro tutelar que o denunciou. O histórico aponta que o possível agressor aproveitara de sua situação socioeconômica privilegiada para circular por bairros populares como amigo e benfeitor de algumas famílias e, assim, criar condições para relações íntimas e sexuais com os garotos. Foi absolvido na Justiça criminal por falta de provas contundentes. "Armado" com essa sentença, ele procurou o conselheiro, acusando-o de ter induzido os depoimentos das crianças. O conselheiro aceita o confronto, denunciando a informação que circulava pela cidade de que a sentença havia sido comprada e de que uma nova investigação já estava em curso, na Promotoria de Infância e Juventude, dessa vez também para responsabilizar as famílias pela conivência com esse cenário de exploração sexual a que as crianças estavam submetidas.

Outro episódio marca a situação de dois irmãos de 6 e 8 anos de idade que, depois de assistirem a uma discussão entre a conselheira tutelar e sua mãe, esconderam-se no forro da casa, entre a laje e o telhado, com medo de ser abrigados. Ali permaneceram por mais de 18 horas, até ter certeza de que esse perigo não existia mais. A conselheira, segundo relatos angustiados das crianças, dissera que sua mãe era louca e não poderia mais ficar com os filhos, pois não os protegia do padrasto pedófilo.

Essas situações, entre muitas outras envolvendo a intervenção de conselheiros tutelares, remetem a um eco que persiste entre os atores da rede de proteção à criança e ao adolescente em situação de violência: de que o Conselho Tutelar não funciona e mais revitimiza do que protege. Não se trata de julgar, pois o que é certo ou errado na condução profissional dessa problemática está imbricado numa série de fatores sócio-histórico-culturais aos quais todos nós podemos estar sujeitos. E é com essa postura de entendimento interacionista que coloco em análise não apenas aqueles que se desviam das normas, mas também aqueles que as determinam e impingem.

Podemos dizer que, muitas vezes, as posturas dos profissionais traduzem o que Becker (1985) denominou *empreendedorismo moral*. Os conselheiros tutelares podem funcionar como "impositores de regras", a partir de um processo em que uma preocupação pessoal se torna uma ocupação e até mesmo uma "cruzada moral". Como ressalta Becker (*ibidem*, p. 160), "com o estabelecimento de organizações de impositores de regras, a cruzada torna-se institucionalizada, o que começou como uma campanha para convencer o mundo da necessidade moral de certa regra torna-se finalmente uma organização dedicada à sua imposição".

A imposição de regras como "missão" e busca de posição e respeito reforça a existência do "problema", da infração, justificando assim que as tentativas de imposição valem a pena, "que o mal com que ele supostamente deve lidar está sendo enfrentado adequadamente" (Becker, *ibidem*, p. 162). É possível pensar que o conselheiro, ao expor-se a um confronto com o suposto agressor sexual, pensava ser essa a forma de combater o mal que tem a missão de sanar, trazendo para si um jogo perigoso.

Outra questão muito recorrente, também ressaltada por Becker, é a ênfase numa visão pessimista da natureza humana que pode levar os profissionais a justificar as dificuldades que têm para cumprir sua função porque lidam com as características inerentes ao ser humano que o levam para o mal. Por exemplo, ao associarem-se os comportamentos que denotam a erotização precoce de uma criança ao fato de sua mãe se prostituir, fica-se diante de uma máxima estereotipada que, ao determinar uma "evidência", traz aos profissionais uma economia de implicação ao buscar entendimento e possibilidades de mudança para a dita situação.

A descrença em relação aos que infringem as regras pode trazer desdobramentos constrangedores e punitivos para a criança ou o adolescente, como constata a fala dos irmãos que se esconderam para escapar do afastamento da figura materna, determinado por aquela que procurava implementar a "medida de proteção".

"O JUIZ ESTÁ ACIMA DA LEI?"

Com essa pergunta, Sônia, 45 anos, chega à entrevista de acolhimento de um Centro de Referência Especializado de Assistência Social (Creas) de uma cidade do interior de São Paulo. A assistente social que a recebe procura entender a situação. Sônia relata que sua filha Joana, "11 anos no registro, mas só uns 6 na ideia", fora "roubada" por Paulo, um senhor de cerca de 60 anos que residia no mesmo bairro. Segundo Sônia, Joana fazia faxina na casa de Paulo e ele pagava, dava presentes e comprava os remédios de que a menina precisava (a mãe relata também as crises convulsivas de Joana). A menina passou a dormir na casa de Paulo, alegando não ter cama em casa e dividir um colchão com mais duas irmãs. Sônia diz que reclamou com a filha e com Paulo, mas o homem convenceu-a de que estava ajudando a criar Joana e a tratar da doença dela. Uma vizinha de Paulo conta a Sônia que os dois estão vivendo "como marido e mulher", que viu o homem beijando a criança. Joana por sua vez já tinha contado à filha dessa vizinha que tinham relações sexuais.

Sônia, viúva há cinco anos, tem um namorado que a aconselhou a procurar o juiz. Depois de algumas tentativas, expôs a situação ao juiz que, após ter conversado com Paulo e Joana, chama Sônia e aconselha-a a autorizar a união dos dois, alegando ter percebido que Paulo teria melhores condições de cuidar de Joana do que ela e que a menina parecia feliz. A mulher emociona-se ao dizer que sabe das dificuldades e da precariedade com que cria os cinco filhos, mas não achava justo a filha, "que é ainda uma criança, estar casada com um velho".

Estabelece-se uma polêmica quando a assistente social leva o caso para a discussão em equipe. Em relação ao juiz, alguns apontam abuso de poder, enquanto outros defendem que ele fez uma análise mais objetiva das necessidades de uma criança doente que precisa de um cuidador menos negligente que a mãe. Em relação a Sônia, uns se empatizam com seu sofrimento, enfatizando que a situação de pobreza não deve determinar que ela perca o direito à filha; outros ressaltam que ela própria deixou Joana em situação de vulnerabilidade e também a explorava, quando a mandava para os serviços domésticos na casa de Paulo. Sobre Paulo, é unânime o entendimento a respeito de seu caráter aproveitador, o que se contrapõe à avaliação do juiz.

Enfim, não cabe aqui a assunção de um posicionamento, mas a focalização do campo complexo em que se localiza o estudo do comportamento desviante. Velho (1999, p. 21) postula:

> [...] a leitura diferente de um código sociocultural não indica apenas a existência de "desvios", mas, sobretudo, o caráter multifacetado, dinâmico e muitas vezes ambíguo da vida cultural [...] A estrutura social, por sua vez, não é homogênea em si mesma, mas deve ser uma forma de representar a ação social de atores diferentemente e desigualmente situados no processo social.

O autor (*ibidem*, p. 27) cita ainda Becker em sua concepção de que "desvio não é uma qualidade que reside no próprio comportamento, mas na interação entre a pessoa que comete um ato e aquelas que reagem a ele".

Não há dúvida de que aquele grupo de profissionais ali reunidos a discutir suas concepções e seus valores e imaginando o que acontecia na vida de Sônia e de sua filha empreenderia, a partir de seu julgamento, algo "certo a ser feito" e "algo errado a ser interditado".

Arantes (2008, p. 131), ao discorrer sobre as relações entre as práticas da Psicologia e do Direito, alerta sobre certa tendência de manter no campo jurídico as discussões sobre as relações sociais, com "abusiva criminalização do modo de vida de pessoas pobres", reforçando que muitos argumentos para a destituição do poder familiar estão pautados num modelo idealizado de parentalidade que condena as mães que a ele não se enquadram, desconsiderando muitas vezes "as condições geradoras das situações supostas de negligência, risco ou abandono da criança" (*ibidem*, p. 134).

Nesse ponto entra também a polêmica a respeito do poder técnico na elaboração dos laudos, relatórios e pareceres que podem funcionar como instrumentos que validam direitos ou promovem os processos de exclusão social. Arantes (*ibidem*, p. 135) adverte-nos de que os

> pareceres e relatórios, tanto podem contribuir para o esclarecimento da situação e encaminhamento das famílias a programas de proteção, como podem confirmar que o único lugar possível para aquela mãe é mesmo o de ser excluída, inclusive do direito à maternidade.

A proposição para o enfrentamento dessa questão é a de que estejamos, acima de tudo, comprometidos com aqueles que são os destinatários das intervenções e os reconheçamos como sujeitos com potencial para autonomia, favorecendo o protagonismo na busca crítica de transformação de contextos e experiências opressoras. Enfim, estarmos sempre dispostos ao desafio de estimulá-los a ser "donos de suas construções sobre si mesmos" (Bicalho, 2009, p. 9).

ADOLESCENTES "ABUSADORES" E "VÍTIMAS DE EXPLORAÇÃO SEXUAL": CATEGORIAS E ESTIGMAS QUE PERMEIAM AS POLÍTICAS PÚBLICAS

Silvia, 15 anos, fora encaminhada para atendimento psicológico na instituição de referência que compunha a política municipal de enfrentamento à exploração sexual de crianças e adolescentes. Morava havia uma semana num abrigo, também integrante de um projeto que mapeava, identificava e propunha ações para "tirar" meninas e meninos da prostituição.

A adolescente apresentava-se vestida com roupas finas e cuidadosamente maquiada, aparentando ter pelo menos cinco anos a mais. Logo depois dos primeiros minutos de conversa, dispara a reclamar de forma exaltada contra aqueles que "estão querendo mandar em minha vida". Pergunta em tom provocativo se a profissional que a escuta tinha um cartão de crédito com limite no valor de R$ 5 mil, como o dela. Não espera resposta, fala compulsivamente sobre sua indignação a respeito de como os psicólogos, assistentes sociais, conselheiros tutelares, educadores do abrigo e o juiz veem a sua situação de vida.

> Não me sinto *vítima* nem *explorada*, ganho meu dinheiro num serviço que me rende mais do que o de doméstica ou vendedora de loja. Não tenho cafetão ou *aliciador*, como vocês dizem. Roger é meu namorado e não me manda fazer programas. Eu faço porque quero, e até gosto. Acho essa história de eu não saber o que eu quero ou gosto porque não sou maior de idade uma palhaçada.

A psicóloga, perplexa com a forma segura e eloquente com que Silvia argumenta, pondera sobre estabelecerem encontros para aprofundar suas colocações, considerando não só as vantagens, mas também os riscos que esse estilo de vida traz. Silvia responde com vigor:

> Você não está entendendo! Eu sei lidar com os perigos. Circulo na rua desde os 11 anos e saí de casa porque fui abusada sexualmente por meu pai desde que tinha 6 anos. Nessa época, ninguém me ajudou! Se você realmente quer me ajudar, escreve aí para o juiz, porque quem sabe em você ele acredita que eu não sou uma bobona, que eu sou uma mulher e sou feliz assim. Escreve para me deixarem em paz, que eu tenho o direito de viver como gosto!

De outro abrigo foi encaminhado Carlos, um rapaz de 16 anos que molestou sexualmente dois meninos, de 9 e 10 anos, moradores da mesma instituição. A técnica responsável pelo abrigo apresentou Carlos como uma pessoa agressiva, rebelde, com histórico de transferência de outros abrigos "sempre porque quer transar com os meninos pequenos". Ela diz que não sabe mais o que fazer com ele, para onde mandá-lo... "Se a terapia não der jeito nele, o juiz vai encaminhá-lo para a unidade de infratores da Fundação Casa, que é lugar de estuprador."

Logo nos primeiros atendimentos, Carlos fala de sua dificuldade em se relacionar com garotas, de não ter dinheiro para pagar por sexo e de sua vontade de ter relações sexuais, como algo próprio à sua idade. "É com os meninos, porque não consigo menina ou mulher. E os meninos pequenos deixam, por medo, ou porque eu protejo eles dos que batem, mas deixam."

As duas histórias evidenciam como os serviços de proteção à infância e à juventude podem funcionar de forma estereotipada e estigmatizante; nas palavras de Velho (1999, p. 11), "incapazes de superar a camisa de força de preconceitos e intolerância".

Silvia clamava por ser vista em suas potencialidades: saber o que quer, saber do que gosta, saber se cuidar. Como diz o ECA, "sujeito de direitos". Porém, a interação com os profissionais só ressaltava a categoria de "menina vítima de exploração sexual". É extremamente difícil que a situação de uma jovem como Silvia possa ser avaliada nesse contexto de "proteção" de outra forma. Olhá-la como uma adolescente com direitos sexuais e reprodutivos, com elementos para avaliar perceptivamente as circunstâncias externas e internas do exercício de sua sexualidade, parece constranger e ameaçar a norma vigente. Ela precisa ser tutelada, por ser incapaz de consentir sem indução de outro. Essa é uma posição muito ratificada nas produções acadêmicas sobre a temática. Morales e Schramm (2002, p. 7) destacam que "o princípio de autonomia aplicado ao abuso sexual intrafamiliar contra menores é claramente insuficiente, pois os menores têm, via de regra, uma competência autônoma incipiente para decidirem se aceitam esse tipo de prática do adulto com/contra eles".

Está clara, nas colocações dos autores quando usam o termo "menor", isto é, todos aqueles que não atingiram a maioridade legal, uma padronização de perspectivas no que se refere ao desenvolvimento psicoafetivo que não cabe quando comparamos, por exemplo, uma criança de 10 anos e uma adolescente de 15 anos. Os autores enfatizam as ideias de que antes dos 18 anos, necessariamente, a competência autônoma é incipiente e, principalmente, de que não se pode decidir sobre contatos íntimos. É possível apreender dessas colocações que o estigma da criança e do adolescente impregnado de menos-valia ("menor", "inacabado") ainda persiste nos meios profissionais e acadêmicos.

O trabalho de Andrade (2001) assinala a atenção que precisamos ter com o processo de estigmatização promovido pelos próprios serviços públicos, pela iniciativa privada ou pelo terceiro setor, destinados a subgrupos considerados "desviantes", que muitas vezes fragmentam a infância e a juventude da população socioeconomicamente desfavorecida em categorias como "adolescente explorada sexualmente", "menino de rua", "adolescente grávida", "criança drogada" etc. Os adolescentes, aqui representados pelas figuras de Silvia e Carlos, constatam essa realidade. Carlos é rotulado pela técnica da instituição de acolhimento como *estuprador* e Silvia indigna-se quando se referem a ela como *vítima de exploração sexual.*

Andrade (*ibidem*, p. 40) ratifica as reflexões sobre essa problemática por meio da pesquisa de Casas (1998) sobre estigmatização de profissionais e usuários, própria de alguns tipos de serviço, que "aponta para a existência de um risco de transmissão inconsciente de percepções de estigma tanto aos próprios usuários como à sociedade em geral, reforçando assim a espiral da exclusão social".

Por fim, as conclusões de Andrade (*ibidem*, p. 179) sobre as consequências da estigmatização de adolescentes envolvidos em políticas públicas de enfrentamento à exploração sexual enunciam um cenário preocupante, na medida em que pode consolidar no imaginário social "uma identidade deteriorada, desviante, reduzida ao estigma. Redução social que passa a definir interações sociais, face a face, ou mediadas por salvadores na elaboração de propostas para erradicar o problema [...]". O que esse quadro também nos mostra é o modo limitado de considerar os direitos sexuais de crianças e adolescentes, bem como a falta de estratégias para a sua garantia.

Melo (2008, p. 24) instiga essa discussão falando da "tendência prevalente no modelo de proteção [...] de negarmos a possibilidade de exercício de direitos, ou de removermos as crianças de situações que reputamos perigosas", quando nosso grande desafio seria a "mudança de paradigmas da passagem dos direitos de proteção, de bem-estar, aos direitos às liberdades e à participação, com o reconhecimento de competência para o exercício de direitos" (*ibidem*).

Como fechamento desta explanação, gostaríamos de ressaltar que fomentar críticas e questionamentos a respeito dessas práticas profissionais não significa colocá-las sob o olhar da intencionalidade, mas sim remeter à necessidade permanente e constante de refletir sobre esse fazer. Isso porque comungamos com Bicalho (2009, p. 9) a ideia de que

> aqueles profissionais que apenas reproduzem lógicas estabelecidas, por mais bem-intencionados que estejam, utilizam seu poder para enfraquecer e proibir o discurso do sujeito sobre si mesmo, e, em troca, oferecendo-lhe um rótulo, respaldo para uma ciência dita neutra e asséptica.

Com base nesse material, centraremos nossa reflexão em dois pontos que julgamos fundamentais nesta discussão. O primeiro versa sobre a necessidade de olharmos insistentemente para como nossas maneiras de estar no mundo e percebê-lo se manifestam diante de situações tais quais as relatadas ao longo deste trabalho. A segunda fala de um mecanismo que pode nos aprisionar no paradigma da fragilidade-salvacionismo, facilmente proposto pelo contexto das intervenções na área da violência. Dentro de posturas mobilizadas pelas premências das crianças vítimas, é possível localizar nas falas dos profissionais ideias marcadas pela visão de um "ser em sofrimento" que precisa de muita proteção.

Incluímo-nos também nessa análise. Muitas vezes, ao ouvir o relato de pais, mães ou responsáveis nos grupos de acolhimento e estudos de caso do Centro de Referência às Vítimas da Violência do Instituto Sedes Sapientiae (CNRVV), imaginava minha colega, que em outro espaço interagia com a criança ou o adolescente protagonista da história, lidando com um psiquismo *bastante adoecido*. Quando nos reuníamos para discutir os dados dos diferentes grupos, com perplexidade percebíamos que a criança ou o adolescente que viveu a história trazia referências de um psiquismo *bastante preservado*. Trata-se do conceito de salvacionismo que remonta ao final do século XIX e começo do século XX e traz seus resíduos do "complexo tutelar" (Donzelot, 1986).

É importante perceber como esse campo de intervenção suscita as ideias de interdição e salvacionismo. Os profissionais veem-se constantemente como aqueles que precisam proteger as crianças de seus próprios pais. Se, de certa forma, precisamos enaltecer as conquistas de movimentos sociais que contribuíram para a visão da criança e do adolescente como sujeitos de direito, no sentido de serem pessoas que precisam ser ouvidos principalmente sobre as políticas que instituem seus destinos, não podemos deixar de apontar as controvérsias desse campo que precisam ser enfrentadas. Souza (2008, p. 14) instiga esse debate:

> [...] o discurso da defesa por si só é ingênuo e sem garantias quando [...] não pressupõe a transparência e a legitimidade da ação da criança e do adolescente, qualificada na sua diferença em relação a qualquer outro, seja um adulto ou outra criança ou outro adolescente [...].

No campo das intervenções no abuso sexual, a premissa de dar voz e considerar a autonomia de crianças e adolescentes tem muito pouco eco. Prevalecem as argumentações de ingenuidade e incapacidade de um consentimento que não seja induzido.

É patente a tendência de associar as experiências sexuais na infância e na juventude a circunstâncias de vitimização, traição da inocência, infância roubada. Não desconsideramos, de forma nenhuma, o teor passional de situações que se configuram como contexto de aversão e sofrimento que muitas dessas situações trazem. Contudo, chamamos a atenção para que não determinemos *a priori* um cenário de horror ou imputemos à situação percepções e sentimentos que possam cristalizar um lugar de vítima ou de "perversidade", julgando a expressão da resposta prazerosa que o corpo erotizado de uma criança ou adolescente possa apresentar.

Ilustramos essa questão lembrando outra situação em que a equipe se indignava diante da fala de Valéria, uma adolescente de 15 anos que dizia à mãe, na sessão de terapia vincular, sentir raiva por ter sido afastada do padrasto, que já era "seu namorado e grande amor" havia cerca de dois anos. A terapeuta trazia o relato enfurecido da jovem:

> Você não tinha o direito de mandá-lo sumir da minha vida. Mandasse sumir apenas da sua. No fundo você não aguentou de ciúmes porque sabia que ele preferia o meu corpo jovem. Eu nunca me importei de dividir ele com você, porque sabia que com você ele apenas cumpria uma obrigação!

A reação de críticas e julgamentos (e até xingamentos) à jovem foi veemente. Até que a terapeuta leu uma carta do "padrasto-amante" que a adolescente trouxe, jubilosa, para compartilhar no atendimento psicológico. Quando a terapeuta acabou a leitura da carta, o grupo, composto em sua maioria por mulheres, suspirava pelo fascínio que as palavras traziam. Segundo uma das participantes daquele encontro, "era a carta de amor que qualquer mulher gostaria de receber". Imediatamente, o olhar dos técnicos para aquela situação mudou, entendendo o encantamento da adolescente pelo que vivia com o padrasto.

Brandão Júnior e Ramos (2010, p. 77) indicam-nos que

> há implicação de desejo nos casos de abuso sexual não só por parte do adulto, mas também das crianças, e isto não significa que elas tenham que deslizar para a outra extremidade do eixo vítima-agressor e tornarem-se as sedutoras, ou criminosas.

De acordo com os autores, quando recebemos uma situação para atendimento e já a categorizamos como um caso de abuso sexual, situando-o num fluxo que determina os lugares de abusador e vítima, denunciamos e acreditamos que *necessariamente* temos de tratar os prejuízos para a vida futura que certamente as crianças ou os adolescentes envolvidos terão. "Não deixamos espaço para que o sujeito advenha. Os casos são patologizados e viram objeto de pesquisa."

Vale ressaltar que a dimensão protetiva das intervenções na área do abuso sexual de crianças e adolescentes é a premissa preponderante das políticas de enfrentamento da questão. Falamos de "rede de *proteção* à infância e à juventude em situação de violência", de "medidas *protetivas*" que interditem cenários familiares negligentes ou abusivos. Então, não é difícil entender que os profissionais envolvidos nesse contexto respondam dentro de uma lógica dualista vítima-salvador.

Soma-se à influência desse imaginário protecionista, que se reforça em um discurso social fortemente carregado de uma visão paternalista, o impacto subjetivo para o trabalhador, pelo contato direto e frequente com histórias que muitas vezes trazem nuanças de injustiça e crueldade, como já ressaltamos anteriormente. Os desdobramentos dessa dinâmica para o profissional podem transformar-se na angústia do "não poder errar", "não poder revitimizar a criança"; em outras palavras, ser aquele que, independentemente das circunstâncias ou limitações institucionais, precisa mudar o rumo de uma vida marcada pela violência.

É diante desse quadro que convocamos a todos para o desafio de construir conjunta, cotidianamente com nossos usuários, a política das intervenções que a eles são direcionadas. Para isso é essencial que positivemos um olhar, mesmo insertos num contexto no qual a dor e a doença parecem gritar. Um olhar para a potência de nossos usuários, para a nossa potência.

Recentemente, ouvimos o seguinte depoimento de uma profissional que integra uma das equipes que supervisionamos:

> Eu encontrei a resposta à insistente pergunta das pessoas sobre como eu aguento trabalhar com o que eu trabalho. Agora eu respondo: "Eu não vejo

só o abuso sexual na criança. Essa criança, para mim, é muito mais do que o abuso que ela sofreu".

CONSIDERAÇÕES FINAIS

Sabemos que aqueles que trabalham nas mais diferentes áreas cujo objeto de intervenção é a criança, o adolescente ou a família em situação de vulnerabilidade certamente se identificarão com as questões aqui elencadas. Podem até, nesse processo de reconhecimento, sentir que suas ressonâncias acordam em inquietações que buscam o debate e até "soluções" a esses impasses. Assim, é honesto de nossa parte admitir que talvez o ensejo maior deste trabalho seja exatamente provocar essa mobilização. Transformações num campo tão complexo como esse só podem acontecer em um processo contínuo de reflexões coletivas que devem engajar múltiplas perspectivas.

Apesar do esforço bem-intencionado das políticas de intervenção na área, questionamos as concepções e práticas aprisionadas num imaginário do "mal que precisa ser combatido" e da "vítima que precisa ser salva". Com isso, como nos advertem Coimbra, Lobo e Nascimento (2008, p. 96-97), ficamos reféns de "palavras de ordem ancoradas na negação e na falta [...] e de toda uma máquina jurídica: da hipossuficiência, da vulnerabilidade, da vitimização, das deficiências".

Ao nosso olhar, as maiores questões que se colocam diante desse cenário são: como nós, profissionais insertos nesse campo, podemos nos tornar agentes de práticas éticas e afetivas, sem nos deixar capturar e reduzir por dogmatismos e restrições que existem em qualquer cultura? "Como discernir entre atitudes passivas de submissão, subserviência e constrangimento das atitudes ativas das práticas de liberdade?" (Coimbra, Lobo e Nascimento, *ibidem*, p. 99) "Quais são as possibilidades para que o laço com o outro se instale de maneira alteritária e não referido ao assujeitamento?" (Cerruti e Rosa, 2008, p. 131)

As respostas que formulamos com base nesse percurso de práticas e reflexões apontam, em primeiro lugar, para a premência de um posicionamento ético de "não assumir um discurso em que o sujeito seja colocado como vítima passiva do que lhe fizeram e que a lei soberana irá reparar, fixando-o eternamente neste laço alienante" (Cerruti e Rosa, 2008, p. 131). E, ainda, para a sistematização de um espaço que, privilegiando o apoio grupal, impulsione-nos a um constante fluxo de análise, crítica e transformações de nossas práticas cotidianas.

Apesar de envolvidas em um campo de muitas contestações e críticas, as proposições deste artigo pretenderam traduzir o que consideramos uma das características mais marcantes de nosso fazer profissional, ou seja, a incansável crença no potencial humano de transformação. Concordamos com Bicalho (2009, p. 9) quando cita a afirmação de Guattari (2005) de que "todos aqueles cuja profissão consiste em se interessar pelo discurso do outro, estão numa encruzilhada política fundamental", isto é, a nosso ver, o aspecto instigante e vívido que nos move em direção a encontros nos quais pessoas possam liberar suas possibilidades de envolver e ser envolvidas. Corpos e mentes que afetam e se deixam afetar numa potência múltipla de criação.

REFERÊNCIAS

Andrade, L. F. *Prostituição infanto-juvenil na mídia: estigmatização e ideologia*. São Paulo: Fapesp, 2004.

______. *Prostituição infanto-juvenil na mídia: estigmatização e ideologia*. Tese de Doutorado em Psicologia Social – Programa de Estudos Pós-Graduados em Psicologia Social. Pontifícia Universidade Católica de São Paulo, São Paulo (SP), 2001.

Arantes, E. M. M. "Mediante quais práticas a psicologia e o direito pretendem discutir a relação? Anotações sobre o mal-estar". In: Coimbra, C. M. B.; Ayres, L. S. M.; Nascimento, M. L. (orgs.). *Pivetes: encontros entre a psicologia e o judiciário*. Curitiba: Juruá, 2008, p. 131-48.

Becker, H. S. *Outsiders: estudo de sociologia do desvio.* Rio de Janeiro: Jorge Zahar, 1985.

Bicalho, P. P. G. *Psicopatologia e justiça: a busca por possibilidades de encontros.* 2009. In: Encontro Estadual dos Serviços de Psicologia das Instituições de Ensino Superior de Santa Catarina: Possibilidades, Limites e Desafios, n. 1, 2009, Florianópolis. Disponível em: <http://www.crpsc.org.br/publicacoes/dados/arquivos/palestras/palestra_PedroBicalho.pdf>. Acesso em: 10 set. 2014.

Brandão Júnior, P. M. C.; Ramos, P. L. "Abuso sexual: do que se trata? Contribuições da psicanálise à escuta do sujeito". *Revista de Psicologia Clínica PUC RJ,* v. 1, n. 22, 2010, p. 71-82.

Caffé, M. *Psicanálise e direito: a escuta analítica e a função normativa jurídica.* São Paulo: Quartier Latin, 2003.

Cerruti, M. Q.; Debieux Rosa, M. "Em busca de novas abordagens para a violência de gênero: a desconstrução da vítima". *Revista Mal-Estar e Subjetividade,* v. VIII, n. 4, dez. 2008, p. 1.047-76.

Coimbra, C. M. B.; Lobo, L. F.; Nascimento, M. L. *Por uma invenção ética para os direitos humanos.* Rio de Janeiro: Companhia de Freud, 2008.

Donzelot, J. *A política das famílias.* Rio de Janeiro: Graal, 1986.

Fernández, A. M. *Lógicas colectivas y producción de subjetividad: una aproximación a los estudios transdisciplinares.* Mimeo do curso, 2010.

Lourau, R. "Objeto e método da análise institucional". In: Altoé, S. (org.). *René Lourau: analista institucional em tempo integral.* São Paulo: Hucitec, 2004, p. 66-86.

Melo, E. R. "Direito e norma no campo da sexualidade na infância e na adolescência". In: ABMP; WCF Brasil (orgs.). *Criança e adolescente: direitos e sexualidade.* São Paulo: ABMP e Childhood Brasil, 2008, p. 16-26.

Miranda Júnior, H. C. *O psicanalista no tribunal de família: possibilidades e limites de um trabalho na instituição.* Tese (doutorado em Psicologia Clínica), Instituto de Psicologia, Universidade de São Paulo, 2009.

Morales, A. E.; Schramm, F. R. "A moralidade do abuso intrafamiliar em menores". *Revista eletrônica Ciência e Saúde Coletiva,* v. 7, n. 2, 2002, p. 1-8. Disponível em: <http://www.scielo.br/scielo.php?pid=S1413-81232002000200007&script=sci_arttext>. Acesso em: 10 set. 2014.

Souza, S. J. "Criança e adolescente: construção histórica e social nas concepções de proteção, direitos e participação". In: ABMP; WCF Brasil (orgs.). *Criança e adolescente: direitos e sexualidade.* São Paulo: ABMP e Childhood Brasil, 2008, p. 7-15.

Velho, G. (org.). *Desvio e divergência: uma crítica da patologia social.* Rio de Janeiro: Jorge Zahar, 1999.

13 Falando do que não se quer falar: abuso sexual e sentimento de vergonha

Manoela de Oliveira Lainetti

No atendimento a crianças, adolescentes e adultos vítimas de violência, especialmente em casos de cunho sexual, faz-se presente a descrição de diversos sentimentos por parte daquele que se sentiu violado: raiva, impotência, asco, medo, confusão, angústia. Entre todos os sentimentos, sensações e sintomas físicos descritos pela vítima de violência ao psicólogo em uma entrevista ou atendimento, um dos mais comuns é a vergonha. Fica clara sua presença tanto com base em minha observação clínica quanto na literatura especializada: Serafim *et al.* (2011, p. 145), ao apresentarem os resultados de uma pesquisa feita com 205 crianças e adolescentes encaminhados ao Programa de Psiquiatria Forense e Psicologia Jurídica (Nufor) do Instituto de Psiquiatria do Hospital das Clínicas de São Paulo, mostram que o sentimento de vergonha, além de outras sensações, é manifestado por 64% dos entrevistados. Sendo assim, a proposta deste texto é compreender esse sentimento de acordo com diferentes autores, bem como fazer uma breve consideração acerca das formas sob as quais se pode dar a escuta do psicólogo, de maneira a abarcá-lo e acolhê-lo no atendimento a vítimas de violência, por meio da experiência clínica.

A princípio, o próprio uso que faço do termo "vítima de violência" já seria uma interessante discussão, visto que os estudos sobre o lugar que a vítima ocupa na contemporaneidade estão cada vez mais em voga – isto é, o que significa identificar-se como vítima e que consequências isso traz, como os ganhos secundários e os pedidos de reparação (Eliacheff e Larivière, 2012; Sironi, 2011).

Considerarei, então, o lugar de vítima com base na definição de violência. Schilling (2000, p. 1) alerta-nos para a necessidade de sermos cuidadosos quando falamos de violência, pois nossas considerações e tentativas de explicação devem sempre conter uma incompletude em vista da complexidade do tema em questão. Para Chauí (1999), "violência é considerado um ato de brutalidade, sevícia e abuso físico e/ou psíquico contra alguém e caracteriza relações intersubjetivas e sociais definidas pela opressão e intimidação". A autora ainda a contrapõe à ética, em virtude de se relacionar aos seres racionais e sensíveis, com opção de escolha e liberdade. Corroborando os apontamentos de Chauí, nesse contexto, vítima é aquela que é colocada em lugar de objeto, é calada e tem sua subjetividade e liberdade desconsideradas.

Schilling (*ibidem*, p. 2) destaca a importância de considerarmos a violência para além da limitação apenas física – ela ainda se apresenta em termos psíquicos e sociais. Assim, situações que contenham discriminação, humilhação e vergonha também são portadoras de violência.

Para ilustrar tal situação, lembro-me de uma passagem de um dos atendimentos no Centro de Referência às Vítimas de Violência (CNRVV). Letícia, de 9 anos de idade, que sofrera abuso sexual por parte do pai, teria uma audiência na Vara Criminal dentro de alguns dias. Ela disse que queria que o juiz soubesse o que acontecera com ela, mas não queria ter de contar a ele. Ao ser questionada sobre o motivo, ela disse que sentia muita vergonha do que o pai tinha feito.

É interessante notar que, tanto na definição de Chauí quanto no entendimento de Schilling, a violência tem o poder de estancar o discurso, de nos deixar sem fala. E isso se mostra na clínica: após a manifestação do sentimento de vergonha daquele que está à nossa frente, é comum que o discurso pare, que não seja dada continuidade à fala. Na quase totalidade das vezes, quando questiono sobre do que se sente vergonha, a resposta limita-se a um "não sei".

A manifestação desse sentimento pode se dar de várias formas: dentro de um atendimento em grupo, proponho a Carolina (7 anos) e Maria (6 anos), ambas abusadas sexualmente pelos respectivos pais, que joguemos boliche. Carolina anima-se, mas Maria não sabe jogar. Carolina, ao explicar o jogo à colega, diz para ela jogar a bola com força e, para isso, pensar em alguém de quem ela sentisse raiva, como seu pai. Pergunto a Carolina se ela sente raiva dele. Ela diz que sim. Ao ser questionada sobre o motivo, ela diz que tem vergonha de dizer, ficando momentaneamente agitada e mudando logo de assunto, mostrando que o tema é algo que a incomoda e pode gerar ansiedade.

Em situações como as apresentadas (em que a criança responde apenas com "não sei" ou muda rapidamente de assunto) ou em outras (em que o discurso é estancado), é importante que o psicólogo seja cuidadoso e encontre formas e momentos para abordar o assunto com a criança sem que ela fique intimidada ou sinta que sua privacidade pode ser invadida.

Se por vezes a criança mostra-se agitada, em outras se comporta como Fernando, de 4 anos: habitualmente animado e falante, quando revela que foi abusado por um amigo da família, sua voz é quase inaudível, olha para baixo e afunda-se na cadeira. O garoto revela que tem vergonha do que aconteceu entre ele e o amigo e também de chupar chupeta.

Gaulejac (2006, p. 17) bem coloca que, em torno da vergonha, há uma dor e uma sensibilidade sobre as quais se prefere não falar. Assim, ela "engendra o silêncio, o fechamento em si e até a inibição". O autor alerta que esse silêncio não é produzido apenas pelo receio de falar daquele que porta a vergonha, mas também em função da resistência do ouvinte em receber essa fala. Sendo assim, são necessárias circunstâncias muito específicas para que aquele que sente vergonha ouse falar sobre ela. A complexidade do que estamos lidando aqui fica clara quando o autor diz que aquele que é habitado pela vergonha experimenta uma depreciação de si e um forte sentimento de solidão. Nessa situação, essa relação sugere-nos que o silêncio e o fechamento em si mostram, por um lado, o sentimento de impotência e, por outro, a perda de confiança no outro.

Em minha experiência clínica, fica patente que a perda de confiança não ocorre apenas naquele que é a figura abusiva, mas também naqueles que, apesar de não serem os executores da violência, têm conhecimento dela e poderiam interrompê-la, mas não o fazem. Camile, de 16 anos, sofreu abuso sexual por parte de um tio quando criança e, por muito tempo, manteve silêncio sobre esse acontecimento. Quando a questionei sobre o motivo de não ter contado a ninguém, ela disse que, anteriormente a ela, uma prima havia sido abusada pela mesma pessoa e contou aos familiares. Estes não apenas não acreditaram nela como, em situações diversas, traziam esse assunto à tona, expondo-a e ridicularizando-a.

Nesse sentido, o sigilo se torna algo precioso. É fundamental dizer à criança que o que ela disser ficará apenas entre ela e o psicólogo e, caso este precise contar algo a alguém (o que pode acontecer em uma situação de audiência ou de risco à criança), isso será primeiro tratado com ela, o que garante a possibilidade de confiança entre o terapeuta e a criança. O garoto Fernando, citado anteriormente, contou sobre o abuso após me perguntar se eu não iria falar para a professora, para a educadora do Centro da Criança e do Adolescente (CCA), para o primo nem para o próprio abusador. Ele precisou se certificar de que não estaria mais exposto do que já estava naquele momento.

Sartre, em *O ser e o nada* (2005), define vergonha da seguinte maneira: "A vergonha pura não é o sentimento de ser tal ou tal objeto desprezível, mas, em geral, de ser um objeto". Ora, o sentimento, por parte da vítima, de "ser um objeto" ou de ser colocado "no lugar de objeto" é bastante conhecido por aqueles que estudam e atuam no campo da violência interpessoal.

Azevedo (2001, p. 33) deixa isso claro em sua definição de violência sexual infantojuvenil: "A violência sexual se configura como todo ato ou jogo sexual, relação hetero ou homossexual entre um ou mais adultos e uma criança ou adolescente, como forma de obter prazer".

Nesse sentido, observa-se que na violência sexual existe uma relação de poder entre dominador e dominado. Como nos alerta Gaulejac (2006, p. 14), dentro dos vínculos sociais há relações de dominação que não se restringe a aspectos econômicos, mas também se faz presente em termos simbólicos. Na mesma direção vai o entendimento de Singh (2005, p. 49) ao apontar que "a vergonha é a sensação decorrente do desmascaramento de uma autonomia ou insolência fracassadas". O autor observa que o desmascaramento do fracasso causa vergonha não apenas na criança, mas também no adulto, quando este entende que fracassou em seu papel de proteção.

Liana e Bruna, mães de crianças abusadas sexualmente por seus parceiros ou companheiros, chegaram ao serviço de proteção e contaram sobre o abuso que suas filhas mais novas sofreram. Ao longo do acompanhamento, apareceu a informação de que suas filhas mais velhas também haviam sido abusadas; as mães afirmaram que não contaram aos profissionais porque ficaram com vergonha de não ter acreditado nelas ou de não tê-las protegido. Já Marcela, mãe de uma adolescente abusada por um vizinho da residência da família, questionou por que a própria filha não foi capaz de se proteger, gritar, sair correndo ou bater no homem que a abusava.

Nesse sentido, Ferenczi (2003), em seu conhecido texto "Confusão de língua entre os adultos e as crianças", fala sobre a perda da autonomia da criança abusada sexualmente quando considera que não se pode esperar que ela tenha reações de fuga, recusa ou resistência em função do profundo temor que sente. Assim, ante a autoridade esmagadora de um adulto, a criança não tem forças físicas ou morais para opor-se ao que a ela acontece, fazendo-se muda. Nesse ponto, o trabalho do psicólogo tem inserção dupla: por um lado, pode-se refletir com o adulto o que significa a proteção de uma criança ou de um adolescente, qual é a sua responsabilidade em protegê-la e até que ponto a criança ou o adolescente pode proteger-se de acordo com sua idade e maturidade psíquica. Por outro lado, o profissional pode trabalhar com a criança ou o adolescente justamente isto: as possibilidades que ele tem, a partir de si mesmo e do entorno, de se proteger e de buscar ajuda, procurando refazer os laços de auto e heteroconfiança.

Ainda nesse texto, Ferenczi indica outra questão crucial: em seu ponto culminante, o medo faz que a criança introjete o agressor, ou seja, passe a esquecer-se de si mesma e submeta-se automaticamente a ele, adivinhando o menor de seus desejos. Como consequência, resta a ela uma grande confusão, que a faz sentir-se ao mesmo tempo inocente e culpada, passando a duvidar das percepções de seus próprios sentimentos.

Fabiana, de 6 anos, ao ser perguntada se sabia por que estava indo ao psicólogo, responde que sim, mas tem medo de dizer porque acha que vou ficar "triste ou brava" com ela. Diante de minha garantia de que não ficaria triste nem brava, ela conta que brincava com o pai no banho, momento em que ela o *deixava* "passar a língua aqui" (apontava para a vulva). Em seguida, diz que não gosta de falar disso e pergunta se nosso tempo já acabou. Ao psicólogo, cabe a tarefa de ajudar a criança a diferenciar não apenas aquilo que é dela e o que é do outro, mas *quem é ela* e *quem é o outro*. Para isso, atividades artísticas plásticas (desenho, massinha, argila) e com bonecos são de grande valia, pois permitem a exteriorização e a visualização dos conteúdos internos.

É imprescindível que lembremos que, como aponta Fuks (1998, p. 120-26, grifo nosso), o abuso sexual infantil é cometido, quase sempre, por alguém que faz parte da vida da criança de forma significativa, como pais, mães, avós, padrastos e cuidadores. Isso significa que uma pessoa utiliza-se de uma relação de poder e *do vínculo afetivo que possui* para obter prazer a despeito do consentimento da outra pessoa e de sua imaturidade para lidar com tal situação. A criança, vulnerável a esse outro com mais poder e ao mesmo tempo íntimo dela, experimenta um forte sentimento de traição da confiança, visto que há uma transgressão da lei por aquele que é seu portador cultural. Esse quadro fomenta a resistência da vítima em falar sobre o abuso, já que tem medo de perder o afeto daquele que a abusou, de que não acreditem nela ou de que seja considerada culpada.

Carla, de 8 anos, adorava brincar de bonecas, principalmente de Barbie. Em uma sessão, ela coloca a Barbie e o Ken na cama, com o boneco masculino por cima. Pergunto o que eles estão fazendo. Ela diz que estão casando, mas que a Barbie não queria porque não gostava dele. Pergunto se ela poderia chamar alguém para ajudá-la e Carla responde que não, porque o Kem fala que a Barbie é mentirosa e "inventa coisas de mentira". Ante a esse tipo de manifestação, é importante deixar claro para a criança que agora há quem acredite nela e que o psicólogo está ali justamente para escutar o que ela tem a dizer. A criança precisa entender que não será alvo de avaliações e classificações como "certa" ou "errada" para que esteja à vontade a se expor. O jogo de faz de conta pode ser um importante instrumento de mediação, já que é menos angustiante para a criança contar a história por meio de bonecos e personagens do que em primeira pessoa.

Não podemos esquecer que a revelação de um abuso sexual pode ter consequências diversas dentro de uma família e na vida de cada um de seus membros. Nesse contexto, Eliacheff e Larivière (2012, p. 107) relacionam vergonha, honra e perda de amor: "Enfim, acontece de crianças se retratarem quando realmente foram molestadas sexualmente. Mesmo que o seu círculo esteja convencido de que ela não mentiu, a criança pode não suportar que a honra familiar seja questionada". Não faltam casos e relatos de situações como: crianças e, principalmente, adolescentes considerados culpados pelo abuso sofrido; crianças retiradas de casa e acolhidas institucionalmente enquanto o suposto agressor permanece na residência – inclusive convivendo com irmãos e irmãs daquela que foi excluída; crianças responsabilizadas pelo declínio financeiro ou pela moral da família.

Eliana é mãe de cinco filhos e teve três deles (meninas) acolhidos por uma instituição após a mais velha revelar que era abusada sexualmente pelo pai. Eliana não acreditou que seu marido abusasse de nenhuma delas e dizia que a filha mais velha sempre contou mentiras e criou problemas porque era ciumenta e queria ser o centro das atenções.

A despeito da questão verdade/mentira (que interessa mais ao campo jurídico que ao psicológico), é importante compreender a dinâmica da família, o entendimento que cada membro tem a respeito do outro e por que houve a irrupção de uma situação de violência, seja ela real ou imaginada – que terá consequências para essa família.

Bilenky (2013, p. 202-03) afirma que, nas sociedades tradicionais, o sentimento de vergonha relaciona-se intimamente com os ideais e valores ligados à honra; ou seja, o sujeito identifica os laços de pertencimento a seu povo e procura estar à altura de seus ideais. Porém, a autora coloca que, na sociedade contemporânea, a vergonha não está mais atrelada especificamente à questão da honra, mas sim à imagem e à aparência do sujeito diante do outro, ou seja, apresenta uma face narcísica, que está remetida ao ego, ao eu. A vergonha acompanha o sentimento de insuficiência ou de inadequação a um ideal familiar e social. E essa ferida causada no narcisismo pode permanecer congelada, como um núcleo vergonhoso ao redor do qual vão sendo construídas camadas.

O mesmo entendimento tem Gaulejac (2006), que esclarece que a vergonha pode ser reativada por novas situações – ou seja, há um efeito de ressonância, como em uma câmara de eco. Como se os sentimentos estivessem encadeados uns aos outros, a vergonha produz ondas sucessivas que se reforçam a cada sequência.

Há, portanto, nesse sentimento, uma descontinuidade entre o que se é e o que se deveria ser, aparente no discurso do sujeito: "[...] As experiências relatadas, sobretudo aquelas remetidas ao sentimento de vergonha de si, por mais significativas que possam ter sido para a história subjetiva do paciente, raramente são acompanhadas de manifestações afetivas" (Bilenky, 2013, p. 204).

Gaulejac (2006, p. 16-17) pondera que, em um mundo dominado pelo fascínio do êxito individual, do desempenho e da excelência, forma-se uma tensão entre as imagens ideais, aquilo considerado necessário para "estar bem", e a realidade propriamente vivida. Quando se é socialmente visto e definido de forma negativa (sem teto, desempregado etc.), é muito difícil criar para si uma autoimagem bem valorada. Assim, o sentimento de vergonha pode ser produzido perante a constatação de que houve uma quebra daquilo que era esperado, ou seja, quando o sujeito se enxerga fora do pacto entre iguais.

Luciana, de 10 anos, sofrera violência física, psicológica e negligência no ambiente familiar, e estava em acolhimento institucional quando foi atendida no CNRVV. Ante a possibilidade de que sua família fosse proibida de visitá-la, ela dizia não saber se gostava da visita ou não, e justificava dizendo que queria ter sua família de volta, mas de outra forma. A menina queria uma família "normal". Perguntada sobre o que seria uma família "normal", ela respondeu que seria uma que cuida e não bate.

Para La Taille (2002, p. 76), uma parte importante na construção do sentimento de vergonha é a exposição pública, quando a falta ou falha cometida ou sofrida fica visível aos olhos do outro. E, dentro do circuito de atendimento de vítimas de violência, é justamente isso que acontece: a violência sofrida é contada e recontada muitas vezes a diversas pessoas em variadas situações, em diferentes instituições, muitas vezes por anos a fio. Assim, aquilo que é do campo privado, particular, passa a ser de domínio público. A vítima não tem mais controle sobre o olhar que recai sobre ela e não pode escolher em que momento deseja deixar de ser olhada.

Esse autor entende, portanto, que a vergonha se estabelece no encontro entre inferioridade e exposição. Perceba-se que essa exposição pode tanto ser real como imaginada – o sujeito, entendido por si mesmo como inferior (ser objeto do outro, ser ferido na boa imagem que tem de si), pode sentir vergonha pelo simples fato de imaginar essa exposição (La Taille, 2002, p. 85-86).

Mautner (2003, p. 227) segue a mesma direção ao dizer que,

> quando nos envergonhamos, o olhar do outro somado ao nosso desprezo por nós mesmos torna viver o momento insuportável. Todos existem, todos estão ali, mas o envergonhado gostaria de desaparecer para que a falha que o envergonha não seja percebida.

Zygouris (1995, p. 166) auxilia-nos a fazer uma diferenciação entre angústia e vergonha. Para ela, a angústia nasce na infância e advém do medo de perder o objeto amado ou da espera insuportável por esse objeto de amor. Já a vergonha seria uma "decadência social", mesmo que esse social esteja resumido a "um olhar que julga".

A partir do exposto, passo a pensar que, na caminhada de alguém em atendimento psicoterápico por violência sofrida, haverá também o olhar do psicólogo. A forma como esse olhar se dá – e como aparece inclusive na práxis institucional – pode contribuir para manter a pessoa no lugar de objeto/vítima ou, então, auxiliá-la a elaborar a violência vivida e a reconquistar o lugar de sujeito autônomo, posicionando-se diferentemente no laço social. Para Tizio (2007, p. 2) o laço social é a "relação entre os seres humanos que se sustenta no discurso e, por meio dele, assume as modalidades de época e marcas de uma cultura determinada".

Por outro lado, Zygouris (1995, p. 161) compreende que as feridas narcísicas precisam ser cuidadas e que, no caso da violência, apenas a escuta benevolente e os bons sentimentos do terapeuta não bastam "se no âmbito social nada vier prolongar, por meio de um ato, sua consequência vital. Pois a vergonha é sempre social, mesmo quando o cenário no qual tenha sido vivenciada diga respeito ao mais íntimo".

Já Gaulejac (2006, p. 123) traz luz à questão metodológica ao dizer que, em função de o sentimento de vergonha construir-se psiquicamente em etapas sucessivas, em "patamares", cada parte apoiando-se na parte que a precede, é importante haver a possibilidade de desconstrução desses diferentes estágios, ou seja, desembaraçar os fios que formam esse nó sociopsíquico.

Para Bilenky (2013), em função de o sentimento de vergonha ser paralisante e produzir um corte, a dificuldade do sujeito em fazer associações torna-se maior. Sendo assim, o analista tem de colocar-se, muitas vezes, em uma posição mais ativa daquela que normalmente ocupa, a fim de auxiliar o sujeito em seu fluxo associativo.

CONSIDERAÇÕES FINAIS

A partir do exposto anteriormente, depreende-se que o tema da violência, de forma ampla, e do abuso sexual infantojuvenil, de forma particular, são de enorme complexidade. E qualquer trabalho, teórico ou prático, que entre nessa questão precisa levar tal complexidade em consideração, sob o risco de tornar-se não apenas inócuo, mas de ser uma possibilidade de novas construções violentas.

Ao trabalhar com o púbico, é possível que o profissional tenha de lidar com sentimentos diversos, entre eles o de vergonha. Pensando que ele pode ser reativado e ter efeito de ressonância, um dos maiores desafios do profissional é quebrar essa sequência e, para isso, é preciso dar credibilidade e sentido ao que é escutado. Desqualificar a existência desse sentimento, dizer que não há por que ter vergonha pode ter o efeito exatamente oposto. Assim, é recomendável investigar o que produz esse sentimento, quando ele surge (na história de vida e no discurso do sujeito), ao que e a quem está relacionado e que lugar ocupa na subjetividade daquele sujeito. A compreensão desses pontos pode subsidiar o psicólogo em seu fazer profissional, fornecendo a ele ganchos que o ajudam a entender quais efeitos a violência vivida produziu.

Além disso, a possibilidade de falar, dada à pessoa que passou por violência sexual, aliada à escuta qualificada, traz a chance de que os sentimentos atrelados sejam trabalhados e, com isso, a vivência de violência possa ser ressignificada. Assim, ao compreender que efeitos a violência vivida produziu, quais marcas narcísicas ficaram, o psicólogo pode se propor não apenas a cuidar dessas marcas, mas principalmente a representar outras formas possíveis de relação, em que o abuso, a violência e o descrédito não estejam presentes. Ao estabelecer, dentro do trabalho psicoterápico, novas possibilidades de relação, abre-se caminho para que o sujeito possa construí-las também na sua vida fora do ambiente de atendimento.

O papel do psicólogo, em diferentes pontos de atuação da Rede de Proteção, tem alto valor e deve também ser subsidiado pelo seu próprio acompanhamento psicoterápico, além de formação e supervisão. Lidar com a vida das pessoas requer ética, preparação e compromisso profundo – tanto por parte do sujeito psicólogo quanto por parte da instituição à qual está atrelado.

Só assim podemos considerar que estamos no caminho de fornecer uma atuação crítica e uma escuta ética àqueles que nos chegam tão fragilizados e devem ser acolhidos tanto em suas dores como em suas potencialidades.

REFERÊNCIAS

Azevedo, M. A.; Guerra, V. N. A. *Mania de bater: a punição corporal doméstica de crianças e adolescentes no Brasil*. São Paulo: Iglu, 2001.

Bilenky, M. K. "A vergonha e os sofrimentos narcísicos". *Ide* (São Paulo), v. 36, n. 56. São Paulo, jun. 2013, p. 201-05.

Chauí, M. "Uma ideologia perversa". *Folha de S. Paulo*, São Paulo, 14 mar. 1999. Disponível em: <http://www1.folha.uol.com.br/fol/brasil500/dc_1_4.htm>. Acesso em: 10 set. 2014.

Eliachef, C.; Larivière, D. S. *O tempo das vítimas*. São Paulo: Fap-Unifesp, 2012.

Ferenczi, S. "Confusão de língua entre os adultos e as crianças". In: *Psicanálise IV*, 2. ed. São Paulo: Martins Fontes, 2003, p. 97-106. (Trabalho original publicado em 1933.)

Fuks, L. B. "Abuso sexual de crianças na família: reflexões psicanalíticas". *Revista Percurso*, n. 20, jan. 1998, p. 120-26.

Gaulejac, V. *As origens da vergonha*. São Paulo: Via Lettera, 2006.

La Taille, Y. *Vergonha, a ferida moral*. Petrópolis: Vozes, 2002.

Mautner, A. V. "Vergonha". *Psicologia USP*, v. 14, n. 2, 2003, p. 225-29.

Sartre, J. P. *O ser e o nada*. 13. ed. Rio de Janeiro: Vozes, 2005.

Schilling, F. "Um olhar sobre a violência da perspectiva dos direitos humanos: o lugar da vítima". *Revista Imesc*, n. 2, 2000, p. 59-65.

Serafim, A. P. *et al*. "Dados demográficos, psicológicos e comportamentais de crianças e adolescentes vítimas de abuso sexual". *Revista de Psiquiatria Clínica*, v. 38, n. 4, 2011, p. 143-47.

Singh, K. *Culpa*. Rio de Janeiro: Relume Dumará; São Paulo: Segmento-Duetto, 2005 (Conceitos da Psicanálise, v. 21).

Sironi, F. *Carrascos e vítimas*. São Paulo: Terceira Margem, 2011.

Tizio, H. "Novas modalidades de laço social". *Revista Eletrônica do Núcleo Sephora*, v. II, n. 4, maio-out. 2007, p. 1-6.

Zygouris, R. *Ah! As belas lições!* São Paulo: Escuta, 1995.

14 O Judiciário e a prevenção de abuso e violência contra crianças e adolescentes

Reinaldo Cintra Torres de Carvalho

O PAPEL DO JUDICIÁRIO NA REDE DE PROTEÇÃO

A VIOLÊNCIA E O abuso sexual são uma vergonhosa realidade que atinge a sociedade desde tempos imemoriais. Em decorrência de uma visão de direitos do "mais forte" sobre o "mais fraco", vivemos ainda sob o jugo da força sobre a razão. Enquanto o "mais forte" se sentir impune em relação às consequências do exercício daquilo que entende como seu direito e o "mais fraco" não souber como se defender ou não tiver a quem recorrer para garantir sua segurança e o exercício de seus direitos, essa situação de submissão permanecerá. Para que essa realidade possa ser transformada, é necessário que seja organizado pelo Estado um sistema de proteção aos menos favorecidos, assegurando-lhes seus direitos e deveres.

Partindo-se da premissa de que a Constituição Federal e a legislação infraconstitucional enxergam a criança e o adolescente como cidadãos em formação que dependem da família, da sociedade e do Estado para que o seu desenvolvimento sadio seja garantido, devemos pensar em um sistema de proteção que seja amplo, aberto e contenha em si todos os atores e agentes que fazem parte do seu dia a dia. Esse sistema, que aqui podemos chamar de Proteção e Garantia de Direitos, deve contemplar todas as áreas do saber e todos os serviços que estão voltados ao atendimento desses cidadãos, e estar preparado para enfrentar uma realidade que se altera diuturnamente. Além disso, deve funcionar de modo horizontalizado, envolvendo a sociedade civil organizada (ONGs, Fóruns de Defesa da Criança e do Adolescente, entidades religiosas, Sociedades de Amigos de Bairro etc.), entes governamentais - em especial aqueles voltados à assistência social, educação, saúde e moradia nas esferas municipal, estadual e federal - e o Sistema de Justiça, composto pelo Poder Judiciário, pelo Ministério Público, pela Defensoria Pública e pela Ordem dos Advogados do Brasil.

Tratando-se de um sistema, a Proteção e Garantia de Direitos deve atender a todos os interesses da criança e do adolescente, buscando sua satisfação integral. Para que isso seja possível, cada ator, seja da sociedade ou do Estado, deve cumprir seu papel e executar sua função sempre em harmonia com os demais atores, nunca de forma isolada.

Dentro dos princípios preconizados pelo Estatuto da Criança e do Adolescente (ECA), o Sistema de Justiça deve atuar de forma a garantir o direito eventualmente violado apenas e tão somente quando o Sistema de Proteção e Garantia de Direitos não conseguir fazê-lo. Isso não quer dizer que os atores do Sistema de Justiça não possam atuar antes da judicialização de alguma violação de direito, mas que sua atuação principal não é essa. O Sistema de Proteção e Garantia de Direitos deve estar capacitado para pensar cada criança e adolescente em sua individualidade, como alguém que necessita de cuidados e atenção particularizados, não sendo cabível sua pasteurização.

Penso que, quando falamos de abuso ou de violência sexual contra a criança e o adolescente, devemos visualizar duas situações distintas: a ocorrência do abuso ou da violência no seio familiar (entendida aqui pelo conceito de "família ampliada", que engloba pessoas de relação próxima da família) e a fora dele.

Em tese, a violência ou o abuso sexual ocorrido fora do seio familiar, ou seja, quando a vítima e o violador não se conhecem ou têm um contato superficial, é passível de prevenção por uma política de segurança pública bem desenvolvida, com policiamento e esclarecimentos para o público; por uma escola de qualidade, que possa produzir conceitos e princípios de igualdade entre as pessoas, em especial o respeito ao sexo ou à opção sexual de cada um, afastando de vez a ideia de que alguém (normalmente o homem) tem o direito de submeter outra pessoa (normalmente a mulher) aos seus caprichos ou desejos sexuais; por um Sistema Judiciário que responsabilize o agressor; entre outras medidas.

Quando se fala em violência doméstica, abre-se um vasto leque de situações. A violência pode ser física, na forma de maus-tratos ou espancamentos; psicológica, na forma de rejeições e isolamentos; por negligência; ou, ainda, por abuso sexual. A prevenção da violência e do abuso sexual dentro do seio familiar mostra-se muito mais complexa, uma vez que a criança e o adolescente estarão em situação de risco em relação àqueles que deveriam estar protegendo e cuidando de seu bem-estar.

Nesses casos, não se pode falar em política de segurança pública, pois a violência e o abuso estão ocorrendo onde não existe possibilidade de intervenção policial preventiva e onde a ausência de serviços públicos de qualidade não interfere diretamente na situação existente. Não se está falando de terceiros ou de desconhecidos que, mediante violência direta, violam os direitos da vítima. Estamos falando de pessoas do convívio diário da criança ou do adolescente, que normalmente gozam de sua confiança, seu respeito, seu temor reverencial e possuem forte vínculo afetivo. São pessoas que estão acima de qualquer suspeita e geralmente são respeitadas pelos demais integrantes do conjunto familiar.

Quando se fala em violência física, a prevenção é possível quando os demais integrantes da família se sentem em condições de se opor ao agressor e tomam as medidas necessárias para proteger a vítima. Ocorre, porém, que o agressor físico normalmente não se volta apenas contra os filhos, netos, sobrinhos ou enteados, mas contra todos os membros da família, em especial contra a genitora, criando uma situação de medo que a impede de se proteger e, consequentemente, de proteger os demais membros. A isso se soma, com frequência, o fato de a mulher ter medo de não conseguir sustentar a família caso o pai ou o padrasto seja afastado, preferindo suportar a situação de violência contra si e contra os filhos pela "pseudogarantia" do sustento. Há outras, ainda, que sentem medo da opinião pública e preferem calar-se a tornar público o que acontece na intimidade da casa.

A violência física e a negligência, por deixarem marcas visíveis, têm grande possibilidade de ser notadas por terceiros, os quais podem tomar medidas a respeito da proteção da criança ou do adolescente. Já a violência psicológica e o abuso sexual são mais difíceis de ser detectados, uma vez que costumam não deixar marcas visíveis. No entanto, o abuso, especialmente, acarreta indeléveis marcas psicológicas, o que constitui um grande problema com o qual depara o Sistema de Proteção e Garantia de Direitos.

Prevenir a ocorrência de violência sexual intrafamiliar é desiderato de difícil ou quase impossível realização. O abusador convive com a vítima, normalmente possui ascendência afetiva, moral e corporal, impedindo que sua conduta chegue ao conhecimento dos demais membros do núcleo familiar ou extrafamiliar. A prevenção ocorre – quando ocorre – após o abuso consumado, ou seja, consegue-se impedir a continuidade do abuso, mas não a sua ocorrência.

A percepção do abuso dá-se pela flagrância do ato abusivo ou por sua exteriorização no comportamento da vítima. Algumas vezes, mais no caso de adolescentes, a violência pode ser detectada pelo sistema de saúde em exames de rotina que quase nunca possuem ligação com o abuso. Quando o ato não se dá por meio de penetração ou de forma agressiva, sem deixar marcas físicas na pessoa abusada, sua descoberta e consequente proteção do abusado dependem, quase exclusivamente, da denúncia da própria vítima. Tratando-se de crianças, essa denúncia pode nunca ocorrer, uma vez que a vergonha, o medo e o próprio desconhecimento de sua situação impedem a divulgação do ocorrido. Nessas situações o Sistema de Proteção fica à mercê da vítima, uma vez que desconhece aquele que precisa de proteção.

Para que o Sistema possa fazer o que se propõe, é necessário estar capacitado a perceber e reconhecer sinais externos de abuso, normalmente por meio do comportamento da vítima, que não consegue esconder de si e dos outros que está sendo objeto de conduta abusiva por parte de terceiros. São os sinais clássicos de mudança de comportamento, distanciamento de seus pares, sexualidade exacerbada e fora do contexto da idade, além de eventual apego ou repulsa excessivos ao adulto abusador. Sem que os atores da proteção estejam atentos a esses sinais, dificilmente o abusado poderá ser protegido.

É importante dizer que muitas vezes a genitora ou o próprio núcleo familiar se recusa a aceitar a ideia de que determinada pessoa seja um abusador, pois nenhum sinal exterior é emitido por ele. Difícil acreditar que um avô, pai, padrasto, irmão, primo, tio etc. possa cometer um ato considerado tão vil. Muitas vezes, nega-se credibilidade às palavras da vítima, pois não se acredita que o abusador seja capaz da conduta a ele imputada. Outras vezes, existe a conivência da família com aquela situação, por medo ou dependência do abusador.

Quando o Sistema de Proteção não consegue fazer cessar o abuso por meios próprios, compete ao Judiciário dar essa proteção pelos meios jurídicos competentes, uma vez que esse agente só age quando acionado pelo próprio Sistema. Dessa forma, não lhe é possível nenhuma conduta preventiva. Não cabe ao Judiciário tomar medidas normalmente restritivas de direito, fora do Sistema de Justiça e sem o devido processo legal. A ele, na maioria das vezes, compete homologar as medidas já adotadas pelo Sistema de Proteção e acompanhar sua efetividade. Dado que, dentro do Sistema, busca-se primar pela horizontalidade das relações, cada ator deve cumprir sua obrigação, competindo ao Judiciário decidir pelo acerto das medidas tomadas, ou usar de seu poder de Estado para garantir que as medidas protetivas sejam cumpridas. Também cabe a ele zelar pela legalidade das ações do Sistema, assegurando o devido processo legal e o exercício de defesa do suposto agressor.

O Judiciário, portanto, posiciona-se dentro do Sistema de Proteção e Garantia de Direitos, sendo sua função fiscalizá-lo para que atue e suas decisões tenham efetividade.

A REDE E A JUDICIALIZAÇÃO DA PROTEÇÃO

Em que pese a inovadora proposta do ECA sobre a não judicialização dos problemas afetos à infância e à juventude, infelizmente ainda não vivemos a realidade pretendida pelo legislador. Muitas famílias não conseguem cumprir seu fundamental papel de protetor da prole, seja por não cuidar dos filhos seja pela falta de condições pessoais e sociais, resultando na formação de crianças despreparadas para o pleno exercício da cidadania.

Não se entrará no mérito das razões pelas quais as famílias não vêm dando conta dessa tarefa. Essa constatação é feita apenas para aduzir que esse comportamento gera uma reação em cadeia de difícil controle. Não cumprindo a família suas obrigações, transfere-se essa função ao Estado e à sociedade, entes que não existem originalmente para tal função e, por isso, não conseguem suprir a sua ausência. A eles compete fornecer os meios adequados para que as famílias possam cuidar de seus filhos, criando e implantando as políticas públicas cabíveis e auxiliando diretamente as famílias, quando essas políticas são insuficientes para atender às suas necessidades particulares. Ao não conseguir formular e executar as políticas de que necessitam as famílias, o Estado também não consegue assumir a delegação das obrigações destas em relação aos filhos. Assim, os problemas que deveriam ser solucionados pelos órgãos e serviços de proteção são remetidos indevidamente à apreciação do Judiciário, revertendo por completo o que pretende o ECA.

Problemas de comportamento de crianças e adolescentes na família ou na rede de ensino não se resolvem com sentença judicial, mas com políticas de apoio à família e à educação. Famílias que vivem em condições subumanas não terão seus problemas resolvidos com a separação de pais e filhos por ordem judicial, mas sim com políticas sociais e habitacionais. O consumo de álcool e drogas não se resolve com a determinação judicial de acolhimento institucional ou internação compulsória em estabelecimento de desintoxicação, mas sim com políticas públicas na área de saúde. Da mesma forma, a proteção da vítima de violência doméstica ou de abuso sexual não se resolve com o acolhimento institucional ou com a adoção de medida de força por parte do juiz da Vara da Infância e da Juventude, mas sim com políticas de apoio à família. Ao juízo da infância e da juventude, conforme prevê a lei, compete fazer cumprir as medidas determinadas pela sociedade por meio de seus organismos competentes, para sanar aquilo que não foi atendido pela família, pela criança ou pelo adolescente, ou pelo próprio Estado.

DESAFIOS PARA O SISTEMA DE PROTEÇÃO E GARANTIA DE DIREITOS

Restringirei os desafios do Sistema de Proteção e Garantia de Direitos da Criança e do Adolescente para os casos de abuso sexual, por entender ser este, atualmente, o problema de maiores repercussão e dificuldade de ser objeto de prevenção.

Como pontuado anteriormente, o abuso sexual é uma das violações de direitos que causam maiores danos à criança e ao adolescente, pelos reflexos em sua formação psíquica, ainda mais quando a agressão se dá dentro do núcleo familiar. Não podemos levar a ideia de proteção ao extremo, tornando cada genitor, familiar, companheiro(a) ou amigo da família um possível abusador que merece vigilância e desconfiança em tempo integral. Da mesma forma, não podemos acreditar que qualquer uma dessas pessoas seja incapaz de cometer um abuso contra a criança ou o adolescente. Atenção e cuidados são diferentes de desconfiança e obsessão.

A proteção de crianças em tenra idade, ainda sem condições mínimas de defesa ou de compreensão daquilo que acontece à sua volta ou consigo mesmas, compete aos genitores ou a quem cuida delas. É preciso preparar esse cuidador, genitor ou não, para que possa perceber sinais de que algo está acontecendo com a criança e, ao mesmo tempo, criar condições pessoais e materiais para que se oponha ao agressor sexual e proteja o infante. Da mesma forma, é preciso que os profissionais que trabalham nas redes de educação e saúde estejam devidamente capacitados para perceber que algo está acontecendo com aquela criança e que ela deve ser encaminhada a profissionais especializados para analisar a situação e providenciar as ações necessárias.

Crianças e adolescentes precisam ser orientados sobre as diversas formas de expressão de carinho que são aceitáveis nas relações pessoais, seja entre pais e filhos ou familiares e terceiros estranhos à família, para que possam perceber eventuais desvios e defender a si mesmos ou a outras crianças e adolescentes.

O estímulo para a criação de vínculos de confiança entre crianças e adolescentes e adultos confiáveis que possam protegê-los é uma ferramenta importante para que eles se sintam seguros em relatar situações que possam estar vivenciando, dentro do seio familiar ou na rede de ensino ou saúde.

A criação e a expansão de serviços especializados para acolher vítimas de abuso sexual, propiciando atendimento digno à vítima e a seus familiares, com condições de minimizar a situação vivenciada, são outro importante instrumento para a restauração da integridade psíquica e afetiva da família.

Entendo que o grande desafio colocado à Rede de Proteção é criar um sistema que prepare profissionais, em especial nas áreas de educação e saúde, para a detecção de situações que possam representar abuso ou violência sexual; serviços que aprofundem os estudos para confirmação ou não da situação; e uma retaguarda que acolha a vítima e seus familiares, buscando a restauração psíquica do núcleo familiar.

Às Varas da Infância e da Juventude competem a especialização de técnicos, para o atendimento de casos de abuso ou violência sexual, e a participação efetiva dentro da Rede de Proteção em uma visão horizontal, na qual poderá prestar o apoio necessário ao fortalecimento do Sistema e evitar que situações solucionáveis sem a judicialização sejam encaminhadas ao Judiciário.

Da mesma forma, ao Poder Judiciário, e não apenas às Varas da Infância e da Juventude, compete processar e julgar com rapidez e eficiência, compreendendo a situação da vítima abusada e do responsável pelo abuso, dando resposta célere à vítima e à sociedade e não permitindo a impunidade.

15 A capacitação jurídica dos profissionais que atuam no enfrentamento da violência contra crianças e adolescentes

Cláudio Hortêncio Costa

Minha aproximação com o tema da violência contra crianças e adolescentes começou em 1998, em Recife, em um encontro com mais de 110 profissionais da área da infância e da juventude de todas as regiões e estados do Brasil. Esse encontro foi promovido pelo Departamento da Criança e do Adolescente, na época vinculado ao Ministério da Justiça do Brasil, em parceria com a Associação Nacional dos Centros de Defesa (Anced) e o Movimento Nacional de Meninas e Meninos de Rua (MNMMR). Tratava-se de uma consistente capacitação referente à compreensão do Estatuto da Criança e do Adolescente (ECA) e dos mecanismos de proteção social. Era um grande projeto, denominado "A sociedade civil acelerando o passo", que tinha como objetivo, além de capacitar os participantes, realizar uma pesquisa sobre o funcionamento dos Conselhos no Brasil, Conselhos de Direitos e Conselhos Tutelares. Ali, foi a primeira vez que percebi que o tema da violência contra crianças e adolescentes, praticada principalmente no âmbito doméstico, não tinha um lugar de destaque no debate. Compreensível, por não se tratar de objeto específico do citado projeto. No entanto, quando percebíamos a dimensão dessa problemática, o debate ocorria.

Conheci uma assistente social nesse encontro, Enza Bueno Cruschina Mattar, à época coordenadora do Centro Regional de Atenção aos Maus-Tratos na Infância. Ficava curioso com suas colocações em relação ao tema, porém o que mais despertou minha atenção foi sua "angústia" colocada ante as ações da

Justiça em relação à compreensão da violência doméstica como crime, e quais prejuízos essa compreensão trazia, em razão da doutrina da proteção integral.

Comecei a estudar a questão com muito afinco, por uma espécie de incômodo. Isso me fez aceitar o convite da Enza para compor a equipe multidisciplinar do Centro Regional de Atenção aos Maus-Tratos na Infância (Crami) de Campinas (SP), levando para lá a discussão sobre a proteção integral e propondo uma reflexão interdisciplinar, uma vez que a equipe de atendimento era composta por profissionais com formações diferenciadas e vasta experiência na área, o que facilitou minha aproximação com o tema. Permaneci no Crami por seis anos, entre idas e vindas.

Nesse ínterim, em 1999, recebi também o convite para compor a equipe de profissionais do Centro de Referência às Vítimas de Violência do Instituto Sedes Sapientiae (CNRVV), com o objetivo de propor uma discussão sobre o Direito na perspectiva da proteção integral, o mesmo desafio colocado pelo Crami-Campinas. Lá também me encontrei com uma equipe interdisciplinar, o que foi um facilitador para a entrada da discussão sobre os aspectos jurídicos no enfrentamento da violência doméstica, tendo como referência o ECA.

Cabe observar que toda a equipe do Crami-Campinas e do CNRVV, à época, era formada pelo curso do Laboratório da Criança (Lacri) da Universidade de São Paulo (USP), um dos poucos que formavam profissionais do Brasil inteiro. A metodologia semipresencial era um elemento facilitador. Essas observações tornaram-se importantes na trajetória, uma vez que grande parte da literatura apreendida no período foi produzida pelas ilustres professoras Dra. Maria Amélia Azevedo e Guerra e dra. Viviane Nogueira. Ambas coordenaram o Lacri-USP por muitos anos, construindo uma sólida história nesse tema.

Não fui aluno do Laboratório da Criança. Em vez disso, optei por "enfrentar" o mestrado na Faculdade de Direito da PUC-SP, com o tema da violência sexual contra crianças e adolescentes e a legislação brasileira, por entender a extrema relevância desse debate no curso de Direito. No entanto, a composição da bibliografia abarcava amplamente a referida literatura produzida pelas doutoras citadas.

Nesse momento eu já estava totalmente envolvido pela temática da violência doméstica contra crianças e adolescentes e procurava espaços de formação para meu aprimoramento. Continuei lendo, atendendo diretamente a casos de violência que envolviam crianças e advogando na esfera privada, com o mesmo tema. Essa imersão colocou-me em contato com muitos projetos no Brasil e no exterior, justamente por ser um campo de produção bem restrito na perspectiva do Direito. Vivi literalmente a junção da prática e da teoria, o que foi de extrema importância para a minha formação.

Chegando ao CNRVV, deparei com profissionais extremamente qualificados, o que muito me ajudou para compreender a temática. Eu tinha um razoável conhecimento do Estatuto da Criança e do Adolescente, uma concepção clara da Proteção Integral, elemento que seria – e foi – introduzido no curso de aperfeiçoamento, ao qual me referirei a seguir. No Centro percebi a importância de um aprofundamento na compreensão da legislação penal, e qual foi o espanto ao constatar o que eu tinha ouvido por muito tempo pelos profissionais que manejam esse tema na prática: a Justiça revitimiza!

Essa questão persegue-me até o momento. Sendo um profissional do Direito atuando em um grupo multidisciplinar, percebo que a função da defesa jurídica nesses casos específicos tem sido minimizar os danos sofridos pela criança e pelo adolescente durante os procedimentos judiciais, o que é um desafio. O tema por si só traz uma compreensão multicausal, ou seja, quanto mais afirmamos que sabemos, muito ainda temos de aprender. Devemos, na verdade, compreender que essa questão ainda é tratada de forma tímida e revestida de tabus pela sociedade. Isso dificulta os avanços sobre a busca de uma efetiva proteção integral a crianças e adolescentes quando vítimas de violência, principalmente doméstica, e à busca veemente de mediações possíveis no campo da Justiça e de formação continuada dos profissionais que trabalham diretamente com a temática, conforme observa Martins (2000): "Falar sobre violência doméstica contra crianças e adolescentes e, especialmente, violência sexual doméstica sempre foi e ainda é um tabu, um assunto proibido, protegido pelo silêncio e pelo 'familismo'". Percebi, também na legislação penal, que a preocupação do legislador quanto às particularidades dos crimes de natureza sexual não era presente, sendo a única menção alterada após promulgação do Estatuto da Criança e do Adolescente, que agrava a pena para agressores de abusos dessa natureza.

Em 2000, apresentei um projeto de mestrado na Faculdade de Direito da PUC-SP, do departamento de Interesses Difusos e Coletivos, com o título "Abuso sexual doméstico e a perspectiva da proteção integral", no qual demonstrei a *via-crúcis* da criança ou do adolescente vítima de violência sexual doméstica quando recebem a notificação judicial, reafirmando o que a bibliografia define como processo de revitimização. Fui aprovado e em dois anos concluí a dissertação, que, afirmo hoje, não espelha mais o meu entendimento sobre o tema. Avançamos!

No período do mestrado, fiz uma visita a equipamentos da Justiça e de atendimento em cinco cidades diferentes, de cinco estados americanos: Washington DC, Nova York (Nova York), São Francisco (Califórnia), Santa Fé (Novo México) e Houston (Texas), o que ampliou minha compreensão sobre a perspectiva jurídica brasileira sobre o tema.

Trabalhei e trabalho em São Paulo, e já atuei em outros estados e alguns países, sempre a convite, e afirmo com veemência que o campo legislativo brasileiro, no que tange à proteção da infância e da juventude, é um dos mais avançados do mundo. No entanto, a efetivação dessa legislação caminha a passos lentos e essa reflexão, que estamos conseguindo promover no curso de aperfeiçoamento, vem conquistando muito interesse dos alunos. Temos um campo legislativo protetivo bastante consistente com a compreensão da proteção integral e já alteramos a legislação penal. No entanto, muitas conclusões, sobre a interpretação da legislação quando crianças e adolescentes são vítimas, ainda são equivocadas.

A experiência singular vivida no CNRVV durante esses anos deu-se por conta da própria estrutura curricular do curso de aperfeiçoamento oferecido a profissionais de áreas diversas que compõe um grupo novo a cada ano. Vejo em sala de aula que 99% dos alunos são profissionais específicos da área. Outros vêm com desejo de se instrumentalizar para o enfrentamento na prática da questão debatida.

O que me surpreendia no início eram as distâncias percorridas para a conclusão do curso. Alguns alunos viajavam até 400 quilômetros para participar das aulas no Instituto Sedes Sapientiae. A meu ver, isso indica uma carência efetiva de ofertas de formação para a temática, o que dificulta inclusive o investimento do profissional em sua formação. A política social precisa alcançar essa dimensão.

O CNRVV mantém atendimentos diretos e estágios supervisionados de alunos, o que me permitiu também poder viver a experiência de acompanhar a supervisão dos atendimentos com os profissionais da equipe (que compõe esta publicação), sob a perspectiva do ECA.

Reafirmo que vejo um avanço na produção legislativa quanto à compreensão do fenômeno, na perspectiva da intenção de proteger as vítimas crianças e adolescentes, porém ela não tem garantido a proteção por excelência.

A aplicabilidade prática no campo legislativo, bem como os procedimentos na atenção aos sujeitos, ainda paira sobre questões construídas empiricamente pela sociedade e sobre tabus historicamente sedimentados no tema da violência contra crianças e adolescentes, sobretudo no que tange à violência intrafamiliar, tendo como pano de fundo a situação irregular e a visão equivocada dos processos de desenvolvimento de crianças e adolescentes, que muitas vezes coloca as vítimas como algozes da sua própria condição. Na famosa frase "Criança pede limite" há o entendimento de que limite significa genericamente castigo. Abre-se aí um leque cultural do que seja educação como um processo construtor da autonomia e de suas relações com o mundo.

O Senado Federal aprovou, no dia 4 de junho de 2014, a chamada "Lei da Palmada", reforçando algo que não é novo ante as convenções internacionais, intenção apresentada pelo Estado brasileiro, principalmente na Convenção da Organização das Nações Unidas pelos Direitos da Criança, no artigo 19.1, propondo ações afirmativas, desde a sua ratificação, em 1989, e alcançando gradativamente essa intencionalidade. Reforça-se que ainda assim existiu e existe resistência na sociedade em relação à lei. A imprensa divulgou amplamente o debate fomentado pela chamada "bancada evangélica" opondo-se à intencionalidade da lei quando defende a liberdade de a família educar seus filhos, apresentando projeto de lei com várias restrições, desde o seu nascimento.

O tema castigo físico abordado por essa lei vem sendo almejado desde 1990 pela lei protetiva. É importante ressaltar que a chamada Lei da Palmada foi aprovada logo após um fato trágico em que uma criança foi morta e enterrada, e as investigações apontavam para a violência intrafamiliar, conhecido como Caso Bernardo Boldrini, nome inspirador da Lei.

Faz-se necessário também um debate amplo sobre a terminologia "castigo físico", que não amplia a compreensão das violências já classificadas no campo acadêmico e doutrinário. As violências, físicas ou sexuais, sempre terão uma compreensão subjetiva na perspectiva da violência psicológica.

Na continuidade dos avanços, com restrições, ainda que pareça avançada a indicação legal, urgem questões sérias em relação ao reconhecimento do "estupro de vulnerável", no artigo 217-A:

> Ter conjunção carnal ou praticar outro ato libidinoso com menor de 14 (catorze) anos.
>
> Pena – reclusão, de 8 (oito) a 15 (quinze) anos.
>
> § 1º Incorre na mesma pena quem pratica as ações descritas no caput com alguém que, por enfermidade ou deficiência mental, não tem o necessário discernimento para a prática do ato, ou que, por qualquer outra causa, não pode oferecer resistência.

O reconhecimento da incondicionalidade da ação penal é entendido como um avanço no artigo 225:

> Nos crimes definidos nos Capítulos I e II deste Título, procede-se mediante ação penal pública condicionada à representação.
>
> Parágrafo único. Procede-se, entretanto, mediante ação penal pública incondicionada se a vítima é menor de 18 (dezoito) anos ou pessoa vulnerável.

Cabe um profundo debate sobre "vulnerabilidade" quando tratamos de crimes dessa natureza. Não podemos misturar o que é crime com o que são processos naturais da adolescência. Quando a lei afirma que a vulnerabilidade está definida pela idade cronológica, uma grande questão surge: no caso de um(a) autor(a) com 16 anos e uma vítima de 14 anos, ou vice-versa, faz sentido questionarmos a vulnerabilidade de alguma das partes?

Existe a possibilidade de a Justiça interpretar como "criminalização" o desenvolvimento sexual da adolescência quando diante de uma ação reconhecida como estupro de vulnerável. Pode existir também um(a) autor(a) desse crime apenas um ano mais velho(a) que a vítima, acusado(a) de uma determinação tão séria, principalmente quando a Justiça qualifica o "estupro de vulnerável" como qualquer ato que circule sobre a órbita da sexualidade. Isso não indica um avanço automático na revisão das práticas chamadas revitimizadoras. Um exemplo simples é o exame de corpo de delito, um procedimento ainda arcaico em relação à compreensão legal de "estupro" porque muitas ações de abuso sexual não deixam marcas físicas, conforme observa a professora Eva T. Faleiros (2001):

> Provas médico-legais que comprovem o abuso sexual de crianças e adolescentes são de grande importância na identificação e na responsabilização do agressor, que pode ser o pai, o padrasto ou o irmão. É comum que a ausência de comprovação da violência seja entendida como falsa alegação ou inexistência de crime sexual por médicos legistas policiais e promotores de justiça. O fato de que uma das características dos crimes de abuso sexual seja de não deixar traumas físicos severos, devido a não resistência de suas vítimas, não tem sido corretamente avaliado pelas instâncias competentes.

Os Institutos Médicos Legais (IMLs) são os órgãos oficiais responsáveis pela realização desse tipo de exame pericial; no entanto outros profissionais, tendo um cenário mais favorável, colhendo informações periciais, indicando de forma objetiva tudo que for encontrado e uma vez constituindo prova cabal, eximiriam a criança dos procedimentos nos IMLs? São questões que debatemos cotidianamente diante das concepção de prova dos crimes praticados contra crianças e adolescentes.

Outra questão muito importante refere-se às intimações recebidas pelos profissionais dos serviços para figurar como testemunhas de casos de violência contra crianças. Quando a Justiça constatava que o profissional trabalhava com as informações trazidas pela criança – e a fala da criança é essencial nessas situações –, elas eram descaracterizadas em audiências. As perguntas eram: o profissional pode afirmar que o pai abusou do filho? O profissional estava lá na hora do fato? Tudo isso ilustra como é a compreensão dessa temática pelo universo da Justiça, que na prática não tem se alterado muito. Como supervisor de serviços de atendimento, percebo que essas questões continuam presentes.

As indagações que faço neste relato são baseadas nos debates em sala de aula e nas inquietações que os profissionais trazem. O que tenho percebido é que os espaços institucionais ainda são pouco preparados para a elucidação de questões referentes às violências sofridas por crianças e adolescentes, o que dificulta a escuta desse público nessa etapa da intervenção. Muitos são os trabalhos produzidos que apontam a necessidade de uma reestruturação das funções de diferentes instituições em que transitam crianças e adolescentes vítimas de violência, aqui reforçando a praticada no meio doméstico, que é cercada de complôs, segredos, tabus, entre outras questões.

A proposta do depoimento com redução de danos é interessante, desde que seja construída de forma objetiva e prática. Trata-se do Projeto de Lei nº 4.126/2004, já em aplicação em mais de 25 comarcas no Rio Grande do Sul, que busca minimizar a exposição da criança ou do adolescente vítima de crimes, principalmente de natureza sexual, porém não exime da compreensão de outros crimes praticados contra eles. O projeto "Depoimento sem Dano", reconhecido e divulgado pelo Conselho Nacional de Justiça, aponta sua compreensão com base no artigo 12 da já referida Convenção pelos Direitos da Criança:

> É assegurada à criança a oportunidade de ser ouvida nos processos judiciais e administrativos que lhe respeitem, seja diretamente, seja por meio de organismo adequado, segundo as modalidades previstas pelas regras de processo da legislação nacional.

Nesse sentido, o Tribunal de Justiça do Rio Grande do Sul, desde 2003, aplica a metodologia que visa, no momento dos depoimentos judiciais, não revitimizar crianças e adolescentes por ocasião das suas escutas em Juízo. É criada uma sala para entrevistas, ligada por vídeo e áudio à sala de audiências. Na primeira ficam um técnico e a criança. Na segunda, os participantes que interagem no decorrer da audiência. O objetivo principal é o da produção antecipada de provas – o que não deixa de ser interessante –; no entanto, o processo de arguição precisa buscar cada vez mais a proteção da criança e do adolescente vítimas de crimes. A metodologia propõe um avanço na elucidação do tema aludido, porém sua efetivação dependerá de uma concepção cultural diferente da construída até hoje em relação a essas vítimas de violência.

Cabe mencionar que o Conselho Federal de Serviço Social (CFESS) se opõe à presença dos profissionais do Serviço Social no entendimento da arguição no projeto "Depoimento Sem danos", apresentando uma reflexão denominada "Reflexões ético-políticas sobre a metodologia 'Depoimento Sem Dano' (DSD) junto a crianças e adolescentes vítimas de violência, abuso ou exploração sexual". No mesmo diapasão, o Conselho Federal de Psicologia também apresentou uma nota em seu, no dia 16 de setembro de 2011, denominada: "CRP é contra o depoimento sem dano a Resolução CFP n. 010/2010 – Posicionamento do CFP contrário ao 'Depoimento Sem Dano'".

Essas informações interessam no sentido de elucidar as dificuldades que são visualizadas nos processos judiciais quando as vítimas são crianças e adolescentes. É preciso refletir sobre os dois conselhos de categorias, importantíssimos nas compreensões necessárias das propostas que devem ser minimizadoras do fato ocorrido, diferentemente do colocado no projeto como um mero arguidor da criança ou do adolescente ante o crime sofrido.

Aponto aqui três ganhos efetivos que o Depoimento com Redução de Danos pode trazer em relação ao que existe hoje na prática:

a) Minimização do processo de revitimização:

- As vítimas muitas vezes relatam o ocorrido a, no mínimo, três importantes agentes na perspectiva da elucidação e proteção à vítima, sendo eles profissionais capacitados para uma escuta qualificada da criança e do adolescente alvo de crimes, principalmente os da órbita da sexualidade. Reforça-se o entendimento do tabu que esse tema específico traz.
- Capacitação continuada para os conselheiros tutelares, os agentes policiais e as Unidades Básicas de Saúde (UBSs) ante

o fenômeno da violência contra crianças. Incluo aqui os cursos voltados à educação, como pedagogia, psicologia, entre outros, que possam ter em seus planos de ensino o tema da violência contra crianças e adolescentes como um processo histórico, que pode ser inicialmente entendida pela obra da historiadora Mary Del Priore (2000), *História das crianças no Brasil*, que relata um pouco a política pensada para a infância e adolescência dentro do contexto histórico do nosso país. A capacitação deve ser uma referência entre todos os que trabalham com crianças e adolescentes, em qualquer esfera da sociedade, quando temos no processo histórico o reconhecido "adultocentrismo", identificado também na obra de Philippe Ariès (1978).

b) Ambiente diverso das salas de audiências – local preparado com o intuito de reduzir os danos psicológicos.
As entrevistas ocorrem em espaços diferentes dos apresentados até então, nas audiências na Justiça. Muitas vezes, não é clarificado para a criança e o adolescente o seu verdadeiro papel ali, colocando-os em situações de extremo constrangimento quando diante dos agressores e fragilizando seus depoimentos. Aponto um exemplo vivido em audiência, no qual o promotor de Justiça, em depoimento de uma criança de 8 anos abusada pelo pai biológico, pergunta a ela: "Você quer que seu pai vá preso?" Obviamente, a criança respondeu que não. Era uma criança saudável, apesar do crime sofrido por quatro anos seguidos.

c) Produção antecipada de provas – na esfera cível e penal, não entregando a responsabilização da criança e da produção dessas provas, ela não falará sozinha e os contextos devem ser amplamente analisados.

Acredito que seja uma "crueldade" reconhecer fundamentalmente a criança ou o adolescente vítimas de violência como potentes esclarecedores do ato vivenciado. Descrever o abuso ocorrido em audiências, ainda que pela metodologia do depoimento sem dano, e reconhecer o crime são mais alguns dos processos danosos sofridos pelas vítimas de violência, que ainda carregam o peso da responsabilidade pela "destruição", "desestabilização" de suas famílias, uma vez que "conviviam" bem com o chamado "pacto do silêncio" - o perverso contrato construído em famílias nas quais a violência é uma realidade de vivência. Algumas dessas crianças e adolescentes acabam sendo o ator principal para o rompimento do chamado ciclo de violência, o que os colocam em lugares vulnerabilizantes em famílias que construíram suas histórias com base em relações violentas.

Acompanhei, como advogado privado, ações de violência contra crianças e adolescentes e ficaria aqui horas descrevendo tudo que vi no que se refere a processos de revitimização, mas esse não é o objetivo deste relato. Urge que o tema seja amplamente debatido e constituído nos processos curriculares das universidades, primordialmente dos cursos voltados ao campo da saúde, porém não se restringindo apenas a isso, uma vez que tratamos de uma questão já indicada como advinda de fatores multicausais.

REFERÊNCIAS

Ariès, P. *História social da criança e da família.* Rio de Janeiro: Zahar, 1978.

Azevedo, M. A. *Crianças vitimizadas: a síndrome do pequeno poder.* São Paulo: Iglu, 1989.

Del Priore, M. (org.). *História das crianças no Brasil.* 2. ed. São Paulo: Contexto, 2000.

Faleiros, E. T. *Circuitos e curtos-circuitos: defesa e responsabilização.* São Paulo: Veras, 2001.

Ferrari, D. C. *O fim do silêncio na violência familiar: teoria e prática.* São Paulo: Ágora, 2002.

Furniss, T. *Abuso sexual da criança: uma abordagem multidisciplinar.* Porto Alegre: Artes Médicas, 1993.

Sposati, A. "Crianças: direitos e discriminação". *Revista Serviço Social e Sociedade*, n. 37. Rio de Janeiro: Cortez, 1998.

16 Quando se guarda um segredo que não é nosso: a vitimização indireta da violência sexual de crianças e adolescentes

Marisalva Fávero
Amaia Del Campo
Sónia Oliveira
Joana Fernandes

INTRODUÇÃO

O PRESENTE CAPÍTULO RESULTA da reflexão que fizemos nos últimos anos acerca do papel dado às vítimas indiretas da Violência Sexual contra Crianças e Adolescentes (VSCA). Verificamos que essas vítimas muitas vezes não se classificam como tais e saem de cena durante o atendimento psicossocial e jurídico, dando lugar às vítimas diretas.

Recordo-me do caso da melhor amiga de uma adolescente vítima direta de violência sexual por parte de um professor de geografia. Na consulta de preparação para testemunhar no tribunal, ela revelou o quanto aquela situação a tinha afetado psicológica e socialmente. Essa testemunha foi a sinalizadora da vitimização ao "obrigar" a amiga a contar aos pais que estava sendo assediada.

Esse e muitos outros casos levaram-nos a refletir sobre como nós, profissionais das áreas psicomédico-social e jurídica, temos desatendido essas vítimas. No afã de amenizar o sofrimento da vítima direta, dedicamos-lhe toda a atenção e esquecemo-nos do quanto ser testemunha da violência sexual sofrida por alguém muito próximo também pode ser traumatizante.

Verificamos que mesmo as instituições oficiais internacionais, que têm demonstrado elevada preocupação com os crimes sexuais contra crianças e adolescentes, omitem a vítima indireta em suas recomendações. A Diretiva do Parlamento Europeu e do Conselho de 2011 (Jornal Oficial da União Europeia, 2011, p. 4) não se refere à vítima indireta e, quando desloca o foco da vítima para outros intervenientes, apenas sugere que seja dada atenção aos progenitores não agressores das crianças vítimas de crimes, "a fim de os auxiliar na prestação de assistência às crianças durante o inquérito e o processo penal".

Neste capítulo serão apresentadas essas reflexões, tentando desvendar, no contexto da VSCA, qual é o enquadramento dado às vítimas indiretas e o seu lugar nos processos judiciais, nas dinâmicas traumáticas e nas consequências relacionais, ou seja, de que forma os sistemas ecológicos das vítimas indiretas ficam afetados. Sempre que for oportuno, recorreremos a algumas falas de mulheres adultas que foram na sua infância ou na adolescência testemunhas de vítimas diretas da VSCA.

Assim sendo, pretendemos responder a algumas das seguintes questões: de que forma a testemunha é afetada pela exposição à violência sexual contra o(a) irmão(irmã) ou uma pessoa próxima? Qual foi o lugar dado a essas vítimas no seu atendimento e encaminhamento? Qual é a relação entre a experiência de exposição à violência sexual e as dinâmicas traumáticas? As dinâmicas traumáticas verificadas nas vítimas diretas da violência sexual manifestam-se também nas vítimas indiretas? Qual a influência da violência sexual nos seus percursos desenvolvimentais?

A VIOLÊNCIA SEXUAL CONTRA CRIANÇAS E ADOLESCENTES (VSCA)

AFINANDO A TERMINOLOGIA

Embora "abusos sexuais a menores" seja a terminologia em português mais usada para se referir à VSCA, neste último ano decidimos propor uma nova nomenclatura. Sendo assim, embora não seja o objetivo deste trabalho uma reflexão exaustiva sobre esse tema, nos grupos de investigações de que participamos propomos o uso do termo "violência sexual contra crianças e adolescentes", considerando que a ideia de abuso tem sido mal utilizada.

A palavra "abuso" remete ao "uso abusivo" de algo, ou seja, a um comportamento permitido até certo ponto. Assim sendo, a leitura que se poderá fazer é a de que *abusar* seria ultrapassar um limite, porém não é disso que falamos quando nos referimos à vitimização sexual na infância ou na adolescência. O corpo, a sexualidade, os afetos sexuais de uma criança ou de um adolescente não podem ser "usados" por uma pessoa adulta. No que se refere às interações sexuais entre pares, não podem da mesma forma ser "usados" por outra criança ou adolescente sem sua livre permissão.

Partilhamos da posição de Bakhtin (1988, 2003) de que as palavras constroem realidades. Se usamos uma terminologia mais simplificada, corremos o risco de retirar o lugar que a VSCA deve ocupar: um crime, porque é punida por lei; uma violência maior, porque atenta de forma grave contra muitos dos patrimônios essenciais da nossa dignidade. Uma proposta de interação sexual vinda de uma pessoa significativa para a criança ou o adolescente, como, por exemplo, pai, mãe, avó, avô etc., pode ser tão grave quanto uma penetração vaginal ou anal por parte de um estranho.

Ao utilizarmos "abuso" em vez de "violência", estamos, mesmo sem intenção, atribuindo uma conotação de uma agressão menor e contribuindo para relativizar a importância de determinados atos sexuais com crianças e adolescentes. É como se violência fosse algo mais grave e abuso, menos relevante; como se a violência sexual fosse menos grave que outros tipos de maus-tratos às crianças. Por outro lado, a expressão "menores", embora amplamente utilizada pelas ciências sociais e jurídicas, nos remete a algo que tem menos valor e, por esse motivo, deve, também, começar a ser substituída. Temos, portanto, o compromisso de evitar qualquer falta de atenção que possa contribuir para colocar a violência sexual sobre crianças e adolescentes num patamar menor do que aquele que efetivamente deve ocupar: o de um crime grave, com consequências sérias para o desenvolvimento e a saúde mental das vítimas, quer sejam diretas ou indiretas.

A VSCA, reconhecida pela Organização Mundial de Saúde como um dos subtipos dos maus-tratos (Finkelhor, 2007; OMS, 2014), caracteriza-se pelo contato sexual com uma criança ou um adolescente, de idade abaixo da maioridade legal, mediante uma das seguintes circunstâncias: a) quando a ação é praticada utilizando violência ou estratégias de manipulação sobre a vítima; b) quando existe uma grande disparidade entre a maturidade ou a idade do par; c) quando a pessoa está numa posição de cuidador ou de superioridade ante o menor (Finkelhor, 1999).

Assim sendo, e recorrendo a um conceito utilizado em outros estudos (Fávero, 1999, 2003; Sousa e Fávero, 2011), a violência sexual contra crianças e adolescentes refere-se a contatos e interações sexuais entre eles e uma pessoa adulta, sempre que esta última (agressora) usa a vítima para estimular sexualmente a si mesma, à própria vítima ou a outra pessoa. A violência sexual também pode ser cometida por pessoa menor de 18 anos quando esta é significativamente maior que a vítima ou está em posição de poder ou controle sobre ela. "Uma pessoa adulta" em Portugal, por exemplo, é a que tem mais de 18 anos; "menor de 18 anos, significativamente maior que a criança" indica que, ao ser mais velha que o seu par, deve ter um desenvolvimento físico, sexual e emocional mais avançado que a vítima; ter a "mesma idade mas estar numa posição de poder ou de controle sobre ela" refere-se à assimetria de poder entre pares.

Os comportamentos sexuais incluem: a) contatos físicos (sexo anal, vaginal ou oral; introdução do dedo ou objetos na vagina ou no ânus; carícias, que incluem tocar os genitais do agressor ou do menor; forçar o menor a masturbá-lo; obrigá-lo a manter contatos sexuais com animais); b) contatos não físicos (propostas de atividade sexual; exibicionismo); c) exploração sexual (produção de pornografia; prostituição infantil; obrigar o menor a presenciar atividades sexuais de outras pessoas).

A exploração sexual foi objeto de atenção da Diretiva 2011/92/UE do Parlamento Europeu e do Conselho de 13 de dezembro de 2011 (Jornal Oficial da União Europeia, 2011), que orienta os Estados membros da União Europeia sobre a definição dos crimes e das sanções nos casos de VSCA, para a sua prevenção e a proteção das vítimas.

As terminologias "vítima indireta", "testemunha" e "pessoa exposta à VSCA" serão utilizadas neste capítulo como sinônimas, referindo-se à experiência de ver, ouvir ou conviver de forma intensa e próxima com situações de violência sexual.

Podemos mencionar expressões como "exposição à violência" ou "testemunho da violência", que, segundo Coutinho e Sani (2008), descrevem a experiência de ver, ouvir ou conviver de forma próxima com situações violentas. Spilsbury *et al.* (2007) definem "estar exposto à violência" como um conceito multidimensional que pode incluir comportamentos como observar diretamente a situação da violência, ouvir (sem ver) o ato violento, observar os efeitos causados, mas não a violência em si, ou ouvir relatos sobre o ocorrido.

O ONTEM, O HOJE E O AMANHÃ: PREVALÊNCIA DE VSCA NACIONAL E INTERNACIONAL

Os dados encontrados evidenciam a gravidade desse fenômeno. A OMS (2014) apresenta uma porcentagem de, aproximadamente, 5% a 10% de homens e 20% de mulheres vítimas de violência sexual na infância. Esses dados foram confirmados na meta-análise, realizada por Pereda *et al.* (2009), de estudos em 22 países, que concluiu que 19,7% de mulheres e 7,9% de homens experienciaram algum tipo de violência sexual (VS) antes dos 18 anos. A investigação de Aboul-Hagag e Hamed (2012), com universitários no Egito, revelou que 29,8% dos inquiridos (37,8% de mulheres e 21,2% de homens) foram vítimas de VSCA.

No primeiro estudo em Portugal de prevalência de VSCA, realizado por nós (Fávero, 2003), verificamos que 6,9% da população total foi vítima de violência, sendo 9,9% mulheres e 3,7%, homens. Loureiro e Machado (2010) apresentam uma prevalência de 6,1%, e as estatísticas de 2011 da Associação Portuguesa de Apoio à Vítima (2012) demostraram que 24,5% das vítimas de crimes sexuais são menores de 14 anos.

No que concerne à idade, a maioria das vítimas tem entre 7 e 13 anos (Fávero, 1999; Finkelhor, 1999), sendo 10 anos de idade para as meninas e 9 anos para os meninos (Aboul-Hagag e Hamed, 2012). No entanto, aproximadamente 20% das situações envolvem crianças mais novas do que as referidas (Finkelhor, 1999; Serafim *et al.*, 2011), sendo elas, regularmente, vítimas de familiares (Taveira, 2007). A vitimização iniciada numa idade precoce tende a ser continuada (Finkelhor, 2007; Serafim *et al.*, 2011). Também se pode dizer que, quando a VSCA é perpetrada por adultos, em geral estes são pais ou padrastos (Pombo, 2011; Serafim *et al.*, 2011); quando as agressoras são mulheres, habitualmente, são, também, conhecidas ou familiares do menor (Toledo, Seymor e Tsopelas, 2012).

DINÂMICA DA VIOLÊNCIA SEXUAL CONTRA CRIANÇAS E ADOLESCENTES

O processo de VSCA inicia-se com o envolvimento das crianças e dos adolescentes, por exemplo, em jogos considerados inadequados. Posteriormente, passa a existir interação sexual, embora a criança ou o adolescente possa pensar que determinados comportamentos são jogos. Em seguida, procede à intimidação da vítima por meio de ameaças, culpabilizações (levando ao sentimento de vergonha) ou recompensas (Rosa, 2007), o que conduz, muitas vezes, à ambivalência afetiva em relação ao agressor (Barbosa, 2011). Por fim, a denúncia constitui-se como uma etapa do processo, podendo ser casual (se alguém testemunhar o abuso) ou premeditada – com o intuito de proteger um(a) irmão(ã) menor (Rosa, 2007).

VITIMIZAÇÃO INDIRETA DOS ABUSOS SEXUAIS A MENORES

Ao longo do tempo, temos assistido a uma expansão da literatura sobre VSCA, sendo dando maior destaque à criança ou ao adolescente agredido, isto é, a vítima direta. Verifica-se, portanto, que tanto nos estudos científicos como na prática profissional, quem testemunhou a violência (por exemplo, irmãos ou irmãs) é negligenciado. O mais grave é que, muitas vezes, as vítimas indiretas continuam em contato tanto com a vítima direta como com o abusador (por exemplo, o agressor familiar) (Cantelmo *et al.*, 2010). Essa desatenção, verificada na fala de uma profissional da área psicossocial que trabalha com crianças e adolescentes vítimas, entrevistada pelo nosso projeto sobre vitimização sexual indireta, deve ser um alerta para a necessidade de destacarmos a importância da inclusão das vítimas indiretas: "A intervenção incide na vítima, que neste caso é criança ou jovem, e é nela que se tem de pensar em primeiro lugar, afastando-a do perigo a que está sujeita".

Rosa (2007), no seu estudo sobre testemunhas da VS sofrida pelos(as) irmãos(ãs), também constata que, de modo geral, o atendimento nos serviços de proteção é centralizado na vítima, deixando as testemunhas que compõem a fratria esquecidas e sem atenção. Além disso, a autora relata que, entre as pessoas que sofreram VS, por terem sido espectadoras da VS contra um membro da família ou outras crianças, somente algumas receberam atendimento psicossocial.

No entanto, Finkelhor *et al.* (2009) afirmam que 25,3% das crianças e dos jovens foram vítimas indiretas de alguma forma de violência. Mais especificamente, parece existir uma grande prevalência de menores expostos à violência em contexto familiar. Fantuzzo e Fusco (2007) demonstraram que 44% dos 1.560 menores tinham sido expostos a esse tipo de violência. Da mesma forma, Jaffe *et al.* (2012) verificaram que 273 crianças estiveram presentes durante o homicídio de um dos progenitores, no Canadá e nos Estados Unidos.

Furniss (2002) e Rangel (2005) constataram que crianças que testemunharam a VS de irmãos (irmãs) ficaram "perturbadas", marcadas pelos seguintes fatores: pelo que ouvem, pois são sujeitas a abordagens de caráter obsceno (ouvem palavrões ou sons resultantes do ato sexual); pelo que veem, pois, muitas vezes, a violência sexual ocorre em sua presença; ou pelos contatos físicos, quando tentam fisicamente impedir ou interromper o abuso (Rosa, 2007).

TESTEMUNHAS DE SITUAÇÕES TRAUMÁTICAS: COMO REAGEM AS VÍTIMAS DESSAS SITUAÇÕES E DE EXPOSIÇÃO A OUTRAS VIOLÊNCIAS?

Na constatação da escassez de estudos específicos sobre a vitimização indireta da VSCA, recorremos a outras análises dos efeitos do testemunho e da exposição a outras situações traumáticas, no contexto das relações interpessoais.

Duas populações têm sido amplamente estudadas: as mães das vítimas de violência sexual intrafamiliar e as crianças e adolescentes expostos à violência interparental.

A violência sexual atinge todos os membros da família, incluindo os que não tenham sido agredidos diretamente, pois eles "precisam ser considerados vítimas da situação" (Finkelhor, 1999, p. 113), uma vez que se sentem culpados pelo sucedido e, portanto, deverão igualmente se beneficiar de apoio.

As mães, consideradas em muitas situações de VSCA cúmplices ou corresponsáveis pela vitimização, são na verdade, em muitos casos, vítimas indiretas da violência. Nos casos de VS intrafamiliar são elas que, na maior parte das vezes, fazem a denúncia (Habigzang, Ramos e Koller, 2011; Habigzang *et al.*, 2005).

Os progenitores não agressores, diante da sinalização da violência sexual, manifestam problemas nas competências parentais (Tarczon, 2012) e consequências psicológicas (como, por exemplo, depressão e revitimização). A forma de revitimização mais comum é a violência entre os progenitores (Bayard, Williams e Siegel, 2003). Realça-se a importância do atendimento psicológico do progenitor não agressor, ou, no caso de VSCA extrafamiliar, dos pais, sendo, muitas vezes, esse acompanhamento crucial para a recuperação da vítima direta (Toledo, 2013; Toledo, Seymour e Tsopelas, 2012).

As crianças expostas à violência entre os pais, por sua vez, são consideradas vítimas indiretas e apresentam-se igualmente vulneráveis (Coutinho e Sani, 2008). Estas são designadas de "testemunhas", devido à ideia de passividade que assumem no fenômeno (Cunningham e Baker *apud* Caprichoso, 2010), e, muitas vezes, de vítimas "escondidas", "desconhecidas", "esquecidas" ou "silenciosas" (Sani, 2006).

Na revisão de estudos sobre a exposição à violência interparental, Sturge-Apple, Skibo e Davies (2012) revelam que testemunhar situações de conflito destrutivo entre os pais aumenta o risco de as crianças desenvolverem problemas psicológicos. Serek, Lacinová e Macek (2012) verificaram que os jovens que experimentaram conflito interparental frequente relataram um aumento no humor depressivo durante a adolescência tardia. Por sua vez, a tristeza e a raiva foram sentimentos muito frequentes, mais do que a ansiedade, nas crianças analisadas na pesquisa de DeBoard-Lucas e Grych (2011).

CONSEQUÊNCIAS DA VIOLÊNCIA SEXUAL SOBRE CRIANÇAS E ADOLESCENTES

A VSCA gera consequências físicas, psicológicas (Hornor, 2002; Rosa, 2007) e sexuais, assumindo-se, muitas vezes, o meio familiar como contexto para esse tipo de violência (Rosa, 2007). Além disso, Finkelhor (2007) acrescenta que a vitimização pode interferir na saúde mental da criança ou do adolescente e no desenvolvimento da sua personalidade, bem como em seu desempenho escolar, podendo estar, também, associada a condutas delinquentes e antissociais.

As agressões por pessoas desconhecidas da vítima parecem ser mais violentas, na medida em que, muitas vezes, são precedidas de violência física (Taveira, 2007). Porém, apesar de a violência física ser menos evidente do que a psicológica no meio intrafamiliar (Magalhães *et al.*, 2009), os efeitos da VSCA nesse contexto são os mais graves (Taveira, 2007). Além disso, foi demonstrado que uma experiência prévia de VSCA, aliada a reduzidos níveis de apoio e a prestadores de cuidados com baixo nível de escolaridade, resultava num menor grau de resiliência ou num grau mais elevado de dificuldades gerais de comportamento (Williams e Nelson-Gardell, 2012). Hornor (2010) acrescenta que, caso a VSCA não seja revelada e a vítima não receba tratamento, poderão resultar daí graves consequências.

Dado que muitas vezes os sinais físicos de VS são difíceis de ser identificados, eles não deverão ser os indicadores exclusivos da agressão. Além disso, 90% das crianças ou dos jovens violentados não demonstram problemas físicos (Modelli, Galvão e Pratesi, 2012). Dessa forma, quando uma criança ou um adolescente apresenta ideação suicida, abuso de substâncias, depressão, Transtorno do Estresse Pós-Traumático (Fávero, 2003; Hornor, 2010), ansiedade, angústia, perturbações do sono, mudanças comportamentais, medos ou fobias (Barbosa, 2011), a hipótese de VSCA deve ser analisada (Hornor, 2010). Habitualmente, numa fase inicial, pelo menos alguma porcentagem das vítimas de VSCA apresenta sintomas como ansiedade, agressividade, raiva, medo, comportamento sexual desajustado (Fávero, 2003), vergonha/estigma, culpa (Antunes, 2010; Loureiro e Machado, 2010) e insegurança (Serafim *et al.*, 2011). Porém, existem ainda as que manifestam poucos ou mesmo nenhum sintoma (Finkelhor, 1990).

Já em 1986, ao realizarem as primeiras investigações acerca do tema, Briere e Runtz (1986) afirmavam a existência de uma associação entre a VSCA e tentativas de suicídio na infância ou na adolescência (55% das vítimas cometeram, pelo menos, uma tentativa). Uma pesquisa recente confirmou essa relação, demonstrando que a experiência de VSCA levou 63,2% das vítimas a desenvolver ideação suicida, enquanto 24,5% tentaram o suicídio. Porém, essas elevadas taxas foram associadas a determinadas condições, tais como a VS ter sido perpetrada por um familiar, a utilização de maior violência, a duração do abuso, entre outras (Soylua e Alpaslan, 2013). Apesar disso, existem diversos fatores de proteção (por exemplo, a relação com a família) que diminuem a possibilidade de ocorrência de suicídio (Eisenberg, Ackard e Resnick, 2007).

Em relação às consequências em longo prazo, os sintomas geralmente observados são os problemas gerais de saúde (Fávero, 2003; Irish, Kobayashi e Delahanty, 2010; Sachs-Ericsson, Kendall-Tackett e Hernandez, 2007), depressão, ansiedade (Finkelhor, 1990; Hall e Hall, 2011), baixa autoestima, comportamento autodestrutivo, dificuldade de confiar nos outros, abuso de substâncias (álcool ou drogas), sentimento de isolamento e estigma, inadequação sexual, revitimização (Finkelhor, 1990; López, Hernández e Carpintero, 1994), vergonha, sentimento de culpa, perturbações somáticas e alimentares (Hall e Hall, 2011), perpetração de violência, diversos parceiros sexuais (Lalor e Mcelvaney, 2010), comportamentos de risco (Senn *et al.*, 2007), hábitos tabágicos (OMS, 2014), sintomas cardiopulmonares, dor, problemas gastrointestinais e ginecológicos (Irish, Kobayashi e Delahanty, 2010) e obesidade (Bentley e Widom, 2009; Irish, Kobayashi e Delahanty, 2010; OMS, 2014). No estudo de Finkelhor *et al.* (2009), as vítimas manifestaram também menores níveis de satisfação sexual e religiosidade e mais rupturas conjugais. Além disso, outros autores afirmam a existência de uma relação entre a violência sexual na infância e a autoagressão na adolescência (Weierich e Nock, 2008).

Outros investigadores (Cantón-Cortés e Cantón, 2010) corroboram a hipótese do Transtorno do Estresse Pós-Traumático, acrescentando, ainda, que esta poderá ser de superior ou inferior intensidade, consoante a estratégia de *coping* aplicada.

Um dos aspectos mais relevantes para considerar na prevenção terciária com vítimas de VSCA é que os efeitos psicológicos decorrentes da vitimização poderão constituir-se como fatores para uma futura vitimização (Cuevas *et al.*, 2010), parecendo existir uma forte relação entre ser vítima de VS na infância e, mais tarde, ser revitimizado sexualmente (Barnes *et al.*, 2009; Lalor e Mcelvaney, 2010; Noll e Grych, 2011; Swartout, Swartout e White, 2011). No entanto, importa ressalvar que as consequências descritas ao longo do texto não são transversais a todas as vítimas. Dessa forma, as necessidades específicas de cada uma deverão ser tidas em conta (Hall e Hall, 2011).

O MODELO DAS DINÂMICAS TRAUMÁTICAS DE FINKELHOR E BROWNE (1985)

Como podemos verificar, diversos problemas são associados à VSCA (de cunho cognitivo, emocional, comportamental, sexual, social, entre outros). Muitos desses sintomas são organizados em modelos explicativos, como, por exemplo, o Transtorno do Estresse Pós-Traumático (Ruggiero, Mcleer e Dixon, 2000; Runyon e Kenny, 2002).

Na nossa pesquisa com vítimas indiretas, para uma melhor compreensão do impacto da VSCA, adotamos o Modelo Traumatogênico dos Quatro Fatores, de Finkelhor e Browne (1985), caracterizado por sexualização traumática, traição, impotência e estigmatização. Na fase inicial, entramos em contato com o investigador David Finkelhor, sociólogo, diretor do Family Research Laboratory e pioneiro nos estudos sobre a VSCA, que nos informou que o referido modelo formulado por ele e sua equipe continua a ser usado para explicar os efeitos da violência sexual em crianças e adolescentes. No entanto, e indo ao encontro do que já referimos, nem esse nem qualquer outro modelo foi utilizado ou formulado para explicar as consequências da exposição das crianças e dos adolescentes à VS de pessoas próximas, irmãos(ãs), parentes ou melhores amigos(as). Assim sendo, pensamos que seja oportuno verificar se as vítimas indiretas de VSCA apresentam as mesmas dinâmicas traumáticas das vítimas diretas, ou seja, analisar se ser testemunha da vitimização sexual de outra criança ou adolescente desencadeia na vítima indireta sentimentos, comportamentos ou sintomas que se enquadrem no modelo proposto por Finkelhor e Browne.

Apresentaremos, em seguida, o referido modelo ilustrado entre parênteses e em itálico por algumas falas das participantes, entrevistadas no âmbito do projeto "Quando se guarda um segredo que não é nosso". Esse projeto, com início em 2011 e em andamento no Observatório da Sexualidade do Instituto Universitário de Maia, em Portugal, pretende analisar e caracterizar o fenômeno da vitimização sexual indireta, com base na análise das narrativas de crianças e adolescentes, mulheres adultas e profissionais que intervêm em áreas psicossociais e jurídicas, bem como mapeá-lo na população portuguesa. O acesso aos participantes tem encontrado as mesmas dificuldades com as quais deparamos em 1994, quando iniciamos o primeiro estudo nacional sobre a VSCA em Portugal (Fávero, 1999, 2003). A violência sexual contra crianças e adolescentes é um fenômeno de silêncio e todas as vezes que tentamos rompê-lo temos a sensação de que voltamos ao início!

Segundo Finkelhor e Browne (1985), a orientação emocional e cognitiva da criança ou do adolescente é modificada pelas dinâmicas traumáticas, uma vez que o trauma deturpa a percepção que se tem do mundo, bem como as suas capacidades afetivas e o seu autoconceito.

A *sexualização traumática* fundamenta-se na constatação de que a VSCA conduz a um processo que faz que a sexualidade da criança ou do adolescente seja moldada de modo desajustado ("Tinha aversão – e às vezes ainda tenho – por coisas relacionadas com o sexo do agressor e a hipersensibilidade e hiperatividade a situações de violência e injustiça"). Existem diversos aspectos no abuso que podem conduzir à sexualização traumática: a utilização da atenção, de presentes, de regalias e de afeto em troca do comportamento sexual, levando a criança ou o adolescente a reconhecer a sexualidade como uma forma de manipulação dos outros para a satisfação de diversas necessidades ("Passei a – e vejo-me muitas vezes a – usar o sexo para obter certos privilégios e conseguir o que quero de alguém"); a reiterada utilização do menor para atos sexuais impróprios em termos do seu desenvolvimento ("Comecei a ter muito mais interesse por temas de sexualidade"); a relevância dada a certas partes do corpo da vítima, bem como a deturpação do seu significado; a confusão provocada pelo agressor acerca da conduta e moralidade sexual; e, por fim, a associação de lembranças assustadoras à atividade sexual. No entanto, a gravidade e o tipo de trauma sexual podem ter fortes variações, consoante às diferentes práticas de abuso. Além disso, também o nível de consciência do menor sobre o assunto poderá influenciar na intensidade dessa dinâmica traumática.

A *traição* diz respeito à constatação de que uma pessoa na qual a vítima confiava e cujo amor era importante a prejudicou, manipulando-a, tratando-a com desprezo ("Percebi que não podemos contar com aquelas pessoas que devem cuidar de nós"). Além disso, essa dinâmica traumática pode surgir não só pelo comportamento do agressor, mas também por parte de membros não abusadores da família ("Senti-me revoltada com todas as pessoas"), por não acreditarem na vítima, por não protegê-la ou por modificarem a postura com ela após a divulgação do sucedido ("Senti e sinto hostilidade e agressividade ao agressor"). Porém, o nível de traição difere consoante à proximidade do agressor, a forma como a relação era percebida antes do abuso – por exemplo, se a vítima já duvidava do pai ou se tinham entre si uma relação de carinho e, de repente, se deu o abuso – e a atitude da família perante a denúncia.

A dinâmica da *impotência* refere-se ao enfraquecimento da vítima, isto é, o agressor apodera-se, frequentemente, de seu espaço e de seu corpo, quebrando suas vontades e transmitindo a ideia de que ela não tem nenhum controle sobre sua vida ("Sinto ansiedade, angústia e impotência diante do ocorrido"). Além disso, quando existe manipulação ou coação, essa situação é exacerbada. No entanto, não tem, necessariamente, de existir ameaça ou força física, pois a vítima se sente impotente mediante às consequências da revelação ("Uma vítima não tem poder nenhum para lutar numa situação de abuso"). Por outro lado, a impotência também se torna superior quando a vítima tem medo ou se sente incapaz de fazer os familiares acreditarem nela.

A *estigmatização* diz respeito às ideias negativas, como, por exemplo, a culpa e a vergonha transmitidas à vítima em torno dos atos praticados, levando à sua integração na sua autoimagem, distorcendo a percepção do seu próprio valor ("Eu não tenho valor"). Essas mensagens poderão ser passadas à vítima de diversas formas, humilhando-a, culpando-a, fazendo-a sentir-se envergonhada pela ação ou mantendo o segredo ("A culpa do abuso recai sempre na vítima"). No entanto, a manutenção do segredo pode reforçar a estigmatização, por intensificar o sentimento de se sentir diferente. Easton *et al.* (2011) informam que, para que o sigilo seja salvaguardado, a vítima é manipulada psicologicamente pelo agressor, podendo deslocar-se a responsabilidade da ação para ela. Assim, numa fase posterior, as vítimas poderão sentir medo, culpa e ter dificuldade de confiar nos outros ("Tenho muita dificuldade de confiar nas outras pessoas").

CONSIDERAÇÕES FINAIS

Apesar da crescente visibilidade científica e profissional que tem sido dada à VSCA, as crianças e os adolescentes que testemunharam ou foram expostos à violência sexual de outra criança ou adolescente muito próximo de si (por exemplo, um(a) irmão(ã), melhor amiga, prima etc.) não têm sido vistos como vítimas, nem no apoio dos profissionais, nem no olhar da comunidade científica.

Por outro lado, as dificuldades encontradas para a concretização do nosso estudo sobre vitimização sexual indireta remetem-nos à constatação de que a VSCA continua sendo, apesar de todo o empenho da comunidade científica, um fenômeno de silêncio. Encontramos resistências não só por parte das vítimas indiretas sinalizadas como também das instituições e dos profissionais da área psicossocial e jurídica. As mulheres adultas que aceitaram participar de nosso estudo só concordaram em dar a entrevista por escrito, sem contato pessoal com as psicólogas. Também os profissionais ignoraram o pedido, responderam negativamente ou só aceitaram responder por escrito. Por fim, em relação às instituições com as quais entramos em contato, as poucas que responderam aos ofícios negaram o acesso às crianças e aos adolescentes, assim como aos processos e prontuários técnicos.

No entanto, os dados ainda muito gerais da nossa investigação permitiram-nos verificar que as consequências da vitimização sexual indireta se aproximam muito daquelas manifestadas pelas vítimas diretas. Observamos que ser testemunha da vitimização sexual de outra criança ou adolescente desencadeia na vítima indireta sentimentos, comportamentos e sintomas que se enquadram no modelo traumatogênico, proposto por Finkelhor e Browne – ou seja, sexualização traumática, traição, impotência ou estigmatização. Porém, muitos aspectos dessa vitimização precisam ser compreendidos. Por isso, é muito importante dar voz às vítimas indiretas por meio da realização de entrevistas em primeira pessoa, para acedermos aos significados da experiência de forma mais aprofundada. Ao tomarmos contato direto com as crianças, os adolescentes e as pessoas adultas que testemunham ou testemunharam violência sexual, poderemos compreender melhor diversos aspectos relacionados com a vitimização sexual.

Por outro lado, é urgente sensibilizar os diversos agentes dos universos da infância e da adolescência para que, na intervenção em situações de violência sexual, comece a ser considerada a possibilidade da vitimização indireta.

REFERÊNCIAS

Aboul-Hagag, K.; Hamed, A. "Prevalence and pattern of child sexual abuse reported by cross sectional study among the University student". *Egyptian Journal of Forensic Sciences*, v. 2, n. 3, 2012, p. 89-96.

Antunes, C. *Abuso sexual na infância e adolescência: uma leitura narrativa do impacto e dos processos conducentes à resiliência.* Tese (doutorado em Psicologia da Justiça), Universidade do Minho, Braga, 2010.

Associação Portuguesa de Apoio à Vítima (Apav). *Estatísticas Apav - Relatório Anual 2011.* Disponível em: <http://apav.pt/apav_v2/images/pdf/Estatisticas_APAV_RelatorioAnual_2011.pdf>. Acesso em: 10 set. 2014.

Bakhtin, M. *Marxismo e filosofia da linguagem.* São Paulo: Hucitec, 1988.

______. *Estética da criação verbal.* São Paulo: Martins Fontes, 2003.

Banyard, V.; Williams, L.; Siegel, J. "The impact of complex trauma and depression on parenting". *Child Maltreatment*, v. 8, n. 4, 2003, p. 334-49.

Barbosa, M. *A avaliação psicológica forense em casos de abuso sexual em Portugal: caracterização dos casos e das perícias.* Dissertação (mestrado em Psicologia do Comportamento Desviante e Justiça), Faculdade de Psicologia e de Ciências da Educação da Universidade do Porto, Porto, 2011.

Barnes, J. *et al.* "Sexual and physical revictimization among victims of severe childhood sexual abuse". *Child Abuse & Neglect*, v. 33, n. 7, 2009, p. 412-20.

Bentley, T.; Widom, C. "A 30-year follow-up of the effects of child abuse and neglect on obesity in adulthood". *Obesity*, n. 17, 2009, p. 1.900-05.

Briere, J.; Runtz, M. "Suicidal thoughts and behaviours in former sexual abuse victims". *Canadian Journal of Behavioural Science*, v. 18, n. 4, 1986, p. 413-23.

Cantelmo, C. *et al.* "Vitimização secundária: o irmão testemunha o abuso sexual da irmã". *Boletim de Psicologia*, v. 60, n. 132, 2010, p. 15-28.

Cantón-Cortés, D.; Cantón, J. "Coping with child sexual abuse among college students and post-traumatic stress disorder". *Child Abuse & Neglect*, n. 34, 2010, p. 496-506.

Caprichoso, D. *Percepção de crianças expostas à violência interparental*. Dissertação (mestrado em Psicologia Jurídica), Universidade Fernando Pessoa, Porto, 2010.

Coutinho, M.; Sani, A. "Evidência empírica na abordagem sobre as consequências da exposição à violência interparental". *Revista da FCS da UFP*, n. 5, 2008, p. 284-93.

Cuevas, C. *et al.* "Psychological distress as a risk factor for re-victimization in children". *Child Abuse & Neglect*, n. 34, 2010, p. 235-43.

Deboard-Lucas, R.; Grych, J. "Children's perceptions of intimate partner violence". *Journal of Family Violence*, v. 26, n. 5, 2011, p. 343-54.

Easton, S. *et al.* "The effect of childhood sexual abuse on psychosexual functioning during adulthood". *Journal of Family Violence*, n. 26, 2011, p. 41-50.

Eisenberg, M.; Ackard, D.; Resnick, M. "Protective factors and suicide risk in adolescents with a history of sexual abuse". *The Journal of Pediatrics*, v. 151, n. 5, 2007, p. 482-87.

Fantuzzo, J.; Fusco, R. "Children's direct exposure to types of domestic violence crime: a population-based investigation". *Journal of Family Violence*, v. 22, n. 7, 2007, p. 543-52.

Fávero, M. *Abusos sexuales a menores: el estudio de la realidad portuguesa*. Tese de Doutorado em Psicologia, Universidade de Salamanca, Espanha, 1999.

______. *Sexualidade infantil e abusos sexuais a menores*. Lisboa: Climepsi, 2003.

Finkelhor, D. "Early and long-term effects of child sexual abuse: an update". *Professional Psychology: Research and Practice*, v. 21, n. 5, 1990, p. 325-30.

______. "Child sexual abuse – Challenges facing child protection and mental health professionals". In: Ullmann, E.; Hilweg, W. *Childhood and trauma – Separation, abuse, war*. Aldershot: Ashgate, 1999, p. 101-15.

______. "Developmental victimology – The comprehensive study of childhood victimizations". In: Davis, R.; Luirigio, A.; Herman, S. *Victims of crime*. Thousand Oaks: Sage, 2007, p. 9-34.

Finkelhor, D.; Browne, A. "The traumatic impact of child sexual abuse: a conceptualization". *American Journal of Orthopsychiatry*, v. 55, n. 4, 1985, p. 530-41.

Finkelhor, D. *et al.* "Violence, abuse, and crime exposure in a national sample of children and youth". *Pediatrics*, v. 124, n. 5, 2009, p. 1.411-23.

Furniss, T. *Abuso sexual da criança: uma abordagem multidisciplinar.* Porto Alegre: Artmed, 2002.

Habigzang, L. *et al.* "Abuso sexual infantil e dinâmica familiar: aspectos observados em processos jurídicos". *Psicologia: Teoria e Pesquisa*, v. 21, n. 3, 2005, p. 341-48.

Habigzang, L.; Ramos, M.; Koller, S. "A revelação de abuso sexual: as medidas adotadas pela rede de apoio". *Psicologia: Teoria e Pesquisa*, v. 27, n. 4, 2011, p. 467-73.

Hall, M.; Hall, J. "The long-term effects of childhood sexual abuse: counseling implications". *Ideas and research you can use: VISTAS*, 2011. Disponível em: <http://www.counseling.org/docs/disaster-and-trauma_sexual-abuse/long-term-effects-of-childhood-sexual-abuse.pdf?sfvrsn=2>. Acesso em: 10 set. 2014.

Hornor, G. "Child sexual abuse: consequences and implications". *Journal of Pediatric Health Care*, v. 24, n. 6, 2010, p. 358-64.

______. "Child sexual abuse: psychosocial risk factors". *Journal of Pediatric Health Care*, v. 16, n. 4, 2002, p. 187-92.

Irish, L.; Kobayashi, I.; Delahanty, D. "Long-term physical health consequences of childhood sexual abuse: a meta-analytic review". *Journal of Pediatric Psychology*, v. 35, n. 5, 2010, p. 450-61.

Jaffe, P. *et al.* "Children in danger of domestic homicide". *Child Abuse & Neglect*, v. 36, n. 1, 2012, p. 71-74.

Jornal Oficial da União Europeia. *Directivas.* Disponível em: <http://www.eur-lex.europa.eu/LexUriServ/LexUriServ.do?uri=OJ:L:2011:335:0001:0014:PT:PDF>. Acesso em: 10 set. 2014.

Lalor, K.; Mcelvaney, R. "Child sexual abuse, links to later sexual exploitation/high-risk sexual behavior, and prevention/treatment programs". *Trauma, Violence & Abuse*, v. 11, n. 4, 2010, p. 159-77.

López, F.; Hernández, A.; Carpintero, E. *Los abusos sexuales de menores: lo que recuerdan los adultos.* Madri: MAS, 1994.

Loureiro, T.; Machado, C. "Impacto do abuso sexual na infância na sexualidade adulta". *Psiquiatria, Psicologia & Justiça*, n. 3, 2010, p. 71-87.

Magalhães, T. *et al.* "Sexual abuse of children. A comparative study of intra and extra-familial cases". *Journal of Forensic and Legal Medicine*, v. 16, n. 8, 2009, p. 455-59.

Modelli, M.; Galvão, M.; Pratesi, R. "Child sexual abuse". *Forensic Science International*, v. 217, 2012, p. 1-4.

Noll, J.; Grych, J. "Read-react-respond: an integrative model for understanding sexual revictimization". *Psychology of Violence*, v. 1, n. 3, 2011, p. 202-15.

OMS. *Child maltreatment*. Disponível em: <http://www.who.int/mediacentre/factsheets/fs150/en/index.html>. Acesso em: 10 set. 2014.

Pereda, N. *et al*. "The prevalence of child sexual abuse in community and student samples: A meta-analysis". *Clinical Psychology Review*, v. 29, n. 4, 2009, p. 328-38.

Pombo, P. *Abusadores sexuales: una perspectiva neuropsicológica*. Tese (doutorado em Neuropsicologia Clínica), Universidade de Salamanca, Espanha, 2011.

Rangel, P. *Abuso sexual intrafamiliar recorrente*. Curitiba: Juruá, 2005.

Rosa, K. *A testemunha do abuso sexual contra irmãos: a vítima esquecida junto ao serviço de proteção*. Dissertação (mestrado em Serviço Social), UFSC, Florianópolis, Santa Catarina (SC) 2007.

Ruggiero, K.; Mcleer, S.; Dixon, J. "Sexual abuse characteristics associated with survivor psychopathology". *Child Abuse & Neglect*, v. 24, n. 7, 2000, p. 951-64.

Runyon, M.; Kenny, M. "Relationship of attributional style, depression, and posttrauma distress among children who suffered physical or sexual abuse". *Child Maltreatment*, v. 7, n. 3, 2002, p. 254-64.

Sachs-Ericsson, N., Kendall-Tackett, K.; Hernandez, A. "Childhood abuse, chronic pain, and depression in the National Comorbidity Survey". *Child Abuse & Neglect*, v. 31, n. 5, 2007, p. 531-47.

Sani, A. I. "Vitimação indirecta de crianças em contexto familiar". *Análise Social*, v. 41, n. 180, 2006, p. 849-64.

Senn, T. *et al*. "Characteristics of sexual abuse in childhood and adolescence influence sexual risk behavior in adulthood". *Archives of Sexual Behavior*, v. 36, 2007, p. 637-45.

Serafim, A. *et al*. "Dados demográficos, psicológicos e comportamentais de crianças e adolescentes vítimas de abuso sexual". *Revista de Psiquiatria Clínica*, v. 38, n. 4, 2011, p. 143-47.

Serek, J.; Lacinová, L.; Macek, P. "Does family experience influence political beliefs? Relation between interparental conflict perceptions and political efficacy in late adolescence". *Journal of Adolescence*, v. 35, n. 3, 2012, p. 577-86.

Sousa, L.; Fávero, M. *Abusos sexuais a menores: as atitudes dos profissionais de enfermagem*. Trabalho apresentado no 5º Congresso Internacional da SPPPJ, Maia, Portugal 2011.

Soylua, N.; Alpaslan, A. "Suicidal behavior and associated factors in sexually abused adolescents". *Children and Youth Services Review*, v. 35, n. 2, 2013, p. 253-57.

Spilsbury, J. *et al.* "Clinically significant trauma symptoms and behavioral problems in a community-based sample of children exposed to domestic violence". *Journal of Family Violence*, v. 22, 2007, p. 487-99.

Sturge-Apple, M.; Skibo, M.; Davies, P. "Impact of parental conflict and emotional abuse on children and families". *Partner Abuse*, v. 3, n. 3, 2012, p. 379-400.

Swartout, K.; Swartout, A.; White, J. "A person-centered, longitudinal approach to sexual victimization". *Psychology of Violence*, v. 1, n. 1, 2011, p. 29-40.

Tarczon, C. *Mothers with a history of childhood sexual abuse*. Melbourne: ACSSA, 2012.

Taveira, F. *Análise do abuso sexual em crianças e jovens no contexto intra e extrafamiliar*. Dissertação (mestrado em Ciências Forenses), ICBAS, Universidade do Porto, 2007.

Toledo, A. "Interventions for caregivers of children who disclose sexual abuse: a review". *Clinical Psychology Review*, v. 33, n. 6, 2013, p. 772-81.

Toledo, A.; Seymour, F.; Tsopelas, C. *et al.* "Female perpetrators of sexual abuse of minors: what are the consequences for the victims?" *International Journal of Law and Psychiatry*, v. 35, n. 4, 2012, p. 305-10.

Weierich, M.; Nock, M. "Posttraumatic stress symptoms mediate the relation between childhood sexual abuse and nonsuicidal self-injury". *Journal of Consulting and Clinical Psychology*, v. 76, n. 1, 2008, p. 39-44.

Williams, J.; Nelson-Gardell, D. "Predicting resilience in sexually abused adolescents". *Child Abuse & Neglect*, v. 36, 2012, p. 53-63.

Os autores

Amaia Del Campo – Investigadora e docente na Universidade de Salamanca, Espanha. Doutora em Psicologia pela Universidade de Salamanca, é autora e coautora de livros (*Programa Bienestar: el bienestar personal y social y la prevención del malestar y la violencia*, 2007; *Programa de Prevención de abusos sexuales a menores*, 1997) e de artigos científicos.

Ana Cristina Amaral Marcondes de Moura – Assistente social e bacharel em Direito. Coordenadora do Núcleo de Apoio Profissional de Serviço Social e Psicologia do Tribunal de Justiça do Estado de São Paulo, é membro do corpo docente do Instituto Sedes Sapientiae e coordenadora administrativa do Centro de Referência às Vítimas de Violência (CNRVV). Coautora do manual *Reconstrução de vidas*, editado em parceria com a Smads/PMSP.

Beatriz Dias Braga Lorencini – Psicóloga e psicodramatista, é integrante do Centro de Referência às Vítimas de Violência (CNRVV). Docente do Instituto Sedes Sapientiae e coautora dos livros *O fim do silêncio na violência familiar* e *Piar em ninho virtual: ação no presente, reação no futuro.* Realização da juventude em megaeventos, projeto realizado com o apoio da Childhood Brasil, editado pela Câmara Municipal de São Paulo/2014. Coordenadora do Projeto "Piar em ninho virtual".

Bruna Limongi De Domenico – Psicóloga, é arteterapeuta pelo Instituto Sedes Sapientiae. Atua no Serviço de Proteção Social às

Crianças e Adolescentes Vítimas de Violência – Unidade do Centro de Referência às Vítimas de Violência do Instituto Sedes Sapientiae – CNRVV/Butantã.

Christiane Sanches – Psicóloga pela Universidade Presbiteriana Mackenzie (UPM) e mestre em Distúrbios do Desenvolvimento pela mesma instituição. Formação em Psicanálise da Criança pelo Instituto Sedes Sapientiae. Especialista em Psicologia Hospitalar pela Santa Casa de Misericórdia de São Paulo. Membro e docente do Centro de Referência às Vítimas de Violência do Instituto Sedes Sapientiae (CNRVV). Docente de cursos de graduação e pós-graduação. Psicóloga judiciária do Tribunal de Justiça de São Paulo, foi psicóloga hospitalar concursada na Prefeitura de São Paulo e no Hospital Infantil Darcy Vargas. Membro do Departamento de Psicanálise da Criança/ Grupo Acesso – Instituto Sedes Sapientiae. Psicóloga clínica, supervisora e coordenadora de grupo de estudos, foi docente de cursos de extensão da Fundação Unesp.

Cláudio Hortêncio Costa – Mestre em Direito das Relações Sociais pela PUC-SP. Advogado. Atualmente é professor da Universidade Anhanguera – Unian-SP, tem experiência na área de Direito, com ênfase em direito da criança e do adolescente vítimas ou autores de ato infracional e criança e adolescente vitimizados. Já fez várias assessorias nas áreas descritas e foi professor convidado do curso do Centro de Referência às Vítimas de Violência do Instituto Sedes Sapientiae (CNRVV) da disciplina "Aspectos jurídicos da violência contra crianças e adolescentes". Doutorando pelo Departamento de Estudos Pós-Graduados em Serviço Social da PUC-SP.

Dalka Chaves de Almeida Ferrari – Psicóloga formada pela PUC-SP, psicodramatista, didata e supervisora pela Federação Brasileira de Psicodrama (Febrap). Especialista em Violência

Doméstica pelo Lacri/IP-USP. Psicoterapeuta de criança, adolescente, adulto e família. Coordenadora-geral e de parcerias do Centro de Referência às Vítimas de Violência do Instituto Sedes Sapientiae (CNRVV). Membro do Departamento de Psicodrama, docente e membro da diretoria do Instituto Sedes Sapientiae. Organizadora e coautora do livro *O fim do silêncio na violência familiar – Teoria e prática* (São Paulo: Ágora, 2002). Coautora dos livros: *O fim da omissão – A implantação de polos de prevenção à violência doméstica* (São Paulo: Fundação Abrinq, 2004); *Reconstrução de vidas* (São Paulo: Smads/PMSP, 2008); *Piar em ninho virtual: Ação no presente, reação no futuro – Realização da juventude em megaeventos* – Projeto realizado com o apoio da Childhood Brasil (Editora da Câmara Municipal de São Paulo/2014).

Dr. Edson Takeyama Miyahara – Médico psiquiatra, psicodramatista. Psiquiatra na Clínica Psicológica do Instituto Sedes Sapientiae desde 1995. Coordenador e docente dos cursos "Psicopatologia e Psicofarmacologia para Psicólogos e Profissionais Afins" e "O terapeuta e a Medicação: psicodinâmica na Clínica com Psicofármacos", ambos ministrados no Instituto Sedes Sapientiae.

Irene Pires Antonio – Psicóloga clínica com formação em Psicanálise, psicoterapeuta de crianças, adolescentes e família. Membro da equipe do Centro de Referência às Vítimas de Violência do Instituto Sedes Sapientiae (CNRVV). Docente do Instituto Sedes Sapientiae. Psicóloga judiciária, chefe da Seção Técnica de Depoimento Especial da Coordenadoria da Infância e Juventude do Tribunal de Justiça do Estado de São Paulo. Coautora do livro *O fim do silêncio na violência familiar* (São Paulo, Ágora, 2002).

Dr. Jefferson Drezett – Doutor em Ciências da Saúde pela Faculdade de Medicina do ABC e diretor do Núcleo de Programas

Especiais – Serviço de Violência Sexual e Aborto Legal do Hospital Pérola Byington. Editor científico da Revista *Reprodução & Climatério*, da Sociedade Brasileira de Reprodução Humana. Membro do Conselho Consultivo da Fundação Abrinq – Save The Children.

Joana Fernandes – Mestre em Psicologia da Justiça. Realizou estágio curricular na Comissão de Proteção de Crianças e Jovens do Concelho da Trofa.

Lilian Aparecida de Brito Alves – Psicóloga com aperfeiçoamento em Violência Doméstica, cursando especialização em Dinâmicas Familiares na Atualidade pelo Instituto Sedes Sapientiae. Atua no Serviço de Proteção Social do Butantã – Unidade do Centro de Referência às Vítimas de Violência do Instituto Sedes Sapientiae (CNRVV).

Manoela de Oliveira Lainetti – Psicóloga e mestre em Psicologia Social pela PUC-SP, com experiência clínica e institucional no atendimento a crianças, adolescentes e famílias em situação de vulnerabilidade, adolescente autor de ato infracional e violência doméstica. Atualmente, psicóloga técnica e docente do Centro de Referência às Vítimas de Violência do Instituto Sedes Sapientiae (CNRVV) e docente de cursos nas áreas de violência doméstica, acolhimento institucional e ato infracional da SP Cursos.

Marisalva Fávero – Docente do Instituto Universitário da Maia (Ismai), Portugal. Doutora em Psicologia pela Universidade de Salamanca. Técnica de educação sexual. Investigadora nas áreas de sexualidade e ciclo vital e agressões sexuais, no Ismai. Coordenadora do Observatório da Sexualidade. Membro do Projeto WebEducaçãoSexual, é autora de dois livros (*Sexualidade infantil e abusos sexuais a menores*, 2003; *Vitimologia: ciência e activismo*, 2010), capítulos de livros e artigos científicos.

Michelle Barros Marques dos Santos – Psicóloga. Arteterapeuta pelo Instituto Sedes Sapientiae. Especialista em abordagem centrada na pessoa, pelo Centro de Psicologia Humanista de Brasília, e gerente do Serviço de Proteção Social às Crianças e Adolescentes Vítimas de Violência – unidade do Centro de Referência às Vítimas de Violência do Instituto Sedes Sapientiae – CNRVV/Butantã.

Prof. dr. Paulo César Endo – Psicanalista e professor doutor do Instituto de Psicologia da USP e da pós-graduação em Humanidades, Direitos e Outras Legitimidades da Faculdade de Filosofia, Letras e Ciências Humanas da USP. Membro da Cátedra USP/Unesco de Educação para a Paz, Direitos Humanos, Democracia e Tolerância. Pesquisador do Laboratório de Psicanálise, Arte e Política e do grupo de trabalho Psicanálise, Política e Cultura da Associação Nacional de Pesquisa e Pós-Graduação em Psicologia (Anpepp).

Dr. Reinaldo Cintra Torres de Carvalho – Juiz de Direito Titular da Vara da Infância e da Juventude do Foro Regional da Lapa. Membro da Coordenadoria da Infância e da Juventude do Tribunal de Justiça do Estado de São Paulo. Responsável pela área de infância e da juventude do Conselho Nacional de Justiça – biênio 2010/2012 e pela área de infância e da juventude da Corregedoria-Geral de Justiça do Tribunal de Justiça do Estado de São Paulo no período de 2004 a 2007. Representante do Poder Judiciário junto à representação brasileira na Revisão da Convenção da Haia para adoção internacional, em junho de 2010.

Rosemary Peres Miyahara – Psicóloga, é mestre em Psicologia Social pela PUC-SP, doutoranda do Programa de Psicologia Escolar do Instituto de Psicologia da USP e professora-supervisora pela Federação Brasileira de Psicodrama. Coordenadora da área de formação do Centro de Referência às Vítimas de Violência do

Instituto Sedes Sapientiae (CNRVV). Coautora dos livros *O fim do silêncio na violência familiar* (São Paulo, Ágora, 2002), *O fim da omissão – A implantação de polos de prevenção à violência doméstica* (São Paulo, Fundação Abrinq, 2004), o manual *Reconstrução de vidas* (São Paulo, Smads/PMSP, 2008) e *Compreendendo a violência sexual em uma perspectiva multidisciplinar* (São Paulo, Fundação Orsa e Vida, 2002).

Sónia Oliveira – Mestre em Psicologia Clínica e da Saúde. Membro do Observatório da Sexualidade. Realizou estágio no Gabinete de Apoio e Promoção de Políticas e Trilhos de Igualdade (GAPPTI).

leia também

ANÁLISE PSICODRAMÁTICA

Teoria da programação cenestésica

Victor R. C. S. Dias

A partir das influências da Teoria do Núcleo do Eu de Rojas-Bermúdez, da ampliação da Matriz de Identidade elaborada por Fonseca Filho e da própria experiência do autor como terapeuta, professor e supervisor de psicodrama, uma nova noção de processamento é apresentada aos leitores.

REF. 20466 ISBN 978-85-7183-466-8

PSICODRAMA

Teoria e prática

Victor R. C. S. Dias

Livro sobre psicoterapia e psicodrama que, além de apresentar um resumo sobre desenvolvimento e psicopatologia, detalha e processa os principais passos das psicoterapias desde a entrevista inicial até a finalização do processo. Insere também um capítulo sobre psicoterapias com psicóticos e outro sobre formação de terapeutas.

REF. 20282 ISBN 85-7183-282-X

SONHOS E PSICODRAMA INTERNO

Na análise psicodramática

Victor R. C. S. Dias

Lançando o conceito de psicoterapia nas Zonas de Exclusão, este livro apresenta uma nova abordagem para os sonhos e técnicas de psicodrama interno e sensibilização corporal. Aborda também outros temas difíceis como suicídio, dependências e pânico. Uma obra inovadora na área de administração dos sentimentos dentro da análise psicodramática.

REF. 20527 ISBN 85-7183-527-6

leia também

ANÁLISE PSICODRAMÁTICA

PSICODRAMA

SONHOS E PSICODRAMA INTERNO

Grupo Summus
www.gruposummus.com.br
www.gruposummus.com.br
Acesse, conheça o nosso catálogo e cadastre-se para receber informações sobre os lançamentos.

www.gruposummus.com.br

IMPRESSO NA

GRÁFICA sumago

sumago gráfica editorial ltda
rua itauna, 789 vila maria
02111-031 são paulo sp
tel e fax 11 **2955 5636**
sumago@sumago.com.br